融合·赋能·创新

高校数智化创新创业人才培养的路径探索与实践研究

谢凌云 ◎ 著

化学工业出版社
·北京·

内容简介

在数智化浪潮重塑产业格局的当下，高校创新创业人才培养面临转型挑战。本书聚焦高校数智化创新创业人才培养，明确数智化核心概念，构建“融合·赋能·创新”三维理论架构，深入剖析数智教育生态。书中系统阐述培养体系构建，涵盖课程、平台、方法与学习模式的数智化革新，提供课程设计模板；提出资源共享、师资提升、产学研协同等创新策略，并引入政企校协作案例与机制模型。结合国内外高校、企业实践案例，展示数智化实践教学、产教融合等成果。同时，分析技术迭代对教育的影响，比较不同地区的数智教育政策。

本书兼具理论深度与实践指导性，为高校培养适应时代需求的创新人才提供完整方案，助力高等教育数智化转型。

本书主要面向高校创新创业教育管理者、教师及研究人员，教育政策制定者，企业人力资源与产学研合作部门从业者，以及对数智时代教育创新与人才培养模式转型感兴趣的相关读者。

图书在版编目（CIP）数据

融合·赋能·创新：高校数智化创新创业人才培养的路径探索与实践研究 / 谢凌云著. -- 北京：化学工业出版社，2025. 12. -- ISBN 978-7-122-49267-8

Ⅰ. G640；G649.2

中国国家版本馆CIP数据核字第20255LR204号

责任编辑：尉迟梦迪　　装帧设计：王晓宇
责任校对：李雨函

出版发行：化学工业出版社
（北京市东城区青年湖南街13号　邮政编码100011）
印　　装：北京科印技术咨询服务有限公司数码印刷分部
710mm×1000mm　1/16　印张12½　字数229千字
2025年12月北京第1版第1次印刷

购书咨询：010-64518888　　售后服务：010-64518899
网　　址：http://www.cip.com.cn
凡购买本书，如有缺损质量问题，本社销售中心负责调换。

定　　价：78.00元

前言

在数字技术与智能技术深度融合的时代浪潮下，人类社会正经历着前所未有的系统性变革。数智化时代的来临，不仅重构了产业发展的底层逻辑，而且对数智化创新创业人才的培养提出了全新要求。高校作为人才培养的主阵地，如何在数智化时代背景下推动创新创业教育的转型升级，培养出适应时代需求的高素质创新型人才，已成为高等教育亟待解决的重要课题。本书基于这一时代背景展开，通过深入的理论探索与实践研究，致力于为高校数智化创新创业人才培养提供科学的理论指导与切实可行的实践方案。

数智化时代以数据为核心生产要素，以人工智能、大数据、云计算、物联网等新一代信息技术为驱动力，呈现出与数字化、智能化不同的特征。数字化主要聚焦于将现实世界的信息转化为数字形式，以实现数据的存储、处理与传输；智能化强调利用机器模拟人类智能，使机器具备自主学习、决策和执行的能力；而数智化则是数字化与智能化的深度融合与升华，不仅实现了数据的全面采集与高效处理，更借助智能技术挖掘数据价值，推动各领域的创新发展与深刻变革，重塑产业形态、商业模式与社会生活方式。在产业领域，数智化加速了传统产业的转型升级，催生出众多新兴业态与商业模式，对人才的知识结构、创新能力与实践能力提出了更高要求。具备数智思维、创新意识与创业能力的复合型人才已成为推动产业创新发展的核心力量。然而，当前高校创新创业教育在数智化转型进程中面临诸多挑战。传统的教育理念、课程体系、教学方法与评价机制已难以契合数智化时代对创新创业人才培养的需求。在此背景下，开展高校数智化创新创业人才培养的研究，具有重要的理论价值与现实意义。从理论层面而言，本书通过构建“融合·赋能·创新”三维理论架构，深入剖析数智化背景下教育生态系统的构成机理，探索双创教育与数智化的融合范式，有助于丰富和完善创新创业教育理论，为数智化时代的教育改革提供坚实的理论支撑。从实践层面来看，本研究提出的数智化创新创业人才培养体系、策略与实践路径，能够为高校开展数智化创新创业教育提供具体的操作指南，助力高校培养出更多适应数智化时代需求的高素质创新创业人才，为经济社会的创新发展提供有力的人才支持。

本书围绕高校数智化创新创业人才培养这一核心主题，从理论基础、体系构建、策略创新、实践探索、质量保障到趋势展望，进行了系统而深入的研究。在理论基础部分，明确界定了数智化的核心概念，并将其与教育学、管理学的经典理论相结合，通过与建构主义、情境学习理论等的对比分析，进一步阐释了该理论的内涵与特色，为后续研究奠定了坚实的理论基础。在体系构建部分，从课程体系、教学平台、教学方法与学习模式等方面提出了数智化创新创业人才培养的具体方案，并提供了数智化课程设计模板与模块示例，增强了研究的实用性与可操作性。在策略创新部分，针对数智化教育资源共建共享、师资队伍素养提升、产学研协同机制建设与可持续发展生态培育等关键问题，提出了创新性的解决方案。引入"政府-企业-高校"三方协作的典型案例，设计协同机制流程图与利益分配模型，为产学研协同创新提供了实践参考。在实践探索部分，通过国内外高校与企业的具体案例，展示了数智化实践教学平台建设、产教融合协同育人模式、成果转化应用路径与创新创业生态系统优化等方面的成功经验，为高校开展数智化创新创业教育实践提供了有益借鉴。在质量保障部分，从数智技术伦理与风险防控、质量保障体系构建、多维评价模型搭建与学生反馈渠道拓展等方面，提出了保障数智化创新创业人才培养质量的具体措施。在趋势展望部分，分析了数智技术迭代对教育形态的影响，探讨了数智化教育范式的创新方向，比较了全球数智化教育政策，为高校把握数智化创新创业人才培养的发展趋势提供了参考。

本书综合运用文献研究法、案例分析法、调查研究法等多种研究方法，在广泛收集和分析国内外相关文献资料的基础上，深入调研高校数智化创新创业教育的现状与需求，选取具有代表性的高校与企业案例进行深入剖析，确保研究结论的科学性与可靠性。同时，本书注重理论与实践相结合，既注重理论的深度与创新性，又强调实践的可行性与指导性，力求为高校数智化创新创业人才培养提供一套完整的解决方案。

由于作者水平和时间所限，书中不足之处在所难免，恳请读者批评指正。

著　者

2025年6月

目录

第一章

数智时代人才需求与人才培养的变革

数智时代的浪潮滚滚而来，正在改变着产业格局，重新定义了人才需求的版图。在此背景下，高校教育面临着前所未有的挑战与机遇。随着产业数字化转型的不断推进，传统人才培养模式已不能适应时代发展的需求。为了更好地把握数智时代的脉搏，本章将对数智时代的特征及演进趋势进行深度剖析，探索产业数字化转型下的人才需求、高校创新创业教育模式变革与人才培养数字化转型路径，寻找教育创新发展的新方向。

第一节　数智时代的特征与演进趋势

一、数智化概念

（一）核心概念界定

1. 数字化

数字化（digitization）是指将物理世界中的信息，如文本、图像、声音等，通过特定的技术手段转化为计算机能够识别、存储、处理和传输的二进制数字形式的过程。其本质在于信息的数字化表达与量化，强调对信息的采集、编码、存储与管理，旨在构建数字世界与物理世界之间的映射关系。

2. 智能化

智能化（intelligentization）是指借助网络、大数据、物联网、人工智能等先进技术，赋予系统或设备感知、理解、学习、推理与决策等类人智能能力，使其能够自主适应环境变化、完成复杂任务并满足人类多样化需求的过程。智能化的核心在于模拟人类智能行为，利用机器学习、深度学习、知识图谱等技术手段，使系统具备对海量数据的自动分析与处理能力，实现从数据到知识的转化，进而支持智能决策与自主控制。

3. 数智化

数智化（digital-intelligence integration）是数字化与智能化深度融合的产物，代表着新一代信息技术与产业变革的深度耦合。它以数字技术为支撑，以智能技术为驱动，通过二者有机协同与迭代创新，实现数据价值的深度挖掘与智能应用的全面渗透。数智化不仅涵盖数据的数字化采集、存储与管理，更强调利用智能算法与模型对数据进行多维度、深层次分析，从而驱动各产业在生产、管理、服务等全链条环节的自动化、智能化决策与优化。

（二）三者的本质差异

1. 技术内涵与侧重点

数字化：侧重于信息的数字化表达与量化处理，聚焦于数据采集、编码、存储与管理等基础环节，强调构建数字世界与物理世界的映射关系，为后续的信息利用提供数据基础。

智能化：侧重于模拟人类智能行为，赋予系统或设备感知、理解、学习、推理与决策能力，强调通过智能算法与模型实现数据的深度分析与价值挖掘，支持智能决策与自主控制。

数智化：强调数字技术与智能技术的深度融合与协同创新，既涵盖数据的数字化采集与存储，又注重利用智能技术对数据进行多维度、深层次分析，实现全产业链的智能化决策与优化，推动产业形态与商业模式的根本性变革。

2. 在产业演进中的角色定位

数字化：作为产业数智化转型的基础阶段，数字化为智能化提供了丰富的数据原料。全面、准确的数字化数据是构建智能系统、实现智能决策的前提条件。

智能化：作为产业数智化转型的关键能力，智能化依托数字化积累的数据资源，通过智能算法与模型实现数据的深度分析与价值转化，驱动产业向更高效、更智能的方向发展。

数智化：作为产业数智化转型的高级阶段，数智化是数字化与智能化深度融合的质变产物。它不仅整合了数字化与智能化的技术优势，更通过二者的协同作用实现产业生态的重构与升级，催生新的产业形态与商业模式，成为推动经济社会高质量发展的核心驱动力。

二、数智时代的核心特征

（一）数字技术与智能技术深度融合

数智时代的明显标志就是数字技术和智能技术的融合。人工智能（artificial intelligence，AI）、大数据、云计算、物联网、区块链等新技术互相交织在一起，产生很强的技术合力，被广泛地应用到各个领域，极大地推动了产业的变革与创新。在智能制造领域，工业机器人利用人工智能算法实现更加精确的操作和自主决策，可以根据生产需求自动调节生产流程，提高生产效率和产品质量。大数据技术给企业提供了海量数据支撑，通过分析挖掘生产数据、市场数据、客户数据等，企业可以精准制订生产计划，开展市场预测，把握客户需求，从而优化生产资源分配，提升企业竞争力。

以智能物流系统为例，它把各种数字和智能技术充分融合起来，从而极大改善物流效率。在仓储环节里，利用物联网技术做到货物实时定位，并且让库存信息自动更新。依靠传感器对仓库环境实时监测和调节，保证货物储存环境合适。运输过程中，运用大数据技术优化运输路线，结合当前交通情况以及车辆状态，选取最佳路线，削减运输费用和时间。人工智能技术被应用到物流配送的智能调度中，依照订单信息和车辆资源，自动安排配送任务，进而提升配送效率和准确度。云计算给整个物流系统赋予了很强的计算能力和存储能力，从而保证了数据可以迅速处理并安全保存下来。这些技术协同工作，就能让智能物流系统做到货物快速流转，将传统的靠人工操作的方式变成自动化、智能化的操作方式，从而极大提升整个物流行业的工作效率。

（二）数据成为关键生产要素

数智时代，数据像石油、电力一样，成了关键的生产要素，对企业发展至关重要。数据涵盖企业运作的方方面面，包括生产、销售、市场、客户等，蕴含大量信息和价值，把它们收集、整理、分析并应用到实际中，就能得到有价值的见解，给决策增添力量。

在企业决策环节，数据起到关键作用。以电商平台为例，若消费者的浏览轨迹、购买行为、评价反馈等数据被收集，借助大数据分析技术深入挖掘，可以掌握消费者的喜好、购买习惯、消费能力等信息，做到精准营销，按照消费者以往的购买记录，给他们推荐符合口味和需求的商品，提高商品的点击率和购买转化率。而且，通过对市场数据加以分析，电商平台能把握市场走向，预估商品需求变动情况，事先调整商品存货和采购计划，防止出现缺货或者积压状况，提高企业的经营效率和经济效益。

产品研发方面，数据也能给予企业重要参考。企业可搜集用户针对已有产品所给出的反馈数据，了解产品的长处与短处，进而开展改进和更新。通过剖析用户在社交媒体上就产品展开的讨论和评价，找出用户对产品功能、外观、使用感受等各方面的期望与痛点，把这些信息融入到新产品研发中，新产品会更加符合市场需求，提升产品的竞争力。而且，数据还能助力企业开展市场细分，按照不同用户群体的特性及其需求，开发出差异化的产品。

（三）产业边界模糊与跨界融合加剧

数智时代另一个重要特征就是产业边界模糊、跨界融合加剧。当数字技术和智能技术被广泛使用时，不同产业之间的界限慢慢变得不那么清晰，传统的产业划分方法已经很难精确地反映产业的发展情况。各个产业之间通过技术融合、业务协作、资源共用等途径，达成跨界融合，从而产生新的产业形态和商业模式。

汽车产业与科技产业的融合发展就是典型例子，以往的汽车产业大多着眼于汽车的生产和售卖，但到了数智时代，伴随人工智能、大数据、物联网等技术不断发展，汽车已不是单纯的交通工具，而是成为一种智能移动终端。汽车制造商同科技公司携手，把自动驾驶技术、智能互联系统、车联网技术等应用到汽车上，令汽车具有自动驾驶、智能导航、远程操控、影音娱乐等诸多功能。例如，小米汽车依靠先进的自动驾驶辅助系统和智能互联系统达成汽车与网络的深度交融，从而转变人们对于传统汽车的认识及使用方法。同时科技企业也纷纷进军汽车行业，促使汽车产业同科技产业之间不断产生跨界融合，给消费者带来了更为便利、智能化的出行感受，还让汽车产业和科技产业拥有全新的发展契机与增长点，催生出全新的产业链条及生态体系。

三、数智时代的演进趋势

（一）技术创新推动产业升级

技术创新属于数智时代产业升级的主要推动力量。以半导体技术为例，它的发展进程很好地体现了技术创新给产业带来的巨大改变。半导体技术由最初的晶体管逐步发展成当下的大规模集成电路，在此期间，半导体材料得到改良，制作工艺得以优化，器件结构也有所更新。每次出现技术飞跃的时候，都会使芯片的性能明显优化。在过去数十年中，芯片的集成度遵循摩尔定律不停地提升，单位面积能够放置的晶体管数量呈指数级增长，这使得芯片的运算速度极大加快，耗能却明显减少，从而为计算机、智能手机、人工智能等相关行业的发展奠定稳固根基。

计算机领域中，芯片性能越来越好，计算机运算速度越来越快，从早期只能执行简单计算的大型电子计算机，发展成现在可以处理复杂任务的个人电脑和高性能服务器。高性能芯片令计算机可执行更为复杂的软件，达成更强的功能，比如大数据分析、3D建模、虚拟现实等，促使信息技术行业飞速发展。在智能手机领域，芯片性能优化后，手机有了更强的处理能力、高清的屏幕显示效果、更快的网络连接速度，以及更智能化的拍摄功能。智能手机成了人们生活里不可缺少的工具，它改变了人们的通信、娱乐、购物等生活模式，带动了移动互联网行业的发展。人工智能领域也依靠芯片性能的改进，较强的芯片计算能力可支撑复杂的神经网络运作，加快人工智能算法的训练及应用进程。从图像识别、语音识别到自然语言处理，人工智能技术被应用到许多不同领域，促使安防、医疗、交通等产业向智能化方向迈进。

（二）数字化与智能化持续深化

数字化与智能化在数智时代不断深入发展，在制造业中，智能工厂的出现就是这一趋势的典型代表。以富士康的智能工厂为例，它依靠大量自动化设备以及智能化系统来达成生产全过程的智能化。生产线上的工业机器人可以执行各种复杂操作，比如零部件装配、焊接、检测等，代替了大量人工劳动，从而提升了生产效率并保证了产品质量。而且借助物联网技术，工厂做到设备之间互联互通，随时采集生产数据，包括设备运行状况、生产进程、产品品质等信息。通过对这些数据加以分析，工厂就能及时察觉生产过程中的问题，并作出精确调整和改进。

以智能工厂的管理为例，智能工厂使用智能化的管理系统，做到生产计划的智能排程，物料的智能配送以及质量的智能管控。按照订单需求和生产设备状况，智能管理系统可以自动生成最合适的生产计划，妥善安排生产任务和资源分配，改善生产效率和资源利用水平。在物料配送方面，依靠智能仓储和物流系统，实现物料的自动存放、分拣和配送，减少人工介入，降低物流成本并减少出错概率。在质量管控方面，借助大数据分析和人工智能技术，针对生产过程中的质量数据开展即时检测与分析，预测质量问题，采取相应手段予以预防和改进，保证产品质量的稳定可靠。

（三）数智技术在各行业的广泛渗透

数智技术在金融、医疗、教育等行业大量渗透，改变了这些行业的运作形式和运作方法。在金融行业，区块链技术的应用给交易安全赋予了强有力的支撑，区块链具备去中心化、不能被修改、可以追踪等特性，这使金融交易变得更加透明、安全且高效。以跨境支付为例，传统的跨境支付手段有流程繁杂、手续费高、交易时间长等缺点，采用区块链技术的跨境支付平台，能够做到即时到账，削减手续费，优化交易透明度。借助区块链的分布式账本，交易各方可以立刻分享交易信息，不用依赖第三方中介组织，缩减中间环节和信任成本，而且，区块链不能被修改的特性保证交易数据的真实性、完整性，杜绝交易信息被修改或者伪造，切实保证交易安全。

医疗行业，数字技术同样重要，基于合规脱敏的医疗大数据分析，疾病诊断与治疗方案获得更精准的决策支持——在严格保护患者隐私的前提下，经授权的病历档案、医疗影像、基因组学数据等多元信息被纳入分析系统。医生通过大数据技术挖掘疾病发生规律与疗效关联，例如在癌症诊疗中，对海量临床及基因样本的交叉研究，可识别关键生物标志物，为早期筛查和个性化治疗提供科学依据。人工智能辅助诊断系统可以快速分析医学影像，如X射线检查、CT、MRI等，帮助医生更快、更准确地找到病灶，提升诊断速度和准确率。在远程医疗方面，借助5G技术和视频通信技术，医生可以实现远程会诊、远程手术指导等，打破地域限制，使优质医疗资源惠及更多地区，改善医疗服务的可及性。

教育行业也受到了数字技术的影响，在线教育平台借助数字技术，实现了教育资源的共享以及个性化教学。通过互联网，学生可以在任何时间、任何地点获得优质的课程资源。在线教育平台借助大数据分析学生的学习行为以及学习进度，为学生提供个性化的学习建议和学习计划。根据学生的答题情况以及学习习惯，平台可以智能推送适合学生的学习内容及练习题，学生可以根据自己的情况有针对性地学习，提高学习效率。虚拟现实与增强现实技术在教育中的应用，能够给学生创造出更为生动、更具有沉浸感的学习环境。在历史、地理等学科的教学中，采用虚拟现实技术，学生们仿佛置身于历史事件发生的现场，身临其境地感受到地理环境的独特之处，这样就能让学习变得更为有趣、更具互动性，从而提升学生的学习积极性与学习成果。

第二节　产业数字化转型与人才需求

一、产业数字化转型的现状与趋势

（一）各行业数字化转型的进展

制造业属于国民经济的支柱产业，制造业在数字化转型期间成果明显。以富士康深圳工厂为例，它采用工业互联网平台，做到生产设备彼此联通，并且随时搜集生产数据、开展分析，生产线上的各类传感器被安放在设备上，可以对设备运行情况、生产进度、产品质量等数据实施即时监测，这些数据通过物联网传送到工业互联网平台，平台利用大数据分析技术，对数据执行深入挖掘与剖析，给生产决策有力支撑，借助对生产数据的剖析，富士康可以预估设备可能出现的故障，然后及时维修，从而缩减设备停机时长，改善生产效率，而且，依靠数据分析改善生产调度，生产资源得以更加合理地调配，进一步优化生产效率和产品品质。

服务业也在推进数字化转型，海底捞就利用数字化技术完善服务流程，改善顾客体验。海底捞在点餐环节采用手机APP或者店内电子点餐设备点餐，系统会自动把订单传到厨房，减少人工点餐时出错的概率并节省时间；顾客在排队等候的时候，可以用手机随时查看排队的进度，而且可以在APP上进行在线预订和排号。海底捞借助大数据来分析顾客的消费习惯和喜好，给顾客个性化的服务推荐，依照顾客以往的订单记录，推荐符合他们口味的菜品和服务，从而提升顾客的满意度和忠诚度。海底捞还引进了智能机器人服务，像送餐机器人、擦鞋机器人等，既提升了服务效率，又给顾客带来了新奇的感受。

（二）数字化转型对产业结构的影响

数字化转型催生新兴产业蓬勃发展，人工智能、大数据、云计算、物联网等领域发展势头迅猛。以人工智能产业为例，由于算法持续更新，算力不断增强，人工智能在图像识别、语音识别、自然语言处理等方面取得了重大突破，应用范围也不断扩大。这些新兴产业的成长，既催生新的经济增长点，又推动相关产业链发展起来，比如芯片制造、数据标注、算法开发等。

数字化转型也促使传统产业的转型升级。在农业上，数字化技术的应用推进精准农业的发展，借助物联网技术，农民可以随时了解土壤湿度、温度、养分含量等信息，然后根据这些信息精准地灌溉、施肥、防治病虫害，用无人机巡检农田、喷洒农药，提升农业生产效率和品质，减少资源浪费和环境污染。在纺织服装行业，数字化设计、智能制造、个性化定制成为发展趋势，企业利用3D设计软件开展服装款式设计，明显缩短设计时间，智能制造设备达成生产过程的自动化、智能化，优化生产效率和产品质量，借助数字化平台，企业可以搜集消费者的个性化需求，做到服装的个性化定制，符合消费者各种各样的需求。

（三）未来产业数字化转型的方向

未来，人工智能在产业数字化转型中会起到更加重要的作用。在制造业中，人工智能可以做到生产过程的自我改良和智能决策，依靠机器学习算法，生产体系可以按照当前的生产数据和市场的需求，自动调节生产参数和工艺流程，从而达成生产效率和品质的最大化。人工智能也会被应用到质量检测领域，凭借深度学习算法对产品进行智能检测，可以迅速准确地找出产品的缺陷或异常，提升产品质量和生产效率。在服务业方面，人工智能会推动服务形式的创新。

产业互联网发展会带动产业生态协同创新。产业互联网把产业链上下游企业联系起来，做到数据共享和业务协同，从而推动产业生态改良和创新。在汽车产业中，产业互联网平台把汽车制造商、零部件供应商、经销商、物流公司等关联起来，做到信息的即时共享和业务协同运作。汽车制造商可以实时了解零部件的库存情况和生产进度，及时调整生产计划；零部件供应商能按照汽车制造商的要求，精确安排生产和配送；经销商可通过平台获取最新的车型信息和销售政策，更好地展开销售和服务工作。产业互联网会推动产业链各个部分之间的创新协作，一起开发新技术、新产品和新服务，推动产业创新发展。

二、数智时代的人才需求特点

（一）对数字化技能的需求

数智时代，数字化技能成了各行业人才必须具备的核心技能。不管是金融、医疗、教育，还是制造业、服务业等传统行业，都在推进数字化转型。对于掌握数字技术和工具的人才需求变得越发急切。

以数据分析技能为例，它在企业决策、市场营销、产品研发等方面起着非常重要的作用。从企业决策来讲，在做决策的时候，数据分析可以帮企业从大量的数据里找出有价值的信息，给企业的战略规划、投资决策、业务拓展等活动提供科学的依据，通过分析市场数据、行业数据、竞争对手的数据，企业就能明白市场的走向、竞争的态势以及隐藏的机会，从而制定出更准确的发展策略。市场营销方面，数据分析可以帮助企业做到精准营销，提升营销的效果和投资回报率。通过分析消费者的行为数据、喜好数据、购买历史数据等，企业就能清楚认识到消费者的需求与心理，以此制定个性化的营销战略，准确推送产品和服务，提升客户的满意度与忠诚度。就产品研发而言，借助数据分析可以助力企业改善产品的设计与功能，企业获取用户针对产品的反馈数据、使用数据等资料之后，就能找出产品存在的问题以及用户潜藏的需求，从而对产品加以改良并推陈出新，开发出更贴合市场需求的产品。

编程技能也十分关键，它是实现数字化更新和智能化应用的根基。在软件开发领域，程序员通过编写代码，开发出各种各样的应用程序、软件系统、智能算法等，以满足企业、用户的不同需求。在人工智能领域，编程技能同样必不可少，凭借编程，开发者可以实现机器学习算法，搭建并训练深度学习模型，从而推动人工智能技术在图像识别、语音识别、自然语言处理等领域的应用。

（二）对创新能力和创业精神的需求

在数智时代快速发展的变革中，创新能力和创业精神是人才必备的素质。技术更新换代快、竞争激烈，只有具备这两种核心能力的人才，才能在激烈的市场竞争中推动企业发展和社会进步。

创新能力驱动企业突破技术边界，开辟新市场。以华为为例，面对国际技术封锁，其持续投入研发，在5G通信、芯片设计等领域实现突破。麒麟芯片的自主研发和鸿蒙操作系统的推出，不仅打破了国外技术垄断，还构建起万物互联的智能生态。从5G基站到折叠屏手机Mate X系列，华为通过底层技术创新，重新定义了移动通信和终端设备的可能性。而小米则以“技术为本”的理念，通过智能家居生态链模式，将AIoT（artifical intelligence of things，人工智能物联网）技术融入生活场景。从扫地机器人到透明电视，小米以“爆品战略”推动智能硬件普及，让全球用户以更低的成本享受科技便利。

创业精神则激发人才突破传统模式，创造新价值。比亚迪创始人王传福在20世纪末预判新能源趋势，从电池制造切入汽车产业。2020年，面对传统车企的质疑，比亚迪坚持研发磷酸铁锂“刀片电池”技术，通过结构创新将电动车续航里程提升至600千米以上，推动中国新能源汽车销量在全球占比超过60%。

（三）对跨学科知识和综合素养的需求

数智时代的问题往往复杂且综合，要解决这些问题，必须运用多学科的知识和方法。因此，掌握多学科知识和具备综合能力的人才成为市场的迫切需求。

以金融科技领域为例，它将金融与科技两个领域的知识和技术深度融合，对人才的跨学科素养提出了极高要求。金融科技人才既需掌握金融领域的专业知识，涵盖金融市场、投资银行、风险管理、金融法规等方面，又要具备深厚的科技知识，如大数据、人工智能、区块链、云计算等。在工作中，他们要运用大数据分析技术剖析金融市场数据，预测市场走势，为投资决策提供支持；利用人工智能算法开发智能投顾系统，为客户提供定制化的投资建议；借助区块链技术实现金融交易的安全、透明与高效，降低信任成本；依靠云计算技术搭建金融科技平台，提升系统的稳定性和可扩展性。唯有具备跨学科知识的人才，才能推动金融科技领域的创新与发展。

综合素养涵盖沟通能力、团队协作能力、问题解决能力、学习能力等诸多方面。在项目团队中，成员专业背景各异，要确保项目顺利推进，就必须具备良好的沟通能力和团队协作能力。面对复杂问题时，具备问题解决能力的人能够迅速分析问题核心，并提出有效的解决方案。而学习能力则是人才在数智时代持续发展的关键因素。由于技术迭代迅速，唯有具备较强的学习能力，才有可能不断掌握新知识和新技能，紧跟时代发展步伐。

第三节　高校创新创业教育范式变革

一、范式变革动因：教育供给与时代需求的解耦困境

（一）传统模式困境

传统“课堂讲授+竞赛驱动”模式很难应对VUCA时代[1]的挑战。2023年，《中国大学生创业报告》表明，78%的创业项目存活时间不到两年，课堂讲授大多只是传递理论知识，缺少对现实商业环境复杂多变情况的模拟及应对。不少竞赛重视短期内的成果表现，学生们为了比赛临时拼凑项目，没有切实领悟创业的完整过程。比如某高校学生参加创业竞赛，在竞赛期间仓促组建团队，从网络上东拼西

[1] VUCA时代：指当今社会有易变性（volatile）、不确定性（uncertain）、复杂性（complex）和模糊性（ambiguous）特征的宏观环境。

凑完成商业计划书，尽管在竞赛中收获了一些成果，但是竞赛结束之后，项目却无法落地，整个团队很快就解散了。

（二）数智化转型机遇

1. 技术赋能

AI+大数据重塑教育场景。以清华大学“雨课堂”实时学习行为分析系统为例，其可对学生在课堂上的答题、讨论、观看视频等行为数据进行采集并分析，教师能实时了解学生的学习状况以及知识掌握情况。在一次线上课程中，教师利用“雨课堂”发现学生在某个知识点上的答题正确率较低，因此立即调整教学方法，再次对该知识点进行讲解，并增加了相关的案例分析，从而提升了学生的学习效果。

2. 认知升级

Z世代[1]学习者是“数字原住民”，调查发现“00后”学生中约73%有跨平台自主学习经历，他们喜欢用互联网、手机等各类渠道学习，接受数字化学习资源。“00后”学生在学习创业课时，自己去慕课平台搜索创业课，看网上创业案例分析，还可以在社交软件上找其他创业者交流经验。这种自主学习方式给创新创业教育带来新机会。

二、范式变革三维模型：融合·赋能·创新的系统重构

（一）融合维度：构建跨界协同育人新生态

1. 学科交叉

斯坦福大学的“Technology Ventures Program”（科技创业计划）隶属于工程学院，面向工程、商科、设计等跨学科学生。在课程设置上，学生要学习工程技术知识，了解产品如何研发；学习商科知识，学会市场分析、财务管理、市场营销等技能；学习设计知识，提升产品的用户体验和外观设计。一个智能硬件创业项目，工程学院的学生负责产品的硬件开发，商学院的学生做市场调研和商业策划，设计学院的学生改善产品外观和交互界面，多学科一起工作，让项目更可行、更有创意。

2. 虚实融合

浙江大学“元宇宙创业实验室”跨国团队协同开发，借助虚拟仿真平台，不同国家的学生可以在虚拟环境中组队，开展创业项目策划与开发工作。比如，跨国电商创业项目，中国、美国、韩国学生通过“元宇宙创业实验室”，冲破时空约束，一起商量市场定位、产品设计、营销策略等事宜。凭借各自的文化背景和市

[1] Z世代，也称为“网生代”“互联网世代”，通常指1995年至2009年出生的人。

场资源，推进项目前行。

（二）赋能维度：数智技术驱动的教育升维

1. 教学赋能

区块链技术打造“学习成果数字护照”，像麻省理工学院（Massachusetts Institute of Technology，MIT）的微硕士证书链，学生的学习成果被记录在区块链上，具备不可更改、可以追溯的特性，企业和其他教育机构能够通过区块链来查阅学生的学习情形和能力水平。例如，一个学生完成了微硕士课程，他的学习成绩、课程作业、项目实践等成果都被记录在证书链上。当这个学生去申请工作或者继续深造的时候，雇主或者学校可以借助区块链来检验他的学习成果是否真实，从而提升学生学习成果的认可度和价值。

2. 决策赋能

教育大数据驾驶舱会对培养方案做出动态调整。以北京航空航天大学（以下简称北航）创业学院的AI选课推荐系统为例，这个系统依据学生的学习成绩、兴趣爱好、职业规划等数据来为学生推荐合适的课程。而且，学院借助教育大数据驾驶舱随时观察学生的学习进程、课程满意度等指标，并根据分析所得的数据来调整培养方案。如果察觉某个专业方向的学生在就业市场上的需求量增加了，学院便能马上增加相关课程的安排以及教学资源的投放。

3. 实践赋能

数字孪生[❶]技术创建虚拟创业沙盘，腾讯云携手高校开发模拟系统，学生可在虚拟创业沙盘上模拟企业的运作流程，包含市场调研、产品研发、生产制造、市场营销等环节。借助数字孪生技术，系统能即时反馈企业运作成果，学生根据成果调整策略。以模拟经营一家餐饮企业为例，学生通过虚拟沙盘尝试各种菜品定价、促销活动、店面选址等策略。依据系统反馈的客流量、利润等数据，学生改进运作方案，从而提升创业实践水平。

（三）创新维度：教育形态的颠覆性重构

1. 课程创新

“问题链+项目群”教学模式，哈尔滨工业大学“天工计划”，把航天技术转化为创业项目。在课程教学时，老师围绕航天技术有关的问题，创建问题链，促使

❶ 数字孪生：指充分利用物理模型、传感器、运行历史等数据，集成多学科、多物理量、多尺度、多概率的仿真过程，在虚拟空间中完成映射，从而反映相对应的实体装备的全生命周期过程。

学生去思考，而且把一连串创业项目组合成项目群，学生通过完成项目群，学会从技术研发到市场推广的全部流程，像在“天工计划”中，就航天材料民用化这个题目，学生从材料性能研究、市场需求分析、产品设计开发再到市场推广，完成一连串项目，把航天技术变成民用产品，最终实现创新创业的实践落地。

2. 评价创新

多维能力雷达图评估体系包含数字素养、机会识别等12个指标，此体系从不同角度对学生创新创业能力进行评估，较为全面且客观地体现学生的能力状况。举例来说，评判学生的数字素养时，会考查学生对于数据分析工具的掌握情况、数字营销手段的运用程度等；评判机会识别能力时，就会观察学生对市场走向的敏感程度、对潜在商业机会的察觉能力等。凭借雷达图显示评估成果，学生便能清楚地了解自身的长处和短处，教师也能按照评估成果实施有针对性的引导。

3. 机制创新

寻求弹性学制与成果转化通道，形成政策突破。例如，成都电子科大创业学分银行，学生根据自己的创业实践进度来调整学习进度，创业学分银行会把学生的创业实践成果转化为学分，学生参与创业项目取得一定的成果，比如获得投资、产品上市等，都可以按照规定获得一定的学分，这既鼓励学生积极投身于创业实践中去，又能让学生的学业与创业之间达到较好的平衡。

三、实践路径：基于OBE理念的4C实施框架

（一）能力图谱建构

数字素养（digital literacy，technology integration，innovation quotient，quantum leadership，DTIQ），要求学生拥有数据分析、数字营销、信息安全等技能。比如，学生可以利用数据分析工具来挖掘市场数据，从而为创业项目的市场定位提供支持。在技术融合能力上，学生需要学会将新技术融入产品或服务中，例如将人工智能技术应用于智能客服系统，以此优化客户服务水平。创新商数表现为学生能够提出新的商业点子，并将其转化为可执行的商业计划。量子领导力的重点在于学生在复杂多变的环境中，能够带领团队适应变化，开展跨界合作。

（二）场景化教学革命

开发“三实”教学场景：实验（experiment）—实战（practice）—实现（implementation），在实验场景中，学校创建创业实验室，配置先进的实验设施和软件，学生可在此开展诸如产品原型制作、商业模型验证等实验。以上海交通大学“零号湾”为例，将校园创业项目直接对接到产业需求池中。学生们在企业导师的

引领下，参与企业的实际运作活动，包括市场调研、产品推广等。在该情境中，学生将自己的创业项目付诸实践，创办公司，进行产品制造、销售以及企业经营。

（三）动态资源适配

搭建智能教育资源中台，汇聚企业真实案例库。智能教育资源中台汇集了丰富的企业真实案例、行业报告、市场数据等教学资源。以阿里云提供的商业数据集为例，学生可以利用中台获得不同行业的市场数据进行数据分析、商业洞察。智能教育资源中台还提供在线课程、专家讲座等学习资源，学生可根据自己的需求进行自主学习。师资“双师型”转型，企业首席技术官（chief technology officer，CTO）与教授联合授课，例如华为“鲲鹏学院”模式。企业CTO具有丰富的行业实践经验，可以给学生带来最新的行业动态和实践案例。教授具有扎实的理论知识，可以为学生进行系统的知识讲解。二者联合授课，实现理论与实践相结合。

（四）生态化连接机制

创新创业教育共同体包含技术供应商、投资机构、产业园区等7类主体。技术供应商给学生提供先进的技术支持，像人工智能技术、大数据分析工具等，从而改善创业项目的技术水平。投资机构向学生的创业项目给予资金支持，促进项目发展，产业园区向学生提供创业场地、配套设施等服务，推进项目落地。比如某个创业项目在技术供应商的帮助下，开发出具备创新性的产品，投资机构给项目投资，产业园区给项目提供办公场地和政策优惠，一同推进项目发展。数字平台运作方面，开发教育区块链来做到资源的确权以及价值流转，通过区块链技术对学生的学习成果、创业项目成果等做确权处理，以此来维护学生们的权益，还要达成资源的价值流转，比如学生的学习成果能够在教育市场上进行交易，从而给学生带来经济收益。

四、保障体系与政策建议

（一）制度创新

1. 设立“创新创业教育学”二级学科

美国百森商学院在创新创业教育上有着丰富的经验以及完备的课程体系，设立“创新创业教育学”二级学科，可以借鉴其课程设置，如创业管理、创新思维、商业计划书写作等课程，并建立相应的学科评估体系，促进学科发展。

2. 推行“学术创业假”制度

以色列理工学院允许教师和学生在一定时间内请假去创业，在创业假期间保留学籍或教职，创业成果可以当作学术成果来认定，这促使教师和学生积极投身创业实践，将科研成果变成现实生产力。

（二）技术基建

1. 建设国家级创新创业教育云平台

国家级创新创业教育云平台把全国131个双创示范基地的优质课程、创业项目、导师资源等整合起来，学生和老师可以通过云平台得到很多的教学资源和创业扶持，学生可以在云平台上找寻适合自己做的创业项目，和导师开展在线交流，参加创业培训课程等。

2. 开发教育专用大模型

教育专用大模型能够根据学生输入的创业项目信息来帮助学生生成商业计划书。比如学生输入项目的创意、市场定位、产品特点等信息，“创智GPT”就能生成商业计划书的大纲、市场分析、营销策略等内容，给学生撰写商业计划书提供思路和参考。

（三）评价改革

1. 建立“过程性增值评价”体系

用区块链记录学生的学习历程，包含上课表现、作业完成情况、做项目时的状态等，评价系统不仅看学生最后的学习成绩，还重视学生在整个学习过程中的成长与发展。

2. 实施“社会效益指标”考核

针对学生创业项目，要考量经济收益指标之外的社会效益指标，比如某个环保创业项目通过推行环保产品，削减了碳排放，对环境保护作出贡献；某互联网创业项目提供新的就业平台，创造了许多工作岗位。这些社会效益指标可作为项目评判的关键依据，促使学生关注社会议题，助力社会可持续发展。

第四节　高校人才培养的数智化转型

当下，数字化、智能化技术飞速发展，高校人才培养正在经历深刻的变革，数智化转型是高等教育顺应时代发展的必然趋势，这种转型渗透在高等教育的各个方面，从目标到课程，从教与学再到评价，全方位地改变着高等教育的面貌。

一、高等教育目标变革

（一）人才培养理念转变：由标准化迈向个性化

传统高等教育体系中，人才培养模式大多以标准化为目标，采取统一课程设置、教学方法与评价体系，意图把学生培养成符合一定标准的专业人才。然而步入数智化时代，学生个体差异变得越发突出，借助大数据分析技术，高校可以深入了解每位学生的学习风格、兴趣爱好以及知识掌握情况。以学习管理系统为例，它可以采集学生在线学习时长、作业完成情况、课堂讨论参与度等多方面学习行为数据，从而为个性化教学提供精准的数据支撑。老师凭借这些数据，给学生量身定制专属学习路径，推荐合适的学习资源，达成从“千人一面”到“因材施教”的实质转变，极大程度地激发学生个体潜能。

（二）人才培养内涵转变：从传统素养进阶至数字素养

数字技术在社会各领域深度融合并广泛使用之后，人才所要求的素养结构发生了重大改变。传统的人文与科学素养依旧是人才培养的重要根基，但是数字素养已然成为现代人才不可或缺的核心能力。数字素养包含对数字技术的领悟、应用以及创新能力。在高等教育人才培育进程中，高校不仅要传授专业知识，而且要重点培养学生运用数字工具去解决复杂问题的能力。通过开设数据科学、人工智能、编程等课程，让学生学会数据分析、算法设计等关键技能，以确保他们在日后的工作和生活中，能够熟练地利用数字技术进行高效的信息处理、科学决策制定以及创新性的实践活动。

（三）人才培养定位转变：从人文教育演进为新人文教育

在数智化时代背景下，单纯的人文教育已不能够完全满足社会发展中的各种需求。新人文教育理念注重在传承人文精神的同时，有机地融入科学精神以及数字素养，力求塑造出具有跨学科思维并具备创新能力的复合型人才。高校应当积极打破学科之间的壁垒，促使人文社科与理工科实现深度交叉融合。可以在文学专业开设数字人文课程，引领学生借助数字技术开展对文学作品的深入剖析与探究；在工程专业嵌入人文素养教育，提升学生的社会责任感以及伦理道德观念。通过这样的创新培养方式，造就出兼备人文情怀、科学素养以及数字能力的新时代高素质人才。

二、高等教育课程变革

（一）课程理念：从社会建构主义向社会实在论的演进

传统教育范式下，课程理念受社会建构主义影响较大，认为知识是通过师生互动、社会交往等活动协同创建。步入数智化时代，课程理念朝社会实在论转变的方向发展，凭借虚拟现实（virtual reality，VR）、增强现实（augmented reality，AR）等前沿技术，课程内容得以更真切、直观地表现出来。以医学教育为例，利用VR技术搭建起虚拟手术场景，学生仿佛身处真实的手术室中，深度参与到手术操作流程之中，从而极大提升自身对知识的领悟度与应用水平。基于社会实在论的课程理念，可使学生更直接地感受并领悟到现实世界里的知识体系以及实际问题。

（二）课程内容：从静态封装到动态智化的转型

以往的课程内容大多以教材、课件等固化形式存在，缺乏灵活度和实时更新机制，像封装好的罐装物。数智化时代到来，课程内容朝着智慧化方向变革：第一，课程内容可依照学生的学习进程与反馈数据随时调整，借助智能教学系统，针对学生学习过程中出现的难题，自动推送适合的补充知识以及拓展训练；第二，课程内容紧跟科技前沿动态和社会实际需求。以计算机科学专业为例，及时把人工智能、区块链等新涌现的技术加入课程体系中，保证学生学到的知识具有时效性和实用性。

（三）课程形式：从线上线下分立到虚实深度融合的跃迁

近几年，线上教学发展迅速，但线上教学和线下教学各自都有局限性。在数智化时代背景下，课程形式向虚实融合方向深入发展，利用混合现实（mixed reality，MR）技术，将虚拟教学资源与现实教学场景融合起来。以历史文化类课程为例，借助MR技术，学生可以在校园里实地感受历史场景的重现，与虚拟历史人物进行互动交流。这种虚实结合的课程形式打破时空界限，为学生创造更丰富多元、沉浸式的学习环境。

三、高等教育教与学变革

（一）教学空间转变：从二元空间到三元空间

传统的教学空间主要是实体课堂空间和虚拟网络空间，也就是二元空间。在数智化时代，教学空间扩展成了三元空间，又多了一个智能学习空间。智能学习空间依靠物联网、人工智能等技术，做到教学环境的智能化。教室里的智能设备可以按照学生的数量和需求自动调整温度、光线，教学设备可以自动记录学生的学习过程和行为数据。学生在智能学习空间里，除了传统的课堂学习和线上学习，还可以使用智能设备进行个性化的自主学习和协作学习，学习效率和体验都得到了提升。

（二）教学方式转变：从均衡化到精细化

以前的教学方式常常想要做到对全部学生的全面覆盖，很难满足不同学生的差异化需求。数智化时代，教学方式从均衡化走向了精细化，老师通过深入剖析学生的学习数据，就能准确把握每个学生的学习进程和薄弱之处，进而有的放矢地展开教学引导。比如，对于数学基本功较差的学生，老师可以借助智能辅导系统给这些学生推送专门针对基础知识讲解的视频和练习题，开展有针对性的加强训练，这种精细化的教学方法，能更好地满足学生的个性化学习需求，优化教学质量。

（三）学习方式转变：从传统学习到融合性学习

传统的学习方式多是以课堂听课、课后写作业为主，比较单一，而到了数智化时代，融合性学习成为主流，学生可借助线上学习平台获得大量的学习资料，可以同全国各地的老师和同学进行交流，上课时用智能设备展开小组合作学习或者项目式学习，下课之后使用虚拟现实等技术开展沉浸式学习。比如在学地理的时候，学生能在线上平台观看世界各个地方的地理景观视频，在课上利用地理信息系统（geographic information system，GIS）软件展开小组探讨并分析，下课后依靠VR技术体验不同地方的地理环境。这样一种融合性的学习方法，极大地调动起了学生的学习热情，提升了学习效率。

四、高等教育评价变革

（一）教育评价转向至育人导向

传统教育评价范式里，过分重视学生成绩、学校排名这些指标，忽略学生的全面发展。步入数智化时代之后，教育评价理念出现重大改变，育人导向逐渐显现出来。通过对学生学习进程中的各方面数据进行深入分析，包含学习态度、创新能力、团队合作精神等要素，做到对学生综合素质的全方位考察。比如，依靠学习管理系统，准确记录学生在课程讨论中的表现情况、参与项目时所作出的贡献等内容，将这类数据纳入教育评价体系中，从而更加客观、全面地体现学生的成长和发展态势，促使高等院校充分重视学生内在素养的培育。

（二）教学评价转型：从信息化迈向智能化

信息化教学评价阶段，更多依靠教师主观评判与简单的数据统计，存在局限性。伴随数智化时代的到来，教学评价完成了从信息化到智能化的重大转变。智能教学评价系统可自行收集并剖析教学进程中的各类数据，涵盖教师教学行为、学生学习反馈等，比如通过深入挖掘课堂录像中的教师语速、语调、肢体动作、学生注意力集中状况等数据，做到对教师教学成果的精确考量，给教师提供非常具有针对性的改进建议，从而有效地推动教学质量持续提升。

（三）学习评价变革：由规模化转向精准化

传统学习评价模式把考试成绩当作核心，很难准确反映每个学生的学习情况。数智化时代背景下，学习评价从大规模模式向精准模式转变，依靠大数据分析和人工智能技术，对学生的整个学习过程展开实时追踪和深入剖析，像通过剖析学生在线学习平台上的学习轨迹、答题情形、参加讨论的质量等数据，给每个学生创建个性化的学习评价报告，精准找出学生的长处和短处，指导学生自主优化学习策略，同时为教师调整教学方案提供科学依据。

第二章

数智化创新创业人才培养的理论基础

在全球经济数字化转型与创新推动发展战略的大环境下，数智化技术正在以前所未有的速度向各个社会领域深入推进，给产业形态、商业运作模式以及人才需求结构带来了极其深刻的变革性冲击。《中国数字经济发展研究报告2024》显示，2023年我国数字经济规模达到53.9万亿元，占GDP比重为42.8%，数字经济已经实实在在地成了国民经济发展的重要支柱。在这样的时代洪流之中，高校作为人才塑造的主要场所，承担着为社会输送符合数智时代需要的创新创业人才的重任。

传统的高校人才培养模式在面对数智时代全新的挑战之时，也渐渐暴露出诸多问题，比如教学内容与产业实际需求相脱离，很难完全契合企业对数智技能、创新思维兼备的人才的迫切需求；学科之间界限过于明确，极大限制了学生跨学科知识架构的搭建以及综合应用水平的提高；实践教学部分较为薄弱，使得学生缺少在真正的数智化环境中锻炼自身创新创业能力的机会。这些问题给高校创新创业人才培养质量带来了很大束缚，跟不上数智时代飞速发展的脚步。

理论研究方面，国内外学者从多种角度针对数智化时代的人才培养进行了细致探究，一些学者重点放在数智技术给教育教学模式带来的改变上，他们希望弄清楚怎样利用人工智能、大数据等前沿技术达成个性化学习、智能化教学评价等目的。还有些学者把目光投向创新创业教育的内涵及外延扩充问题，努力探寻怎样将创新观念、创业技能培养自然地融入专业教育系统中。不过，当下的研究成果，在数智技术与创新创业教育相融合这一方面，在构建起全面、创新的人才培养理论架构以及操作途径等方面还存在一定不足，还没有形成完备的理论体系以及能够普遍采用的操作范例。

有鉴于此，深入探究高校数智化创新创业人才的培养路径与操作，便有着非常大的现实意义和理论价值。此项研究希望融合众多学科的理论，通过国际对比并参考案例来构建起一套科学且合适的数智化创新创业人才塑造系统，从而给高校教育教学变革提供稳固的理论支持与可执行的操作指引。这将促使高校塑造出符合数智时代需求、具有创新意识和开创能力的高质量人才，进一步推进我国数字经济和创新引领发展战略得以有效地贯彻执行。

第一节　融合·赋能·创新三维理论架构

一、理论阐释

（一）融合维度：构建三维整合机制

动态能力理论与知识生产模式Ⅲ构成融合维度的核心理论基础，为数字智能化时代高校人才培养模式创新提供重要理论支撑。在全球数字化转型加速推进的背景下，两大理论的协同应用，成为突破发展壁垒、实现要素深度整合的重要理论工具。

动态能力理论强调，组织在复杂多变的外部环境中保持竞争优势，需具备整合、构建和重构内外部资源与能力的核心能力。在高校数智化创新创业人才培养领域，该理论要求高校不仅自身要具备动态适应数智化变革的能力，更需将这种能力培养融入人才培养全过程。知识生产模式Ⅲ则着重强调知识生产的多元性、协同性与跨边界性，其核心在于构建"创新生态系统"，通过多主体互动实现协同知识创造。

在融合维度中，两大理论形成互补关系。动态能力理论为高校构建"学科交叉、产教融合、数实融合"的整合机制提供理论依据，明确了整合的必要性及核心能力要素——高校需系统整合内部学科知识、教学资源，以及外部产业实践经验和数字技术资源。知识生产模式Ⅲ则进一步指明整合路径，通过构建多主体参与的协同创新生态系统，推动高校内部学科间、高校与企业间，以及虚拟与现实空间的深度协同。可以认为，动态能力是高校适应数智化变革的目标导向，知识生产模式Ⅲ则是实现这一目标的运行机制。

这种协同作用在具体实践中呈现多维表现：在学科交叉领域，动态能力理论要求打破学科壁垒，培养学生解决复杂问题的综合能力；知识生产模式Ⅲ则通过组建跨学科团队，开展协同研究与实践，为学科交叉提供持续动力。以人工智能与金融学科交叉为例，二者的融合并非简单知识的叠加，而是通过动态整合知识体系，催生智能投顾等创新性金融产品与服务，充分体现知识生产模式Ⅲ下的协同创新效能。

在产教融合层面，高校将企业真实项目案例融入教学体系，体现动态能力理论中对外部资源的整合要求；知识生产模式Ⅲ则通过校企深度合作，在培养方案制定、实践基地共建、课程协同开发等环节形成紧密的"大学-产业"协同体。软件工程专业的校企合作项目，即高校整合企业实践资源、开展知识创造与应用的典型实践。

在数实融合方面，高校运用VR/AR技术构建虚拟教学环境，通过大数据分析优化教学过程，展现其运用数字技术重构教学实践的动态能力；同时，这一实践与知识生产模式Ⅲ中的"虚实空间融合"特征高度契合，有效构建虚实协同的知识生产与实践环境。

（二）赋能维度：建立知识建构体系

在"融合"维度理论架构完成系统性建构后，"赋能"维度作为驱动理论向实践效能转化的核心环节，其重要性愈发凸显。本维度以资源基础观与联通主义学习理论为双重理论基石，深入探究智能技术等核心资源转化为培育学生动态知识网络建构能力与创新能力的理论逻辑与实践路径。

资源基础观指出，具备持续竞争优势的组织资源需同时满足价值性（valuable）、稀缺性（rare）、难以模仿性（inimitable）与不可替代性（non-substitutable）四大核心特征属性（VRIN）。在数智化人才培养的时代语境下，人工智能、大数据、云计算、物联网等智能技术体系，及其衍生的海量数据资源、数字化交互平台与知识网络节点，构成了具有典型VRIN属性的核心战略资源集群，成为推动学生学习效能提升与创新能力发展的关键赋能要素。联通主义学习理论则将学习过程解构为在动态网络环境中持续建立连接、识别模式、优化知识流动的系统性过程，强调知识本质上存在于个体、数据库、智能工具、学术社群等多元网络节点的交互关联之中。

在“赋能”维度的理论体系建构中，上述两种理论呈现出显著的协同互补效应。资源基础观从战略管理视角，明确了智能技术作为核心赋能资源的重要地位，为高等教育机构开展数字化技术平台建设与资源优化配置提供了坚实的理论依据，此类战略资源可视为培育学生数智化创新创业能力的基础设施与资源储备。联通主义学习理论则聚焦于资源的应用转化机制，系统揭示了如何依托智能技术，接入在线学习平台、社交媒体网络、专业学术论坛、专家协作社群等多元知识生态，通过连接建立、信息筛选、知识整合与协同创新等关键活动，实现知识创造与价值增值。

两种理论的深度耦合集中体现在“动态知识网络”这一核心概念的建构中。作为具备VRIN属性的核心战略资源，智能技术构成了构建、访问与优化知识网络（联通主义理论核心）的必要技术支撑。资源基础观为赋能过程提供物质载体与技术保障，联通主义学习理论则为资源应用提供方法论指导与实践框架，二者共同构建起具有系统性、动态性的知识建构生态体系。

在具体实践场景中，学生运用自然语言处理、智能数据分析等人工智能工具开展信息获取与处理，这仅属于智能技术资源的基础应用层面。更为重要的是，通过在线学习平台与学术社群实现跨节点知识交互，将离散信息进行整合重构，逐步形成个性化、动态演进的知识网络体系。例如，参与大规模开放在线课程（MOOCs）的深度研讨活动，或在专业学术社交平台追踪领域前沿动态等实践活动，不仅实现了知识获取，更通过主动构建与优化知识网络，有效提升了学生自主学习能力与创新思维水平。

（三）创新维度：形成迭代机制

在完成“融合”与“赋能”两大理论维度的体系化建构及实践验证后，“创新”

维度成为实现资源整合效能与知识技术价值转化的核心路径。本维度以创业教育机会识别理论与设计思维方法论为理论基石，通过与前序维度形成的整合能力矩阵、知识技术资源池的深度耦合，构建起具有自我优化功能的闭环迭代系统。

创业机会识别理论揭示，市场机会的有效发掘本质上是对未被满足的需求空间或闲置资源要素的精准识别过程，这要求主体具备敏锐的环境扫描能力与高效的信息处理机制。设计思维方法论则构建了包含需求洞察、问题定义、方案构思、原型开发、效果验证的系统化创新流程，通过持续的用户反馈循环实现解决方案的渐进式优化。

两大理论体系与“融合”“赋能”维度呈现显著的协同增效特征：在整合能力层面，“融合”维度所形成的跨学科知识网络为跨界创新提供认知基础，产教融合机制保障市场需求的真实性获取，数实融合技术则增强机会识别的精准度与效率；在知识技术层面，“赋能”维度所积累的VRIN资源体系为设计思维全流程提供技术支撑，其中大数据分析支持需求侧深度洞察，人工智能辅助创意生成，快速原型技术加速概念实现，A/B测试与反馈分析体系确保方案迭代的科学性。同时，联通主义驱动的知识网络为创新主体提供多元灵感来源与协作资源对接渠道。

这种协同机制催生出完整的动态迭代系统：依托“融合”维度的资源整合优势完成机会识别，借助“赋能”维度的技术知识体系实现方案开发，通过产教融合、数实融合平台开展原型验证与反馈收集，基于反馈结果进行方案优化或新一轮机会挖掘。该过程深度契合动态能力理论中资源重构的核心要义，亦是知识生产模式Ⅲ下多主体协同创新范式的典型实践。

“融合·赋能·创新”三维理论架构中的六大理论要素并非离散存在，而是通过深度耦合机制，共同构建起支撑高校数智化创新创业人才培养的有机理论生态系统。动态能力理论作为核心解释框架，系统阐释了高等教育机构及其培养对象在数智化转型背景下，通过资源整合与能力重构实现环境适配的内在机理，为组织及个体层面的核心能力培育提供了理论锚点。

知识生产模式Ⅲ构成融合维度的核心运行机制，其通过构建多元主体协同创新生态，实现学科交叉、产教融合与虚实交融的知识生产范式转型，将动态能力理论的资源整合需求具象化为可操作的实践路径，为数字时代知识创造活动提供了系统性解决方案。

基于资源基础观的分析框架，智能技术及其网络被确认为具备价值性、稀缺性、难以模仿性与不可替代性（VRIN）特征的核心战略资源。这些资源不仅构成动态能力培育的物质基础，同时为知识生产模式Ⅲ的运行提供技术支撑平台，在学习与创新能力发展过程中发挥关键赋能作用。

联通主义学习理论则聚焦数智化环境下的知识建构机制，系统阐述了如何依托智能技术网络开展分布式学习活动，为个体动态能力的形成提供认知与方法论支撑，进一步深化了赋能维度的理论内涵与实践路径。

创业机会识别理论与设计思维方法论作为创新维度的核心工具，通过系统化的价值创造流程指导实践活动。其有效运行高度依赖融合维度构建的协同创新环境与实践洞察，以及赋能维度提供的技术工具与知识网络支撑。该迭代过程不仅体现动态能力的环境适应与结构重构特性，更映射出知识生产模式Ⅲ的协同创新本质。

该理论架构以动态能力培育为目标导向，以知识生产模式Ⅲ为实现路径，以智能资源与联通主义知识网络为驱动基础，最终达成创新创业价值创造的迭代升级。各维度理论要素通过协同耦合机制形成闭环体系，为高校数智化创新创业人才培养提供了具有系统性、解释力与实践指导性的理论支撑框架。

二、国际比较

（一）斯坦福大学d.school“技术+设计”融合模式

斯坦福大学d.school在创新创业人才培育方面占有重要地位，主要凭借其独特的“技术+设计”融合模式。该模式的核心在于促进学科间的融合，帮助学生跨越学科壁垒，将技术知识与设计思维相结合，以应对复杂问题。

在课程设置上，d.school开设了“设计与制造”“数字产品设计”等跨学科课程。以“设计与制造”课程为例，学生不仅要学习机械设计、电子电路等技术知识，还要学习工业设计、用户体验设计等设计知识。以实际项目驱动的方式，要求学生应用所学的技术知识和设计知识，完成从概念设计、原型制作到最终生产制造的产品设计全过程。设计一款智能健身设备，学生首先要应用设计思维，通过调研了解用户健身的需求和痛点，进行产品概念设计，确定产品的功能和外观；应用机械设计和电子电路的知识，进行产品的结构设计和电路设计，制作出产品原型；测试和改进原型，使其符合市场需求。该课程设置促使学生在学习过程中实现技术与设计的有机融合，增强学生解决实际问题的能力。

就实践项目而言，d.school与诸多知名企业及机构合作，为学生提供不同类型的实践机会。例如，d.school与苹果公司联手展开一项有关未来移动设备交互设计的项目。在这个项目里，学生可以全面了解苹果公司的产品理念和设计风格，利用自身学到的各类技术和设计知识，提出有创意的交互设计方案。通过与企业的密切合作，学生可以接触到行业的最前沿技术及设计想法，了解市场的实际需求和商业运作方式，从而提升自己的创新创业能力。企业则可以从学生的创新方案中找到新的思路和灵感，实现双赢。

（二）慕尼黑工业大学创业学院数字孪生赋能体系

慕尼黑工业大学创业学院利用数字孪生技术打造了一个强大的赋能体系，为学生创业创新能力的培养提供了强有力的支撑。数字孪生是一种利用数字化技术创建的、与物理实体相对应的虚拟模型，能够实时反映物理实体的状态、行为以及变化情况。

在教学时，创业学院利用数字孪生技术模拟真实的商业环境和创业流程，比如在市场营销课上，创建虚拟的市场环境和消费者行为模型，学生就能在虚拟环境中做市场调研、产品推广、营销策略制定等操作。他们可以设定不同的市场参数和产品特点，观察虚拟消费者如何反应、市场如何变化，然后改进自己的营销策略。这种模拟练习能让学生在低风险环境下积累创业经验，提升处理复杂商业情况的能力。

在项目实践中，数字孪生技术同样起到了重要作用。学院鼓励学生用数字孪生技术对创业项目展开全面规划和分析，比如开发一款新型智能交通系统的时候，可以先创建这个系统的数字孪生模型，然后对系统的运行效率、成本效益、用户体验等展开模拟和分析。经过对数字孪生模型加以改良，学生就能在实际开发之前找到最合适的项目方案，从而降低项目风险和成本。而且，在项目执行期间，数字孪生模型还可以随时监控项目的开展情况，尽早察觉问题并予以解决，保证项目得以顺利推进。

（三）三维评价模型提炼

基于斯坦福大学的d.school和慕尼黑工业大学创业学院的实践，提炼出“技术嵌入度-组织开放性-创新产出率”三维评价模型。

技术嵌入度是指人才培养过程中技术要素与教学、实践等环节的融合程度。在斯坦福大学d.school“技术+设计”融合模式下，技术知识在课程教学和实践项目中得到充分应用，学生可以熟练使用各种技术工具解决设计和创新问题，技术嵌入度高；在慕尼黑工业大学创业学院“数字孪生”赋能体系下，“数字孪生”技术在教学和项目实践中始终贯穿，对学生创新创业能力培养起到重要作用，技术嵌入度高。技术嵌入度越高，学生越能掌握和应用先进技术，创新创业的技术水平就越高。

组织开放性体现为高校在人才培育时同外界机构协作的深度、学科之间相互交叉的程度以及对学生创新思维和实际操作能力培育的开放程度。斯坦福大学d.school通过同企业的密切合作、开设跨学科课程等手段表现出较强的组织开放性。慕尼黑工业大学创业学院积极同企业、科研机构合作，开展产学研项目，推动学科交叉，其组织开放性同样比较显著。组织开放性较高时会给学生提供更为宽广的学习和操作平台，促使学生的创新活力得到激发。

创新产出率指高校培养出的学生在创新创业方面的成果，如创业项目数量、创新性产品或服务的推出、专利申请数量等。斯坦福大学d.school和慕尼黑工业大学创业学院培养的学生在创新创业方面均收获颇丰，创新产出率高。创新产出率是衡量高校数智化创新创业人才培养成效的重要指标，体现学生将所学知识转化为实际创新成果的能力。

运用“技术嵌入度-组织开放性-创新产出率”三维评价模型，可以全方位、客观地评价高校数智化创新创业人才培养模式的有效性及优势，为其他高校提供有益的借鉴和参考，推动高校数智化创新创业人才培养水平的整体提升。

第二节 数智教育生态系统构成机理

一、理论基础

（一）融合创新生态系统理论与教育神经科学成果

创新生态系统理论是摩尔（Moore）于1993年提出的，该理论把企业所在的环境看成是一个相互联系、相互影响的生态系统，着重关注企业同供应商、客户、合作伙伴以及科研机构等生态主体之间的协同创新和共生发展。在数智教育方面，该理论为打造数智教育生态系统提供了宏观理论框架。数智教育生态系统中的各个主体，如高校、企业、政府、科研机构等，如同创新生态系统中的各类物种，在这个生态系统里各自扮演不同的角色，依靠共享资源、交流知识、技术合作等方式来协同创新并共同发展。

教育神经科学是一门新兴的交叉学科，它采用神经科学研究的方法和技术，探究人类学习和教育的神经机制，为教育教学提供科学理论支撑。在塑造数智教育生态系统的时候，教育神经科学的最新成果给予了理论支撑。有关研究显示，大脑在学习期间会产生神经可塑性改变。不同的学习方法和环境会以不同方式对大脑的神经联系和功能产生影响。依照这一研究成果，在数智教育生态系统中，可以借助智能技术给学生营造出个性化的学习环境和学习资源。根据学生的不同学习特点和需求，优化学习途径，促进学生大脑有效学习和发展。

按照以上理论，形成数智教育生态系统里的三层架构，智能基础设施层位于最底层，融合人工智能和物联网，依靠物联网技术做到教育设备、学习环境互相连通，收集学生的学习行为数据，利用人工智能技术把这些数据加以分析和处理，给上层应用提供数据支撑和智能服务。比如说，在智能教室中，传感器可以随时获取学生的学习状态数据，如注意力是否集中、参与度如何等。人工智能算法依据这些数据来调节教学策略，给出个性化的学习建议。

数据治理层利用区块链去中心化、不可篡改、可追溯等特点，对教育数据进行管理与治理。在数智教育生态系统中，教育数据包含学生学习记录、成绩、评价等重要信息，数据安全与可信度非常重要。区块链技术保证数据真实、完整，避免数据被篡改和滥用，并且借助智能合约实现数据共享与交换，促进教育资源合理分配。学生学习成果用区块链技术记录并认证，这些成果在不同教育机构和企业间通用且可信，利于学生升学、就业。

应用服务层采用扩展现实（extended reality, XR）技术，包括虚拟现实（VR）、增强现实（AR）和混合现实（MR），给学生带来沉浸式、互动式的学习体验，把抽象的知识变成直观的、可以感知的学习内容，从而唤起学生的学习兴趣和积极性。例如，在历史、地理等学科的教学中，使用VR技术塑造出虚拟的历史场景和地理环境，让学生仿佛置身于历史事件和地理现象中，加深他们对知识的理解和记忆。在创新创业教育中，通过XR技术模拟真实的商业环境和创业场景，让学生在虚拟环境中操作，提升他们的创新创业能力。

（二）数智化教育标准体系与能力评估矩阵

数智化教育标准体系是数智教育生态系统的核心部分，它给教育教学活动赋予准则和引导，从而保证数智教育的质量和成果，依照IEEE[1]数字素养标准来创建数智化教育标准体系有着重大的现实意义，IEEE数字素养标准包含数字技术的基本概念、数字工具的运用、信息的获取与剖析、数字安全和隐私等诸多方面，对培育学生的数字素养给予全面的指引。

在构建数智化教育标准体系的时候，按照高校数智化创新创业人才的培养目标和需求，把IEEE数字素养标准进行本土化和专业化改造，从数字技术基础、创新创业能力、跨学科素养这些方面着手，制定出具体的标准和指标。在数字技术基础方面，要清楚学生应当掌握的人工智能、大数据、云计算等数智技术的基本知识和技能；在创新创业能力方面，要规定学生在创新思维、创业机会识别、商业计划书编写等方面应当达到的能力水平；在跨学科素养方面，要让学生具有跨学科知识的整合和应用能力，可以利用多学科知识去解决问题。

---

[1] IEEE指电气电子工程师学会，其下有IEEE标准协会，制定的标准内容涵盖信息技术、通信、电力和能源等多个领域。

能力评定矩阵依照数智化教育标准体系形成，用来评定学生处于数智化环境之下的学习成果与能力发展情况，可以通过能力评定矩阵全方位、客观地认识学生的长处与短处，给教学改良以及个性化学习提供指导。能力评定矩阵往往会利用多角度、多层级的评定指标，并融合定量与定性的评定方法。例如，评定学生的数字技术能力时，可以借助在线测验、项目操作等方式进行定量评定，考察学生对数字技术知识的掌握情况及其应用能力；评定学生的创新思维能力时，则可以通过小组讨论、案例分析等形式实施定性评定，观察学生的思维活跃度、创新意识以及解决问题的能力。

能力评价矩阵也能够按照学生的专业和年级实施差别化设定，从而契合不同学生的学习需求及其发展时期。以低年级学生为例，着重考量他们数字素养的基础能力，也就是数字工具的基本操作、信息的初步获取等；而对于高年级学生而言，则更多关注他们在创新创业方面的综合能力，如新创项目的规划执行、团队合作、交流等。通过按时采用能力评价矩阵来评定学生，可以快速找出学生在学习期间所出现的问题，进而调整教学手段及方式，改良课程安排和教学内容，提升数智化创新创业人才塑造的质量。

二、典型案例

（一）麻省理工学院微硕士项目分析

麻省理工学院微硕士（MIT MicroMasters）项目属于国际数字教育领域的典范案例，对检验数字教育生态系统运行机制具有一定的参考价值。该项目采用创新的在线学习模式，打破了传统教育在时间和空间上的限制，使全球学习者都能接触到麻省理工学院的优质教育资源。

以数据驱动角度为例，麻省理工学院微硕士项目在教学过程中十分看重数据的收集与分析。依靠在线学习平台，系统可以随时记录学习者的学习行为数据，包含学习时长、课程参与度、作业完成情况、考试分数等，这些数据给予教学决策有力支持。借助数据分析得知，在供应链管理课程里，很多学习者对某个具体知识点有着理解上的困难，项目团队便针对此点实施调整，增加有关案例剖析和辅导课程，从而帮助学习者更好地把握该知识点。经过这种方式的数据驱动，教学内容和手段得以不断改善，以符合学习者的实际需求，进而优化教学成果。

在场景适配上，麻省理工学院微硕士项目用心设计了各种丰富多样的教学场景，去适配不同专业以及学习目的的需求。针对工程类的专业课程，像制造原理项目，利用虚拟实验室的形式，让学习者在虚拟的环境里展开实验操作以及项目实践，学习者可以模拟各种各样的制造工艺和生产流程，观察不同参数给结果带来的变化，进而加深对制造原理知识的理解。这种场景适配既增强了学习者的兴趣，又提升了他们的参与感，而且还能在实践中锻炼实际操作和解决实际问题的能力，为将来的工作做准备。

价值共创是麻省理工学院微硕士项目的主要目标之一，该项目通过多种渠道实现了这一目标。在项目中，来自不同背景的学习者相互交流、合作，并分享各自的经验和见解。这种多元背景的交流碰撞激发了创新思维，产生了许多新颖的观点和解决方案。此外，项目与多家知名公司展开合作，将企业的实际需求融入教学内容。

而且，麻省理工学院微硕士项目借助校友网络以及行业交流活动，又一次扩大了价值共创范围。校友们毕业之后仍然保持联系，互相分享职业发展经验，给在校学习者提供指引和协助。行业交流活动则为学习者和企业搭建起交流平台，推动知识与技术的交流及共享。研究发现，麻省理工学院微硕士项目的学员创业率提升了27%，这体现出该项目在培育创新创业人才上的成果，也证明了数智教育生态系统"数据驱动-场景适配-价值共创"运作机制的有效性。

对于普通高校而言，直接照搬麻省理工学院微硕士模式面临显著困难。

① 资源鸿沟：缺乏顶尖师资、巨额资金投入（用于技术平台、数据分析、内容开发）和强大的全球校友和企业网络，难以构建同等水平的吸引力与价值共创生态。

② 技术门槛：开发与维护高沉浸感、高交互性的虚拟实验环境或智能化学习平台，技术难度和成本极高。

③ 品牌影响力不足：难以吸引全球范围内的优质生源和顶级企业合作伙伴，限制了价值共创的广度与深度。

④ 数据分析能力欠缺：缺乏专业的数据科学家团队和成熟的分析模型，难以有效挖掘海量学习数据的价值以驱动精准教学优化。

⑤ 规模化运营挑战：管理大规模、高度异质化的全球在线学习者群体，并提供个性化支持，对运营体系和服务能力要求极高。

因此，在借鉴此类顶尖案例时，普通高校需着重考虑以下几点。

① 核心优势聚焦：结合自身学科特色和区域优势，在特定领域深耕，而非追求大而全。

② 分阶段实施与资源整合：优先投入可负担的关键环节（如核心课程数据化、建立区域性产教联盟），寻求外部合作（如技术提供商、企业）弥补短板。

③ 轻量化技术应用：探索成本效益更高的技术方案（如开源工具、适度仿真）实现场景适配的核心目标。

④ 构建区域性价值网络：着力发展服务于本地或特定行业的校友和企业伙伴

关系，建立更具可行性的价值共创循环。

⑤ 能力建设优先：逐步培养校内的教育技术、数据分析和在线教学设计与运营能力。

（二）深圳大学“云中大学”实践研究

深圳大学“云中大学”作为本土数智教育的重要实践成果，在数智教育生态系统应用层面上取得了明显的成效。“云中大学”以云计算技术为主干，通过标准化、规范化的数字大学服务平台达成教育资源的共享、教育过程的自洽和教育目标的清晰，为学生提供智能化的教学、科研、管理和服务。

在接入企业数据端口方面，深圳大学“云中大学”已经接入约1200个企业数据端口，这样的做法让教学资源变得更为丰富，给学生营造出更接近实际的学习环境。通过对接企业数据，学生可以得到企业的实际业务数据和项目案例，把学到的知识应用到解决实际问题中。例如在市场营销这门课程里，学生可以用企业提供的市场销售数据做市场分析、制订营销策略，这样就能更好地理解市场的变动情况和企业的运作模式。企业也可以凭借“云中大学”平台获得高校的智力支撑和人才储备，实现产学研的深度结合。

“云中大学”在教学实践过程中，充分应用数智技术，创建沉浸式教学环境，利用虚拟现实（VR）和增强现实（AR）技术，让学生置身于各种教学场景之中。在历史课上，学生可以利用VR技术“穿越”到历史场景，亲身经历历史事件的发生过程，加深对历史知识的理解与记忆；在工程类课程中，AR技术能够把抽象的工程原理和设计直观地展现在学生面前，帮助学生更好地掌握专业知识。这种沉浸式教学环境的形成，激发了学生的学习兴趣和积极性，促使学生主动学习并培养创新思维。

科研上，“云中大学”利用大数据和人工智能技术，为科研人员提供数据分析和计算支持。科研人员通过平台获取大量学术文献和研究数据，运用智能分析工具进行数据挖掘与分析，发现新的研究问题和创新点。此外，“云中大学”还支持科研团队进行远程协作，跨越地域限制，提升科研效率。在一项关于人工智能算法改进的研究中，来自不同学科的科研人员利用“云中大学”平台协同工作，共同克服技术难题，取得了重要成果。

管理和服务上，“云中大学”做到了数字化、智能化，凭借学生信息管理系统和智能服务平台，学校可以随时了解学生的学习和生活情况，为学生提供专门的服务和支持。比如，系统根据学生的成绩和行为数据，预测学生可能遇到的学习难题，预先给予辅导和帮助；学校的管理流程也得到优化，提升了管理效率和决策的科学性。

深圳大学"云中大学"实践充分印证了数智教育生态系统的可行性与优势，接入企业数据端口，营造沉浸式教学环境，支撑科研协作，实现数字化管理与服务，给学生提供全面的数智化教育体验，推动学生发展和创新才能的培养，为高校数智化教育改革提供宝贵经验与参考。

第三节　双创教育与数智化融合范式

一、范式演进

（一）传统创业教育与数智化创业教育范式差异对比

传统创业教育以蒂蒙斯模型为核心理论，该模型由杰弗里·蒂蒙斯（Jeffry A. Timmons）提出，强调创业过程是商机、资源、团队三要素不断平衡的动态过程。在这一理论指导下，传统创业教育在教学方法上多采用课堂讲授的形式，教师在讲台上系统地传授创业理论，如创业机会识别方法、商业模式设计原则、创业资源整合技巧等。学生主要通过听讲、记录笔记学习，只是被动地接受知识，缺少主动参与和动手操作的机会，教师在教学手段上偏重理论讲解和案例分析。通过剖析成功的或失败的创业案例，让学生体会到创业过程中的主要要素和决策要点。不过，这些案例往往被挑选过并整理过，与真正的创业环境有差异，学生很难从中获得真实的创业经验。

数智化创业教育却有着不同的范式。在教学模式维度，数智化创业教育利用互联网、人工智能等技术，实现了线上线下融合的教学模式。线上，学生可以通过在线学习平台，在任何时间、任何地点学习大量的创业课程资源，如视频讲座、在线文档、交互式课件等，这些资源没有时空限制，可以根据自己的学习进度和需要随时学习；线下，通过开展实践活动、项目训练等，让学生把线上学到的东西用于实践。比如，举办创业项目比赛，学生在比赛时组成团队，用数智技术做市场调查、做产品、做营销计划等，在实践中提高创业能力。在教学方法上，数智化创业教育利用大数据分析、VR、AR等技术，实现个性化教学和沉浸式体验。借助大数据分析学生的学习行为和知识掌握情况，老师可以给学生给予个性化的学习建议和指导，从而满足不同学生的学习需求；采用VR和AR技术，塑造虚拟的创业场景，让学生身临其境地感受到创业过程中各种各样的挑战和机遇，比如模拟创业公司的经营运作，同虚拟客户展开交流等，以此来增强学生的学习兴趣和参与感。

传统创业教育在教学内容更新上较为迟缓，不能紧跟市场和行业的快速变动，教材里的知识常常是经过一段时间沉淀的，市场上出现新的商业模式、技术应用或者创业机会的时候，传统教育模式很难马上把这些新知识加入到教学内容中。而数智化创业教育可以随时获取市场信息，及时更新教学内容，让学生接触到最新的创业理念和实践经验。传统创业教育在师资队伍上，教师多半出自高校内部，有着扎实的理论知识，不过缺少实际创业经验。数智化创业教育提倡采用企业导师，这些导师有着丰富的创业实践经验和行业资源，可以给学生提供更实用的指导和建议。

（二）数智化双创教育新模型构建

依托数智技术发展与双创教育需求，打造智能机会识别、虚拟孵化、生态评估的数智化双创教育新模型。

智能机会识别依靠自然语言处理（natural language processing，NLP）实现，NLP技术可以对大量文本数据进行分析与处理，帮助学生从互联网上的新闻资讯、行业报告、社交媒体等途径找到潜在的创业机会。比如通过对社交媒体上用户的评论、反馈进行情感分析和主题挖掘，找出用户的实际需求痛点、未被满足的市场需求，进而识别出有商业前景的创业机会。利用NLP技术针对行业报告进行关键词提取和语义分析，了解行业的走向和发展趋势、技术创新方向，为创业机会的识别提供依据。

虚拟孵化利用数字孪生技术塑造虚拟创业环境，数字孪生即与物理实体对应的虚拟模型，能实时呈现物理实体的状态和行为。在虚拟孵化期间，学生可在虚拟环境里创建自己的创业项目，针对项目各个部分展开模拟和检测，譬如模拟产品开发流程，通过虚拟实验来验证产品的可行性及性能；模拟市场推广活动，观察各种营销策略在虚拟市场上的成效；模拟企业运营情况，分析财务状况、人力分配等并进行改进。通过虚拟孵化，学生能在低风险的环境下积累创业经验，提升创业项目的成功率。

生态评估采用社会网络分析方法来评估创业生态系统。社会网络分析可以展示创业生态系统内各个主体之间的联系与互动模式，从而让学生了解创业项目在生态系统中的位置及其影响力。通过对创业者、投资者、供应商、客户等主体之间形成的社会网络结构加以分析，来评判创业项目获取资源的能力、传递信息的能力以及开展合作的可能性，比如借助网络中心性指标的计算，找出创业项目在整个生态系统中占据的核心地位及其影响力；再者就是凭借网络的密度和聚类系数的分析，评价创业生态系统的稳定性及协同创新能力等。根据生态评估所得到的结果，学生就能对创业项目的发展策略作出改进，并且与生态系统中的其他主体展开更紧密的合作，从而提升创业项目的竞争力。

（三）情境学习理论验证

情境学习理论是由让·莱夫（Jean Lave）和爱丁纳·温格（Etienne Wenger）于1991年提出的，该理论认为学习是个体在真实情境中参与实践活动获得知识和技能的过程，学习与情境密不可分。在数智情境下，情境学习理论为双创教育提供了理论基础。

以北航的有关案例数据作为参考。在数智化创新创业教育实践中，北航塑造起数智情景里的实践共同体。所谓实践共同体，就是那些追寻同一事业、一同参与经过商议的实践活动，并共享相同理念及认知的个体形成起来的群体。北航创建起创新创业实践基地，把企业实际项目引进来，于是学生们便会在现实的数智化创业场景之中构成实践共同体。学生们处于这个实践共同体之内，同企业导师、同学以及别的创业者展开交流并展开合作，一同去解决创业进程中碰到的难题。在某个依靠人工智能技术的创业项目里面，学生们组合成实践共同体，一同开展市场调研、技术开发、产品规划等任务。在此期间，学生们既可以学到专业的知识与技能，又能够锻炼自己的团队合作能力、表达能力以及解决问题的能力。

经过对比发现，在数智情境下，实践共同体构建效率提高了41%，因为数智技术给实践共同体构建带来了方便的工具和平台。学生可以利用在线协作平台及时开展信息共享和交流，打破时间和空间的约束。利用数智技术，学生可以更快获取市场信息和技术资源，助力创业项目开展。数智情境下的虚拟实践环境可以让学生在模拟创业场景中实践操作、积累经验、提升创业能力，从而推动实践共同体高效构建。

情境学习理论在数智化双创教育中的应用，证明了数智情境可以为学生提供更真实、更丰富的学习环境，让学生在实践中学习更多，使双创教育更具质量。

二、实施路径

（一）“三阶螺旋”实施框架提出

“三阶螺旋”实施框架为高校数智化创新创业人才培育规划了一条清晰且逻辑严谨的道路，它由基础层、进阶层和创新层这三个递进的层面构成，各层相互关联、相互促进，形成一个有机的整体，宛如螺旋上升的轨迹，有效推动学生在数智化创新创业领域不断前进。

基础层围绕数字素养培育展开，数字素养是数智化时代人才必备的基本素养。当下社会，数字技术已经深深嵌入日常生活里的移动支付、社交媒体应用、工作环境中的数据分析、数字化办公等诸多方面，成为个人适应社会发展的重要能力。在高校教育体系中，数字素养培育包含数字技术基础知识传授，像计算机基础、编程语言、数据分析工具等，要让学生学会数字技术的基本原理及其操作方法，而且还要培养学生的数字思维能力，让其能够利用数字技术来解决问题，具备数据挖掘、信息分析、数字化表达等方面的能力。通过开设相关课程、举办数据处理竞赛、开展数字化项目实践等活动，引导学生积极投身于数字技术的应用中，真正提升学生的数字素养，为后续的学习与实践奠定基础。

进阶层偏重智能工具应用，这是数字素养基础上的升级。数智技术飞速进步，各种智能工具不断涌现，如人工智能开发平台、大数据分析软件、虚拟现实创作工具等，这些智能工具给创新创业带来强力支撑，有益于学生更好地开展创新活动和创业实践。在这个阶段，高校应当促使学生认真钻研并熟练运用智能工具的使用方法，了解智能工具在各个领域里的应用情况及其价值。通过设置专业课程及开展实践活动，学生在具体操作过程中灵活运用智能工具。在创新创业项目里，学生能够凭借人工智能算法进行市场预测以及用户需求分析，利用大数据分析工具去发掘并剖析市场数据，从而给项目决策提供科学依据；还可以用虚拟现实技术营造出沉浸感十足的产品展示和营销环境，进而优化产品的竞争能力，通过智能工具的应用做到学生理论知识同实际操作的深入结合，提高创新创业的效率与品质。

创新层侧重于价值网络的创建，是数智化创新创业人才培育的高级阶段。在数智时代，创新创业不再是个体行为，而是需要搭建起广泛的价值网络，汇聚各方资源，实现协同创新与价值共创。价值网络包含高校、企业、政府、科研机构、投资者等众多主体，各主体之间通过合作、交流以及资源共享，营造出一种相互联系、相互推动的生态系统。在创新层，高校应积极引导学生投身于价值网络的创建中，重点培养学生的合作能力、企业对接能力以及资源整合能力。激励学生与企业展开合作，共同深入理解企业实际需求和市场状况，推动高校科研成果转化为实际产品或服务；引导学生与科研机构等合作，以获取政策支持、技术援助及资源帮助；帮助学生联系投资者，使学生能够与投资者取得联系，进而获得创业资金和市场渠道。通过构建价值网络，让学生在更广阔的平台上开展创新创业活动，实现个人价值的最大化。

（二）案例分析

浙江大学“创业大脑”平台在“三阶螺旋”实施框架下表现出良好的运行成效，为高校数智化创新创业人才培养提供借鉴。

基础层数字素养培育环节中，“创业大脑”平台提供了多种数字素养课程，包含计算机编程、数据分析、人工智能基础等，这些课程采取线上加线下的教学模式。线上利用视频讲解、线上测试等形式，让学生可以随时学习数字技术知识；线下通过实践操作、小组讨论等活动加深学生对知识的领悟和应用能力。平台组织各类数字素养竞赛和实践项目，如编程马拉松、数据挖掘大赛等，点燃学生学习数字技术的热情和积极性，从而改善学生的数字素养水平。

在进阶层智能工具应用方面，“创业大脑”平台整合了各类智能工具，包括市场分析工具、商业计划书撰写工具、项目管理工具等，为学生的创新创业实践提供全面支撑。以市场分析工具为例，这个工具利用大数据和人工智能技术，可以做到对市场数据进行实时监测并加以分析，为学生提供市场走向预测、竞争对手分析、用户需求洞察等服务。学生在开展创新创业项目的时候，借助市场分析工具，可以迅速掌握市场动态，准确找到项目的切入口和定位，从而提升项目的成功概率。平台还会向学生提供智能工具方面的培训和指导，帮助学生熟练掌握工具的使用方法，更好地发挥智能工具的优势。

创新层价值网络创建上，“创业大脑”平台大力推动高校、企业、政府和投资者之间开展合作与交流，形成一个开放、协作的创新创业生态系统。平台同许多知名企业达成合作，企业给学生赋予实际项目案例及动手机会，学生参与到企业项目中时，可以把学到的知识应用到实际工作中，积累工作经验，而且给企业带来新的想法和解决办法。平台和政府机构展开合作，争取政策扶持和支持，营造有利的政策环境，平台为学生和投资者搭建交流的桥梁，通过举办创业路演、投资对接会等活动，助力学生展示自己的项目成果，吸引投资，促使项目落地实现。

浙江大学“创业大脑”平台实现了商业计划书智能评定，响应时间小于3秒。此数据表明平台在数智化技术应用上具备高效性与先进性。借助智能评定系统，学生可即时得到针对商业计划书的反馈意见并给出改进建议，从而及时调整并完善项目计划，提升项目品质及竞争力。这种成绩的获取，得益于“创业大脑”平台在“三阶螺旋”执行框架之下有效地发挥作用，通过数字素养塑造、智能工具使用以及价值网络创建，给予学生全方位、高效率的创新创业支撑服务，推动学生创新创业能力的提升并促使项目顺利孵化。

第四节　双创人才培养目标体系建构

一、目标分层模型

（一）基础层：筑牢数智与创业根基

1. 数智素养内涵与培育要点

数智素养是数智化创新创业人才必不可少的基础，数智素养的核心就是数据思维与AI伦理。数据思维指的是个人利用数据开展思考、分析及决策的能力。它要求人们从数据的角度来认识问题，并解决相关问题。在数智时代，数据就像一座藏有大量财富的宝库，而数据思维就是打开这个宝库的钥匙。那些具备数据思维的人，可以及时察觉到数据中最重要的信息，运用科学的方法去搜集、整理、剖析和解读数据，从而为创新创业活动提供支持。比如，在市场调研方面，可以凭借对大量消费者数据进行深入分析，从而准确地把握市场需求及趋势，为产品或服务的迭代提供指导；在企业运营期间，借助数据思维实时监控和分析业务数据，及时发现并解决问题，以此提升企业的运营效率及竞争力。

AI伦理属于伴随人工智能技术普遍应用而涌现出的主要话题，它涉及人工智能系统在设计、研发以及使用过程中的道德和伦理规范。AI技术飞速发展给社会带来诸多改变和契机，但与此同时也引发不少伦理难题，比如数据隐私泄露、算法偏见、人工智能该由谁负责等。所以，塑造学生的AI伦理意识十分必要，让他们在利用AI技术的时候，可以全面考虑技术可能造成的社会后果，依照道德和法律规定行事，保证技术的发展和应用符合人们的利益与价值观念。以开发人工智能算法为例，应当重视数据隐私保护和算法公正性，防止因数据有偏或者算法设计欠佳导致某些群体遭受不公平对待；在应用人工智能系统之际，则要清楚界定责任承担者，以便在发生问题时可以追究相关责任。

要真正有效地培养学生的数智素养，课程设置和实践教学这两部分都是很重要的环节。在课程设置这一块，学校应当开设一些专门的数据科学以及人工智能方面的课程，如《大数据分析基础》《人工智能原理与应用》等，系统地讲授有关数据思维和AI伦理的知识和技能。这些课程既要有理论知识的传授，更要重视实践操作，通过案例分析、项目实践等形式，让学生在实际情境中运用所学知识，提升解决实际问题的能力。如在《大数据分析基础》课程中，可以采用实际的商业案例，让学生利用数据分析软件来分析市场上的数据，预测市场走向，给公司的营销方案提供专业的建议；在《人工智能原理及应用》课程中，让学生参与到人工智能项目中，如做一个简易的图像识别系统或者智能客服机器人等，使他们在实践过程中深刻理解AI技术的原理及其应用，并考虑该过程中的伦理问题。

实践教学也是培养数智素养的一种重要途径，学校可同企业、科研机构展开合作，创建起实践教学基地，给学生提供诸多实践的机会，学生可以参与到企业的实际项目中，接触到真实的业务情况以及数据，把所学到的数智知识付诸实践。而且还可以了解到行业里最新的发展动向和需求状况，学生可以参与到企业的数据挖掘项目中，帮助公司从大量的数据中找出潜在的商业价值；也可以参与到人工智能应用项目的开发和测试中，为企业实现智能化转型给予技术上的支持。学校也可组织学生参与各种数智类竞赛，如数据挖掘竞赛、人工智能创新创业大赛等，调动起学生的学习热情和创造精神，在竞赛过程中锻炼学生的数智素质以及合作意识，通过课程同实践的良好结合，全方位地提高学生的数智素质，给他们开展创新创业活动打下牢固根基。

2. 创业通识教育的关键内容与实施路径

创业通识教育是培养创新创业人才的基础，通识教育使学生对创业的基本概念、流程、方法等有初步的认识。商业模式画布是创业通识教育中的重要内容，为学生提供了商业思维的框架，帮助学生理解商业模式。商业模式画布包含九个模块，分别是客户细分、价值主张、渠道通路、客户关系、收入来源、核心资源、关键业务、重要合作、成本结构。这九个模块之间存在联系，共同构成了一个完整的商业模式画布。

客户细分模块要求学生明晰企业的目标客户群，了解他们的需求、喜好以及行为习惯等，从而给客户供应准确的产品或者服务。价值主张模块重点体现出企业应当给客户带来独有的价值，化解客户的难题与困扰，达成客户的需求。渠道通路模块重视企业怎样把产品或者服务送到客户手中，挑选恰当的销售途径和营销手段。客户关系模块探究企业同客户创建并保持联系的办法，改善客户的满意程度及其忠诚度。收入来源模块钻研企业从客户那里取得收入的途径及方法，保证商业模式具备经济上的可行性。核心资源模块找出企业运作商业模式所必需的关键资源，诸如人力资源、技术力量、资金储备等。关键业务模块确定企业为了实现价值主张一定要展开的核心活动。重要合作模块剖析企业同其他组织或者个人创建合作关系的必要性及其方法，做到资源共享、优劣互补。成本结构模块核算企业运作期间产生的各类成本，改善成本经营状况，增强企业的获利能力。

在教学中，可以采用案例分析、小组讨论、模拟创业等方式来教授商业模式画布。案例分析是一种直观有效的教学方式。教师可以选择一些成功的和失败的创业案例，让学生运用商业模式画布对案例进行分析拆解，理解商业模式的构成要素和运作机制。

模拟创业属于非常有操作性的教学形式，可以令学生在虚拟的创业环境中亲身感受创业的全过程。教师可借助创业模拟软件或者平台，给学生营造一个模拟创业的场景，让学生扮演创业者，按照市场需求和竞争状况，用商业模式画布规划自己的创业项目，开展经营和管理。在模拟创业的过程中，学生要应对各种挑战和决策，如市场定位、产品开发、营销策略制订、资金筹集等。通过不断地尝试和调整，学生可以提升自己的创业能力和商业素养。比如在模拟创业平台里，学生就能创建起自己的电商企业，从选好目标市场开始，接着确定产品定位、搭建销售渠道，再进行运营管理、客户服务等，全面模仿企业的运作流程。在这样的操作中，学会商业模式画布的使用方法，采用各种各样的教学手段，让学生更好地领会创业通识知识，增强他们的创业思维和动手能力，从而为将来开展创新创业活动奠定稳固根基。

（二）能力层：锻造T型与动态能力

1. T型能力结构的构建策略

数智时代，T型能力结构成为创新创业人才必备的能力模型，即在具备深厚的专业技术深度的同时，还应具有广泛的知识广度和跨学科广度。数智时代下的创新创业活动往往涉及多个领域的知识和技术，单凭一个学科的知识很难应对复杂多变的市场需求。掌握跨学科知识，创新创业人才可以从不同的角度看待问题，发现新的商业机会和创新点。例如，在研发一款智能医疗设备的时候，不仅要掌握电子工程、计算机科学等专门技术知识，还要了解医学、生物学、心理学这些领域的知识，这样才能更好地适应医疗的需求，提高设备的易用性以及用户的体验感。跨学科的知识还可以帮助创新创业人才在团队里更好地与不同专业背景的人进行交流和合作，整合各方资源，做到共同创新。

技术深度乃是创新创业人才立足于特定领域的根基所在，在数智技术不断发展的当今时代，如果没有足够深的技术深度，就很难在激烈的市场竞争中占据上风。以人工智能领域为例，如果能深入了解机器学习、深度学习算法等，就能做出更为智能、高效的应用系统，给企业带来更多收益。而且，技术深度可助力创新创业人才更好地认识并运用数智技术，从而解决实际碰到的问题，并促使相关技术得以更新和发展。

为培育学生的T型能力结构，高校可以采取很多切实有效的办法，课程设置便是其中重要的一环。高校要冲破学科界限，开设跨学科课程，如“数智技术与创新创业”“人工智能与商业应用”等，把各个学科的知识有机结合起来，让学生在学习时拓宽知识范围，发展跨学科思维。以“数智技术与创新创业”这门课为例，老师可以邀请计算机科学、管理学、经济学等不同学科的专家一同上课，从技术、市场、管理等角度探讨数智时代创新创业的机遇与挑战，引导学生运用跨学科知识解决实际问题。

项目执行同样是塑造T型能力结构的关键途径，高校可以安排学生参加跨学科的创新创业项目，促使学生在项目执行期间锤炼跨学科知识的应用能力以及团队协作能力。比如开展“智能农业创新创业项目”，学生要把农业科学、物联网技术、数据分析等知识融合起来，规划并开发出一套智能农业监测和管理体系，做到农业生产的智能化、精确化。在项目执行的时候，学生既可以把学到的理论知识用到实处，又能与不同专业背景的伙伴展开合作，互相学习，一起提升，进而形成T型能力结构。

高校可以鼓励学生积极参与各种学术交流活动，让他们参加行业研讨会，开阔学生的学术眼界以及行业眼界，使学生了解各个学科领域内的最新研究成果以及行业发展状况，给塑造T型能力赋予知识及信息支撑。比如定期开展学术讲座，请来国内外有声望的专家学者传授最新的研究成果和创新经验；安排学生出席行业研讨会，让学生与企业界人士展开交流，认识市场需求和行业走向，进而更恰当地调整自身的学习与发展方向。

2. 动态能力培养与环境适应性塑造

数智时代下，市场环境千变万化，技术创新一日千里，这就给创新创业人才的环境适应与快速更新能力带来很高要求。环境适应能力就是指创新创业人才可以迅速认识并融入不停变换的市场环境、技术环境以及社会环境的能力。在数智时代，市场需求转变得很快，新的技术接连出现，政策法规也时常变动，创新创业人才若想抓住市场机会，应对各种问题，就要具备较强的环境适应能力。比如，5G技术慢慢推广开来之后，短视频、直播这些新兴业态迅速发展起来，而那些能敏锐察觉到这种市场改变，立刻调整自身业务走向，把5G技术运用到短视频、直播方面去的创新创业者，常常就能在市场角逐里抢占上风。

快速迭代能力就是指创新创业人才能够依据市场反馈以及环境变动，迅速对产品或者服务加以改良并调整的能力。在数智时代，产品与服务的更新速度飞快，用户的需求也变得越来越多元化且个性化，创新创业人才唯有具备快速迭代的能力，才能让自己的产品与服务一直保持竞争优势。互联网企业常常采用敏捷开发的形式，持续地发布产品的新版本，按照用户的反馈以及市场数据，尽快改善产品功能并优化用户体验，从而符合用户的需求。

要培育学生环境适应和迅速更新的能力，就需要依靠两种重要途径——实践教学和案例分析。实践教学能使学生置身于真正的市场环境中去磨炼自身能力，提升对于环境变动的敏锐度以及应对能力。高校可同企业开展合作，创建起创业创新的实践基地，从而给予学生实践机会，加入到企业的具体项目中，了解企业的运作形式以及市场需求，通过实践来学会怎样适应市场变化，怎样按照市场反馈去更新改良产品及服务。比如学生可参与企业的新产品研发项目中，从市场调研开始，直到产品上市为止，全面参与其中，这样就能在实践过程中学会依照市场需求和竞争状况，迅速调整产品策略，提高产品的竞争力。

案例分析同样属于塑造学生动态能力的一种途径，通过剖析成功或失败的创新创业案例，学生得以了解如何在不同的环境中制订有效的战略与策略，如何应对各种难题与危机，又该如何进行迅速的更新与创新。各高校可搜集并整理诸多的创新创业案例，安排学生展开案例分析与讨论，比如把共享单车企业的成长过程当作案例，探究当处于市场竞争激烈、政策环境发生改变时，不同企业所采取的应对手段及其发展道路，思索为何有些企业能突出重围，而有些却遭遇失败，从而促使学生从这些案例中获取经验与教训，提升自身的动态能力。

高校可以举行创新创业竞赛、创业模拟等活动来给学生创建模拟市场环境，使学生在这样的环境中锻炼自身的环境适应与快速迭代能力。例如，举办创新创业大赛，要求学生在限定时间内完成创业项目的策划、执行以及呈现。在比赛期间，会出现各种各样的市场变动及难题，促使学生懂得如何处理突发状况，又该如何根据市场回应立刻调整创业方案，以此增强自己的动态能力。利用这些操作、教学、案例剖析等，可以切实优化学生的动态能力，进而使他们更符合数智时代下的创新创业需求。

（三）价值层：塑造社会责任与全球视野

1. ESG导向的社会责任培养

ESG即环境（environmental）、社会责任（social）与公司治理（governance），是着眼于企业可持续发展和社会影响的概念。它的主要含义是，企业在追求经济利益的时候，务必全面考虑自身活动给环境、社会和公司治理方面带来的影响。在环境领域，企业应该十分重视应对气候变化，守护资源并做到持续利用，改善污染等问题，人力提倡发展可再生能源，削减对传统化石燃料的依赖，切实减少碳排放量，积极采用节能减碳技术，改良生产流程，加强资源的利用效率，缩减废弃物和污染物的排放量。在社会责任方面，要保障员工权益，营造安全健康的工作环境，合理确定员工薪酬待遇，助力员工职业发展，积极投身社区建设，支持教育、医疗、扶贫等公益事业，为当地社区发展作出贡献。重视产品质量与安全，切实保障消费者合法权益。在公司治理方面，要建立健全公司治理结构和内部控制制度，保证公司决策具有透明度、公止性、合规性，加强风险管理，有效应对各种风险挑战，遵守法律法规，积极履行纳税义务，树立良好的企业形象。

把ESG理念融入创新创业教育中去，这对塑造学生的社会责任观念有着非常重要的意义。首要任务就是在课程体系里面加入ESG相关的课程。高校可以开设像“ESG与企业可持续发展”“绿色创新和社会责任”这样的专业课程，全面地给学生讲授ESG的基本概念、理论架构、实例以及有关政策法规。通过这些课程的学习，学生就能切实体会到ESG理念的深层含义，领悟到企业在环境、社会以及公司治理方面所担负的责任和义务，从而形成可持续发展的思维模式和社会责任感。比如在“ESG与企业可持续发展”这门课上，老师可以讲一些国内外大企业的ESG实践案例，如苹果公司在做产品的时候很注意节能减排、保护环境；华为公司积极参加全球通信设施的建设，推动数字经济的发展，促进社会更加公平……让学生讨论思考企业如何在自身发展的同时给环境和人类带来益处。

组织学生参加ESG有关的实践项目也是一种有效的途径。高校可以同企业、社会组织开展合作，给学生加入真实ESG项目的机会，学生能加入企业的环境评定、社会责任报告编写、可持续发展策略制订等项目，在操作过程中应用自己学到的ESG知识，提高处理现实问题的水平，加强社会责任意识，比如学生可加入企业的环境审查项目，帮助企业考察自身生产活动对环境造成的影响，并给出对应的改进意见；也可加入社会组织的公益项目，比如参加环保公益活动、宣传环保知识，促进社区可持续发展。通过这些实践项目，学生就能亲身感受到企业和社会组织在担负社会责任时所付出的努力与遭遇的困难，进而更加深刻地体会到社会责任的意义，塑造起自身的社会责任感与使命感。

2. 数字全球化背景下的全球视野拓展

数字全球化指的是在数字技术带动之下，全球经济、文化、社会等诸多领域交流与融合持续加深的发展过程。随着互联网、大数据、人工智能这些数字技术飞速进步，数字全球化成了当代世界发展的主要趋向。数字技术冲破了时空的界限，使得信息、资金、人才等要素可以迅速在全球范围内流动并重新分配。以电子商务为例，它促使全世界范围内的消费者方便地买到世界各地的商品和服务。远程办公和在线教育变得普遍，这样就让各国的人们能够跨越国家的界限开展工作和学习，从而促进了全球知识和技术的共享。在创新创业领域，数字全球化带来前所未有的机遇与挑战，为创新创业提供了更广阔的市场与资源。创业者通过互联网将产品与服务推向全球市场，获得全球范围的资金、技术、人才等支持，拓展业务边界。一些跨境电商企业借助数字平台，将中国优质产品销往全球各地，实现迅猛发展。数字全球化加剧了全球范围内的竞争，创新创业者需要具备全球视野和跨文化沟通能力，方能在激烈的竞争中立足。

要想扩展学生的全球视野，高校可以采用许多方法，国际交流与合作项目就是其中一种。高校能同国外名校建立合作联系，开展学生交换项目、联合培育项目、学术交流活动等，通过这些项目，学生就能亲身体验不同国家的文化、教育以及创新创业环境，从而开阔自身的国际视野，提升跨文化交流能力。比如，学生可以加入为期一学期或者一年的交换生项目，到国外高校去学习，了解国外的创新创业教育模式及其课程体系，和国外学生一起投身于创新创业项目中，互相交流各自的经验与想法。高校也可以请国外的专家学者到校来讲学、举办讲座及研讨会，讲述国际上先进的创新创业理念、技术以及操作经验，让学生了解全球范围内创新创业的新情况。

开展国际化创新创业竞赛也是一种开拓学生全球视野的方式，高校可以组织学生参加国际创新创业大赛，比如国际基因工程机器大赛（International Genetically Engineered Machine competition，iGEM）、全球创业周中国站等。在这些竞赛中，学生会与来自世界各地的创新创业团队同台竞技，接触到不同国家和地区不同的创新思维以及创业模式，从而锻炼自身的全球视野和竞争能力。例如，iGEM竞赛要求参赛者利用合成生物学的知识，设计并创建出具备某种功能的生物系统，然后在全球范围内展示交流。通过参与这类竞赛，学生不但能提升自身专业技能，而且可以了解全球合成生物学领域最新研究成果及应用趋势，塑造自身的全球视野和创新精神。高校也应当推动学生参与国际创新创业论坛及研讨会，与全球创新创业界的专家、学者、企业家展开交流互动，从而获取最新行业信息和市场动态，扩充自己的人脉资源，为日后开展创新创业活动奠定稳固基础。

二、评价体系设计

（一）多元动态指标构建原则

在数智化创新创业人才培养评价体系中，打造多元动态指标是全面、精确地评价人才培养成果的关键之处。这些指标的形成要符合多元性、动态性以及科学性等准则，从而适应数智时代这种复杂且不断变化的创新创业环境。

多元性原则要评价指标涵盖多个维度和层面，全面体现数智化创新创业人才的素质和能力。以知识维度为例，既要考察学生对专业知识以及数智技术知识的掌握情况，也要留意学生的跨学科知识储备和应用能力。比如，通过设置相关课程考试成绩、学术论文发表情况等指标，来评判学生在专业领域的知识水准。通过开展跨学科项目实践，观测学生在项目中运用多学科知识解决问题的能力，从而全面评定学生在知识维度上的表现。

能力方面，要兼顾学生的创新能力、创业能力、数据思维能力、团队协作能力等。创新能力可以通过学生参加创新竞赛的成果、提出具有创新性的想法和解决办法的数量与品质等指标来评判。创业能力可以从创业项目的规划、执行、运作情况、市场开拓、资金筹集、风险控制等方面展开评价。数据思维能力可凭借学生在数据分析课程中的表现、对实际数据的分析和应用能力等指标来评判。团队协作能力可从团队项目中的角色担当、交流协调能力、团队成员评价等方面加以考查。

从素质维度出发，重点针对学生的创新精神、创业意识、社会责任意识、全球视野等进行评价。从学生参与创新创业活动的积极性、主动性，以及在活动过程中勇于尝试、敢于冒险的特质，来评判学生的创新精神与创业意识。从学生参加社会公益活动、关注社会热点问题，并给出解决办法的角度，判断学生的社会责任意识。从学生加入国际交流项目、了解国际市场动态和行业发展趋势的深度来评判学生的全球视野。

动态性原则要求评价指标要随着数智时代的进步和创新创业环境的变化不断调整和更新，以便及时反映人才培养的效果和需求。数智技术发展迅速，创新创业的模式和方法不断变化，评价指标也要随之改变。如当人工智能技术在创新创业中得到广泛使用时，可以增加对学生人工智能算法运用能力、人工智能驱动的创新项目开发能力等评价指标；当数字经济不断发展时，可以增加对学生数字经济认知能力、数字商业模式创新能力等评价指标。

学生在创新创业进程中的成长和发展属于动态变化的过程，所以评价指标要能追踪并体现这个过程，比如设置阶段性评价指标，针对学生在创新创业项目各个阶段（包含创意形成、项目规划、产品研制、市场推广等）的表现实施评定，从而尽早发现学生存在的问题以及取得的进展，对之后的培育给予有指向性的指引。

科学性原则是指评价指标的选取和设计要以科学的理论和方法为基础，有明确的内涵和定义，能够对学生的素质和能力进行准确的测量和评价。评价指标应具有可操作性，可以被客观的数据或可观察的行为量化或定性评价。比如对学生创新能力的评价，可以用学生申请的专利数量、创新成果转化为实际产品的数量等可量化的指标；对学生团队协作能力的评价，可以通过学生完成的团队项目数量、团队成员之间相互评价等方式进行评价。

评价指标还应具有可靠性与有效性。可靠性指评价指标能稳定地反映学生的实际水平，不受偶然因素的影响；有效性指评价指标能真实地测量出要评价的内容，与数字化创新创业人才培养目标和要求密切相关。为了保证评价指标的科学性，可以通过文献研究、专家咨询、实证研究等方式，对评价指标进行筛选、验证和优化，使其更加科学合理。

（二）过程性指标：捕捉学习成长轨迹

1. 学习行为数据的采集与分析

数智化时代下，EdTech[1]平台所具备的强大技术功能，为学习行为数据的采集提供了多种渠道和方式。以在线学习平台为例，它能够全面记录学生登录平台的时间，包括首次登录时间、每日登录时长、登录次数等。这些数据反映了学生参与学习活动的活跃度及其持续性。通过分析学生在平台上的学习时长分布情况，如不同时间段内学习时长所占的比例，可以了解学生的学习习惯和时间管理能力。这有助于判断学生是否能够合理规划学习时间，并在学习过程中是否容易受到干

[1] EdTech指教育技术，是指利用现代技术来改进教育过程、提高学习效率和丰富学习体验的领域。

扰或中断。

学生对课程内容的访问情况也属于重要的数据来源，涉及访问的课程章节、访问次数以及停留时间等，通过这些数据可以很明确地了解学生对不同课程内容的兴趣水平和学习重点。倘若某个课程章节的访问次数较多，停留时间较长，那么便体现出学生对该部分内容关注度较高，觉得这部分内容比较关键或者存有疑问。反过来讲，如果某个章节很少被人访问到，或许表示学生对这个章节没那么感兴趣，或者觉得内容太简单了。

在线测试和作业的完成情况也蕴含着丰富的信息，比如答题时间、答题正确率、答题错误类型分布等。答题时间可以反映出学生对知识的掌握程度和答题的速度，掌握得熟练的学生答题速度自然会快一些；答题正确率直接反映了学生对知识点的掌握情况；答题错误类型分布可以让老师了解到学生在学习过程中存在的薄弱环节，是概念理解不透彻还是计算能力差等，老师可以更有针对性地对学生进行辅导和教学改进。

数据分析技术在评估学生学习过程方面有着重要作用，可以从众多学习行为数据中找出有价值的信息，给教学决策提供科学支撑。描述性统计分析属于基本而常用的手段，它能够对学生的各种学习行为数据加以概括和归纳，给出数据的基本状况和分布情况。例如，算出学习时长的均值、中位数和标准差，就可以了解学生总体的学习投入程度以及个体间的差异。如果平均学习时长较短，也许需要留意学生的学习积极性和学习时间安排。标准差较大表明学生之间学习时长的差异很大，需要深入探究原因，是否存在部分学生缺乏学习动力或者学习方法不对的情形。

相关性分析可显示不同学习行为数据间的联系，从而帮助教师找出潜藏的规律及影响要素。如果学生的学习时长与作业正确率呈正相关，就表明学习投入时间较多的学生通常在作业上表现得更好，教师就可以引导学生多花些时间学习，从而提升学习效果。如果学生对课程讨论区的参与程度与课程成绩呈正相关，表明积极参加讨论的学生更容易得到较好的成绩，教师便可鼓励学生更多地参与到课堂互动之中，推动知识的交流与分享。

聚类分析就是按照学生的学习行为特征，把学生划分成不一样的群体，从而给不同群体制订个性化的教学方案。通过对学生的学习活跃状况、知识掌握情况、学习速度等诸多方面的数据开展聚类分析，可以找出那些学习良好又很积极的学生群、学习一般但还需加强的学生群以及学习吃力要着重关注的学生群。对于那些学习好的学生，可以给予更富挑战性的学习任务并扩充相关资源以满足他们的学习需求；而对于学习中等的学生，则规划有针对性的辅导计划，助力他们冲破瓶颈，改善学习成果；至于学习困难的学生，则深入剖析造成其学习困难的缘由，给予一对一的教导与帮扶，促使他们战胜困难，赶上学习进度。

2. 学习行为与数智素养、创业能力发展关联

深入探究学习行为数据同学生数智素养、创业能力发展之间的联系，可以为教学活动的改良和改善给予有力的依据，进而更好地推进学生的全面进步。在数智素养培育方面，积极利用在线学习平台来开展数智课程学习的学生，其数据思维以及AI伦理意识的提高往往较为明显。通过分析这些学生的学习行为数据可知，他们在学习过程中会越发重视对数据的搜集、整理和分析，擅长用数据分析工具去解决实际问题，体现出较强的数智思维能力。以学习大数据分析课程为例，他们会主动搜集相关数据，应用所学的大数据分析算法做进一步挖掘，从数据中找出有用的信息，按照这些信息给出恰当的解决办法。他们面对AI相关内容的时候，不只是关心技术本身，还会仔细思索AI应用牵涉的伦理问题、数据隐私保护、算法公平性等，体现出较强的AI伦理意识。然而，那些学习行为不积极、很少参加在线学习活动的学生，在数字素养发展方面就比较迟缓。他们对于数据的敏感程度比较低，无法用数据思维去解决问题，对于AI伦理问题的认识也比较肤浅。

创业能力发展层面，学习行为数据也能体现出学生的发展轨迹与走向。经常参与创业实践项目相关学习活动的学生，在市场洞察、机会识别、团队协作等创业关键能力方面会表现出更佳的水平。针对他们在创业实践项目中的学习行为加以分析可以知道，这些学生在项目里积极又主动地搜集市场信息，关心行业动态并留意竞争对手的情况，能迅速察觉市场上的潜在机会，显示出较强的市场洞察和机会识别能力。

团队协作方面，他们懂得与团队成员展开交流，将自己的想法以及经验分享出来，而且还能认真听取他人提出的看法和提议，把团队成员的优势发挥出来，做到团队协作。比如创业项目的市场调研阶段，他们会安排团队成员拟定细致的调研计划，合理分配任务，快速搜集并剖析市场数据；创业项目运作期间碰到问题的时候，就会找团队成员一起头脑风暴，保证项目正常推进。而那些较少参加创业实践项目的学生，创业能力较为欠缺，市场洞察力和机会识别能力较差，团队协作经验匮乏，碰到实际的创业问题时常常没有好的应对方法。

由于学习行为数据与数智素养、创业能力发展存在着密切联系，所以教师可采用一系列具有针对性的教学改进手段。针对数智素养培养而言，按照学生的学习行为数据，为不同层次的学生提供个性化的学习资源及指导。针对那些数据思维能力稍弱的学生，推荐部分有关数据思维的基础训练课程以及实例，引导他们渐渐掌握数据搜集、剖析和运用的方法。针对AI伦理意识需要加强的学生，举行相应的探讨和实例解析活动，加深他们对AI伦理问题的了解和认识。在创业能力培养上，教师按照学生在创业实践项目中的学习行为表现，给予学生更有针对性的引导和

反馈。对于市场洞察力欠缺的学生，教授他们市场调研的方法和技巧，帮助他们提升收集和分析市场信息的能力。对于团队协作有缺陷的学生，安排团队创建活动和交流技能培训，以加强他们的团队协作意识和能力。通过这些教学改进措施，可以更好地满足学生的学习需求，促进学生数字素养和创业能力的全面提升。

（三）结果性指标：衡量成果转化效能

1. 项目存活率与可持续发展评估

项目存活率是衡量数智化创新创业人才培养成果的重要指标之一，它直接体现着创新创业项目在市场环境中的生存能力和竞争力。其计算方式比较清晰，即

项目存活率=（在一定时期内存活的项目数量÷同期开展的项目总数量）×100%

在分析项目存活率的时候，要全面考虑各种因素，如市场需求能否持续得到满足等。数智化创新创业项目只有准确抓住市场走向，一直满足消费者不断改变的需求，才能在市场上站稳脚跟。以全球在线编程教育平台Codecademy为例，该平台成立于2011年，初期通过互动式编程课程快速占领市场。但随着Coursera、Udacity等巨头入局，Codecademy通过差异化策略实现生存：推出职业路径课程体系（如数据科学全栈课程），与IBM、谷歌等企业合作开发认证项目，用户留存率提升40%。截至2023年，其持续运营12年，用户突破5000万。

竞争对手的动向同样会影响项目存活率。在激烈的市场角逐中，对手也许会推出类似的产品或者服务，而且在某些地方具备更为突出的优势，这是创新创业项目要解决的一大难题。

技术的更新换代速度同样不能轻视。数智时代下，技术创新瞬息万变，若想使数智化创新创业项目在市场站稳脚跟并具备竞争力，就必须紧追技术发展潮流，不断实施技术改良与更新。2014年，人工智能企业商汤科技凭借人脸识别算法打开安防市场，但随着Transformer模型兴起，团队快速推出SenseCore AI大模型，将图像识别准确率从94%提升至99.6%。通过每年投入20亿元研发费用，持续保持技术代际优势，2022年在AI制药、自动驾驶等新领域的收入占比超35%，展现了技术更新对项目存活的决定性作用。

除了项目存活率之外，考量项目的可持续发展能力也属于评判数智化创新创业人才培育成效的关键部分。可持续发展能力包含项目的长期盈利能力、创新能力和社会价值创造能力等诸多层面。从长期盈利能力来讲，项目必须形成稳固的盈利模式，做到收入持续增长，成本得到有效控制。以某个电商创业项目为例，这个项目凭借精确的市场定位，专门针对某一类商品展开销售，如高端母婴用品等。在运作期间，项目团队通过改良供应链管理，削减采购费用，同时利用大数据分析技术，精准把握用户需求，展开个性化的营销活动，以提高用户的转化率

和再次购买的频率。通过这些办法，该项目做到了销售额逐年增长，盈利能力逐步提升，为项目的可持续发展奠定了坚实的基础。

创新能力是项目可持续发展的关键推动力量，在数智时代，唯有持续更新，才可以满足市场的各种需求，维持项目的竞争优势。跨境电商SHEIN通过自主研发的柔性供应链系统，将设计到交付周期从3周压缩至3天，库存周转率较ZARA提升5倍。2022年，其营收达227亿美元，连续8年复合增长率超100%，验证了大数据驱动供应链优化的长期盈利能力。

社会价值创造能力也是项目能否持续发展的体现，一个有社会价值的项目，不仅能在商业上取得成功，也能为社会作出积极的贡献，从而得到社会的认同与支持。2013年，大疆创新发布Phantom系列消费级无人机后，持续推出农业植保机（MG-1）、电影级云台（Ronin 4D）等创新产品，研发投入占比常年保持在15%以上。截至2023年，大疆在全球商用无人机市场占有率达到76%。

2. 专利转化率与创新成果价值体现

专利转化率指专利技术被商业化应用或转化为实际生产力的比例，它在评价双创人才创新成果价值时起着重要作用，专利转化率的计算公式为：

$$专利转化率=\frac{已转化为实际产品、服务或者商业应用的专利数量}{专利申请总数}\times 100\%$$

专利转化率直接体现了创新成果的市场应用程度。在数智化创新创业中，存在大量的创新成果，它们大多以专利的形式出现，这是双创人才智慧与创新能力的象征，但仅有专利申请并不能完全体现创新成果的价值，只有当专利转化为具体的产品、服务或商业应用时，才能发挥其经济价值和社会价值。例如，斯坦福大学持有的CRISPR-Cas9核心专利通过技术授权实现商业化，被Editas Medicine、Intellia Therapeutics等生物科技公司应用于基因治疗药物研发。截至2023年，相关专利衍生药物市值超过120亿美元，仅2022年斯坦福大学技术许可办公室通过CRISPR专利授权收入达1.3亿美元。IBM拥有全球最多的量子计算专利（超过2000项），通过IBM量子网络（Quantum Network）向摩根大通、三星等企业开放技术共享。2023年财报显示，其量子计算相关服务收入同比增长47%，专利授权收入占总营收的6.2%。

高专利转化率有利于提升创新成果的经济价值，把专利技术变成实际生产力，可以促使新产品、新服务的产生，拓宽市场，增加企业的收入和利润。例如，高通（Qualcomm）凭借5G标准必要专利（SEPs），2022年专利授权收入达63亿美元，占全球5G专利许可收入的42%，其专利转化率超70%，支撑了全球90%以上5G终端的商业化。再如，中国科学院微电子研究所的AI芯片专利——“深度学习处理器架构”专利授权给寒武纪科技，应用于思元系列AI芯片。2023年该芯片在智能安防市场占有率超30%，专利转化直接贡献营收15.6亿元。

专利转化率还可体现创新成果的社会价值，那些被成功转化的专利技术常可以解决社会发展进程中的现实问题，促使行业不断向前发展并增进社会福祉。2014年，特斯拉宣布开放387项电动汽车专利（涵盖电池管理、充电技术），推动全球电动汽车产业链发展。2022年全球电动汽车销量中，采用特斯拉专利技术的车企占比达35%，间接减少碳排放超过1.2亿吨。麻省理工学院研发的“MOFs材料”专利被初创公司CarbonCure Technologies商业化，应用于混凝土生产中的碳封存。截至2023年，该技术已减少CO_2排放超过50万吨，并被纳入微软、谷歌等企业的碳中和计划。

（四）质性评价：挖掘创新韧性特质

1. 创新韧性理论基础与内涵

创新韧性的理论根基源自安杰拉·达克沃斯（Angela Duckworth）提出的韧性（grit）理论，该理论重点突出个体在追寻长期目标时所表现出的坚持不懈的毅力和对目标的热切追求，为深入探究创新韧性提供了重要视角。在数智化创新创业的大环境中，创新韧性蕴含着更为充实而深刻的含义，既包含着面对困难和挫败时的顽强不屈，又包含着在错综复杂的环境中不断创新和突破的能力。

数智时代来临，创新创业遭遇不少严峻考验，技术飞速更新换代，产品和服务的生命周期大幅缩减，市场竞争异常激烈，用户需求也变得越发多样且个性化。在这种情况下，只有拥有创新韧性的人才能一直保持对创新创业的热情与执着，不会被眼前的困难和挫败轻易打倒。就算碰到技术难关、市场推广遇阻、资金短缺等麻烦，也能坚持信念，积极寻找解决办法，不断调整策略，努力向前推进。例如，面对全球公共卫生事件，莫德纳（Moderna）利用mRNA技术平台快速启动疫苗研发，团队通过连续67次配方迭代，将疫苗有效率从50%提升至94.1%，2021年实现190亿美元营收，验证了创新韧性中的技术攻坚能力。

创新韧性表现出一种灵活应变的能力，可以按照市场变动以及用户需求随时改变自己的创新方向与策略。在数智时代，市场情况瞬息万变，用户需求也一直处在动态之中。只有拥有创新韧性的人才能快速察觉到这些变化并立即采取应对举措。例如，SpaceX在2015年猎鹰9号火箭首次回收失败后，通过快速迭代开发模式，在12个月内完成13次发射试验，最终于2016年实现在海上平台回收火箭。截至2023年，火箭复用次数达15次，单次发射成本降低80%。

创新韧性是引发创新思想的源头。碰到困难和挑战的时候，有创新韧性的人可以积极地去思考，敢于尝试新的办法和思路，这样就有可能激发出创新思想，产生更多的新点子。在解决技术难关的时候，他们也许会从不同的角度考虑问题，尝试把其他领域的知识和技术应用到项目中，从而找到新的解决办法。创新韧性也是推动创新行为的力量。创新创业的整个进程充满不确定因素和风险。如果没有稳固的信念以及百折不挠的精神，便很难在遭遇艰难险阻时仍然坚持向前迈进，将创新的想法付诸具体的实践中。项目执行期间或许会碰上各类挫折与失败，但拥有创新韧性的人可以从失败中吸取经验教训，不停地改进创新方案，让创新行为得以持续推进。创新韧性还是塑造团队凝聚力和战斗力的重要因素。在创新创业团队里，成员不可避免地会碰到诸多难题和压力，具有创新韧性的领导者能做到言传身教，带动团队成员一起去克服这些困难，从而提升团队的凝聚力和战斗力。当团队陷入困境时，领导者可起到鼓舞人心的作用，带领大家一同探寻解决问题的办法，促使成员更加团结，齐心协力朝着共同目标奋勇向前。2020年，谷歌进一步限制谷歌移动服务（GMS）授权后，华为启动“松湖会战”，动员5000名工程师在9个月内完成鸿蒙OS 2.0开发。2023年，鸿蒙设备突破7亿台，生态应用超20万款，实现从“断供危机”到全球第三大移动操作系统的跨越。

2. 创新韧性评价方法与应用

在数智化创新创业人才培育中，精准评价学生的创新韧性意义非凡，精准评价有助于依据每个学生的特长来实施培育，进而提升培育质量。案例分析是一种较为有效的评价手段，通过细致剖析学生在创新创业项目中的实际经历，可以全面了解他们在遭遇困难时的思考、决策过程以及实际行动。

访谈也是一种重要的评价方式。访谈就是面对面地交流，可以了解到学生的所想、所感。访谈时，可以问学生在创新创业中遇到的最大困难是什么、是怎么解决的、当时的心情是怎么样的、从这件事中他学到了什么等。通过学生的回答，可以了解学生的创新韧性特质。

把创新韧性评价成果应用到人才培育实际中，就能给个性化的培育提供有力的依据。以那些创新韧性比较强的学生为例，可以给他们安排难度更大一点的项目或者任务，从而激发他们的潜能，进一步提高他们的创新能力与创业能力。安排他们参加一些前沿性的科研项目或者与企业合作的实际项目，让他们在这些项目里经受锻炼，获取更多的经验。而对于那些创新韧性还有待提升的学生而言，就要给予有针对性的引导和扶持，助力他们形成坚韧不拔的精神，并且具备解决困难的能力。可举办相应的培训课程及讲座，邀请已取得成就的创业者来讲授经验，教导他们解决难题、遭受挫败时的应对方法；还可为其指派导师，提供一对一的指导与协助，鼓励他们积极参与数智化创新创业活动，在实践中逐步提升自身的创新韧性。通过将创新韧性评价与个性化塑造相结合，可以更好地满足学生的发展需求，提高数智化创新创业人才的培养质量。

第三章

数智化创新创业人才培养的体系构建

第一节　数智化课程体系的重构策略

第二节　数智化教学平台的建设应用

第三节　数智化教学方法的创新赋能

第四节　数智化学习模式的创新跃迁

全球迎来新一波科技革命与产业变革之时，数智化成了这个时代的主要特征与推动力量。大数据、人工智能、云计算、区块链这些前沿数智技术，正以惊人的速度和范围融入社会经济的方方面面，从而导致产业结构发生重大变化，商业模式也被彻底更新。这种改变既重新塑造了市场竞争局面，又对那些从事数智化创新创业的人提出了崭新而严苛的要求。在此情形之下，高校作为人才培育的主要场所，有责任为社会提供具备高水准数智化创新创业能力的人才。

传统创新创业教育体系受到数智化时代冲击之后，其局限性变得越发明显。知识结构更新速度加快，导致传统课程内容跟不上行业发展的脚步；学科界限逐渐模糊，这就需要冲破学科藩篱，做到跨学科交融；能力需求也愈发多样，所以要让学生形成更全面的能力与素养。这些问题迫使高校不得不重新思考并改造当下的创新创业人才培育模式。

数智化时代的创新创业人才，应该是既有深厚数智技术功底又具敏锐商业眼光的综合性人才，他们既要熟知数智技术的主要原理及其应用方式，会用大数据分析去探寻商业契机，凭人工智能算法来改善决策过程，靠区块链技术保证数据安全并形成信赖关系，也要拥有突出的创新创业能力，包含创新想法、创业激情、团队合作、市场拓展等重要方面，可以在复杂且变动的市场大环境中找到商机，缔造价值，引导方向。

在此背景下，美国O*NET（occupational information network）职业能力数据库和欧盟《创业能力框架》提供了非常宝贵的经验和参考模式。O*NET职业能力数据库对不同职业所需技能、知识、能力进行了详细梳理，为明确数智化创新创业人才的能力要求提供了精确的参照标准；欧盟《创业能力框架》从创意与机会识别、企业创建与运营、成长与可持续发展等多方面，构建起全面系统的创业能力框架，为创新创业教育课程设计和教学实施提供了科学的指导依据。

世界顶尖高校如斯坦福大学、麻省理工学院、剑桥大学等在数智化创新创业人才培养上展开了许多前沿尝试与成功范例。斯坦福大学的“TechVenture”课程整合了AI商业模拟器与元宇宙投资人对接系统，给学生创造出极为仿真的创业操作环境；麻省理工学院微硕士项目整合了生成式AI的智能助教系统，做到了个性化学习和精准辅导；剑桥大学Judge商学院的“AI加速器计划”利用DALL·E把商业模式变成可视图像，激发学生的创新思维和创造力。这些国外案例给国内高校开展数智化创新创业人才培育提供了十分珍贵的参考和启迪。

在国内，数字经济飞速发展，创新驱动发展战略持续推进，在此情形下，各高校踊跃探寻数智化创新创业人才培育的途径，但在实施时碰到不少难题。比如课程体系缺乏系统规划和长远眼光，教学平台智能化水平低且协作性差，教学方法缺少创新且效果欠佳，学习模式自主性和个性化未达到预期目标。因此，深入探究数智化创新创业人才培育的体系构建及实施路径具有重大的理论意义与应用价值。

本章将从数智化课程体系的重构策略、数智化教学平台的创建与使用、数智化教学方法的创新赋能，以及数智化学习模式的创新跃迁这四个层面展开探究。希望通过理论阐述、实施路径、案例分析等方式，形成一套具备科学性、系统性而且行得通的数智化创新创业人才培育体系，从而为高校培养符合数智化时代需求的高质量创新创业人才提供理论支撑和操作指引。

第一节　数智化课程体系的重构策略

一、理论阐释

（一）数字化转型对传统创新创业教育的三维冲击

在数智化时代，数字化转型以磅礴之势对传统创新创业教育形成全方位、深层次的冲击，从根本上改变其知识结构、学科边界和能力需求。

知识结构迭代加快是首要冲击，数智技术迅猛发展，知识更新速率呈指数级上升。以人工智能领域为例，新算法、模型和应用场景层出不穷。GPT这类大语言模型的出现，彻底改变了自然语言处理和人机交互的方式。短短几年间，相关知识体系发生了根本性变革。传统创新创业教育课程内容往往滞后于行业发展进程，学生所学知识到毕业时可能已被淘汰。知识结构快速迭代，创新创业教育课程要具备前瞻性，及时更新，将最新数智技术知识和商业应用案例融入教学，保证学生掌握的知识与市场需求同步。

学科边界的模糊也是数字化转型带来的冲击之一。数智化时代的创新创业项目往往涉及多学科的交叉融合，比如区块链技术在金融领域的应用，除了金融方面的知识外，还会用到计算机科学、密码学、数学等学科知识；智能医疗设备的研发与创业则是医学、电子工程、人工智能、生物信息学等学科的融合。传统以单一学科为基础的创新创业教育已无法满足这种跨学科创新的需要，因此要突破学科之间的界限，建立起跨学科的课程体系与教学模式，培养学生的跨学科思维以及综合利用多种学科知识解决现实问题的能力。

能力需求的多元性是数字化转型给传统创新创业教育带来的第三个维度上的影响。在数智化时代，创新创业人才不但要拥有传统意义上的创新想法、开创精神、市场分析、团队合作等能力，而且还要掌握数智技术方面的技能，诸如数据解析与挖掘能力、算法规划与应用能力、数字化工具的操作能力等。在大数据推动下开展的创新创业活动中，学生需要利用数据分析工具来处理并分析大量的数据，从而找到其中蕴含的商业机会以及客户需求；在人工智能创业领域，则要具备算法设计及优化的能力，以此创造出更具竞争优势的智能产品或服务。并且，随着创新创业环境变得越发复杂且走向国际舞台，学生也应当培养全球化视角、跨文化交流能力和风险管理意识等素养。

（二）美国O*NET职业能力数据库与欧盟《创业能力框架》的启示

面对数字化转型对传统创新创业教育带来的冲击，美国O*NET职业能力数据库和欧盟《创业能力框架》都给我们带来了非常宝贵的启示。

美国O*NET职业能力数据库是全面、系统的美国职业信息资源库，它对美国各种职业所需技能、知识、能力做了全面梳理，包含超过1000种职业，对每个职业的任务、知识、技能、能力等都进行了详细分析和描述。比如对于数据科学家，O*NET提出，除了要掌握统计学、数学、计算机科学等知识，还需要掌握数据挖掘、机器学习、数据分析等技能，以及问题解决、批判性思维、沟通协作等能力。这为高校确定数智化创新创业人才能力要求提供了精确的参照标准，高校能借助O*NET数据库，按照本地产业发展状况和学校特点，准确找出数智化创新创业人才所需要的知识和技能，以此为根基制订课程内容和教学计划，保证培育出来的人才具有契合市场要求的能力素养。

欧盟《创业能力框架》是从创业能力的角度出发，为创新创业教育提供全面指导。该框架把创业能力划分为创意与机会识别、企业创建与运营、成长与可持续发展这三大块，每一块之下又细分为很多具体的能力领域和子能力。例如，创意与机会识别这块包括创意产生、机会评估、市场调研等能力；企业创建与运营这块涵盖商业模式设计、财务管理、市场营销、团队管理等能力；成长与可持续发展这块则涉及战略规划、创新管理、风险管理、国际化拓展等能力。《创业能力框架》的全面性与系统性，给创新创业教育的课程设计及教学实施提供了科学的指导依据。高校可依据框架，构建完备的创新创业课程体系，从基础课程到进阶课程，逐步培育学生的创业能力。同时，在教学过程中，教师应按照框架中的能力要求，规划相应的教学活动与实践项目，促使学生在实际操作中锻炼并提升创业能力。

二、实施路径

（一）模块化课程架构设计

以“AI+创业基础”课程为例，呈现其课程大纲设计内容。该课程以“AI+学科交叉”为核心要点，搭建“技术赋能-场景驱动-伦理护航”三维课程体系，旨在培育学生将AI技术与创业实践有机融合的能力，使其具备在数智时代开展创新创业活动所需的素养与技能。

1. 课程目标

（1）精准掌握AI技术于商业场景中的应用逻辑

能够熟练运用AI技术解决商业领域相关问题，例如借助机器学习算法开展市场预测、客户细分等工作。

（2）着力培养基于数据驱动的创业机会识别与决策能力

通过深入的数据分析挖掘潜在创业机会，运用数据驱动方法进行创业决策，以提升决策的科学性与准确性。

（3）全面构建AI伦理与社会责任意识

充分了解AI技术可能衍生的伦理问题及社会影响，诸如算法偏见、数据隐私等，确保能够在创业实践过程中严格遵循伦理准则，切实承担社会责任。

2. 课程大纲

表3-1 “AI+创业基础”课程大纲

模块名称	核心内容	教学方法	实践工具
AI技术基础	涵盖机器学习、自然语言处理的基础概念。具体包含机器学习的基本算法，例如线性回归、决策树、神经网络，以及自然语言处理的关键技术，诸如词向量表示、文本分类、情感分析等	采用案例研讨结合代码沙箱实操的方式。对实际案例进行深入剖析，使学生透彻理解AI技术的基本原理及应用场景；借助代码沙箱工具，让学生开展实际的代码编写与模型训练工作，从而深化对技术的掌握程度	Google Colab和Kaggle。Google Colab提供免费的云端编程环境，便于学生进行AI代码的编写与运行操作；Kaggle作为数据科学竞赛平台，拥有丰富的数据集和竞赛项目，学生可在其上开展实践学习活动
商业场景解构	聚焦零售、教育、医疗领域的AI应用案例，深入分析AI技术在这些领域的具体应用，如零售中的智能推荐系统、教育中的个性化学习平台、医疗中的疾病诊断辅助系统等	举办行业专家工作坊。邀请行业专家分享实际的AI应用案例与经验，组织学生进行研讨交流，以拓宽学生的视野	虚拟仿真平台（如Venture Lab）。Venture Lab是一款虚拟创业仿真平台，学生能够在该平台上模拟创业过程，切实体验AI技术在不同商业场景中的应用
数据驱动决策	涉及用户画像、市场预测模型构建等内容。学习通过数据分析构建用户画像，运用统计方法与机器学习算法进行市场预测，从而为创业决策提供依据	实施项目式学习（PBL）。学生以小组形式开展工作，完成一个基于数据驱动的创业项目，全面参与从数据收集、分析到模型构建以及决策制定的整个实践过程	Tableau和Power BI。它们是两款功能强大的数据可视化工具，学生可利用它们将数据分析结果以直观的图表形式呈现出来，为决策提供辅助

续表

模块名称	核心内容	教学方法	实践工具
伦理与治理	主要内容为AI隐私保护、算法偏见治理框架。旨在让学生了解AI技术中的隐私保护原则与方法，学习检测和纠正算法偏见的方式，进而构建公平、透明、可解释的AI系统	开展辩论赛与情景模拟活动。组织学生进行辩论赛，探讨AI伦理问题的不同观点；利用情境模拟，让学生在实际情境中运用伦理准则进行决策	伦理决策树工具。该工具可协助学生在面对复杂的伦理问题时，依照一定的逻辑步骤进行分析与决策

3. 课程评价

(1) 过程性评价（40%）：虚拟创业项目数据看板构建

学生需在虚拟创业项目进程中，运用所学知识与技能构建数据看板，以呈现项目关键指标及进展态势。教师将依据数据看板的完整性、准确性以及数据分析的深度等维度展开评价，旨在考查学生在项目实践过程中的表现与能力提升状况。

(2) 成果性评价（30%）：AI商业解决方案路演

学生以小组形式，提出一项基于AI技术的商业解决方案，并进行路演展示。评价内容涵盖方案的创新性、可行性、市场前景以及团队协作等方面，借此考查学生对AI技术与创业知识的综合运用能力。

(3) 伦理反思报告（30%）：算法社会影响分析

学生需撰写一份关于算法社会影响的反思报告，深入剖析AI技术在实际应用中可能引发的社会问题，诸如就业结构变动、社会公平性等，并提出相应的应对策略。教师将根据报告的深度、广度与逻辑性等方面进行评价，以此考查学生的伦理意识与批判性思维能力。

(二)动态更新机制

为了保证数智化课程体系始终具有时效性、前沿性，建立类似于麻省理工学院OpenCourseWare的课程众创平台，引入企业真实项目数据集，这是非常重要的动态更新机制。

麻省理工学院OpenCourseWare是一种具有开创性的开放课程平台，它把麻省理工学院的课程材料无偿地向全世界公开，包括许多学科领域，给全世界的学习者提供了丰富的学习资源。借鉴它的模式，高校可以创建自己的课程众创平台，促使教师、企业专家、学生等不同主体一起参与课程的创作和更新。教师可以把自身在教学和研究中最新的成果、案例融入课程中。企业专家可以分享行业内最新的动态、实际项目的经历以及最新的技术应用。学生也可以通过参与课程创作，表达自身的想法和创意，实现教学相长。这种众创模式打破了传统课程由一个教师或一个团队主导的限制，最大限度地调动起各方的积极性和创造力，让课程内容能够及时反映出数字化时代的最新发展和需求。

同时，引入企业真实项目数据集也是让课程紧跟市场的重要方法。企业在日常经营中会产生大量真实数据，这些数据包含各种商业信息和市场动向。把这些数据集引入课程里，学生就能根据真实数据去做分析、做决定并操作，从而更好地认识企业的实际运行情况以及市场需求。以数据分析课为例，学生就可以用企业给出的销售数据、用户行为数据等去做数据挖掘和分析，然后给出有针对性的营销方案。而在创新创业项目实操课上，学生能以企业的实际项目为背景，进行商业策划并实施创新，以提高处理实际问题的水平。借助引入企业真实项目数据集，课程内容更接近现实状况，学生在学习过程中就能积累很多实战经验。这样，他们毕业后就能更快地适应工作需求。

（三）案例分析

1. 斯坦福大学“Technology Venture Program”

斯坦福大学是世界顶尖的高等教育机构，在创新创业教育方面一直走在前列，“Technology Venture Program”是数字化、智能化创新创业教育的标杆。它利用AI商业模拟器、元宇宙投资人对接系统，营造出高度沉浸式、互动式的教学环境，让理论与实践紧密结合，取得了很好的效果。

AI商业模拟器属于“Technology Venture Program”的关键教学工具，这个模拟器依靠先进的人工智能算法以及大数据分析技术，营造出十分逼真的商业模拟环境。在这样的虚拟环境中，学生可以模拟创建科技创业公司，从项目的创意产生、市场调查、产品研发一直到市场营销、财务经营、团队运作等各个方面进行全面的操作练习。AI商业模拟器根据学生所做的决定与操作，实时给出各种不同类型的市场反馈信息以及相关的数据，包括用户需求变动情况、对手竞争态势、财务状况等。学生需要根据这些反馈立刻调整商业策略，以应对各种挑战和机会。这种极为接近真实商业情境的教学手段，可以让学生在实际操作过程中深切领悟商业运行的规律与逻辑，塑造他们的商业洞察力、决断力以及应变能力。

元宇宙投资人对接系统则为学生提供了与真实投资人交流的平台。在元宇宙虚拟空间里，学生可以展示创业项目，与世界各地的投资人进行面对面交流，获取专业的意见和建议。投资人通过该系统对学生的项目进行评价，并表达投资意向。学生可以根据投资人的反馈改进项目。这种创新的教学形式，不仅让学生认识真实融资流程，提升项目表现和交流能力，还为学生的创业项目提供了资金支持和资源对接的机会。

"Technology Venture Program"成果显著，通过该课程的学习，学生的创新创业能力明显提升。数据表明，参加过"Technology Venture Program"的学生毕业后自己创办创业公司的情况比其他学生要多，他们的创业项目在市场上更有竞争力，得到投资的成功率也更高。该课程为科技创业领域输送了很多优秀人才，很多学生毕业后进入知名的科技企业和投资机构，成为行业的骨干力量。而且，"Technology Venture Program"促使学术研究同产业实际紧密结合，推动科技创业领域不断发展创新。

2. 国际比较

德国双元制数字化转型（西门子工业4.0学院）与新加坡"技能创前程"计划（SkillsFuture）在数字化、智能化创新创业人才培养课程体系方面存在较大差异，各有其独特优势。

德国双元制职业教育于工业时代取得很大成功，为德国经济腾飞提供了坚实的人力支持。到了数字化、智能化时代，德国推动双元制向数字化方向发展，西门子工业4.0学院就是它的主要实施场所。就课程体系而言，德国双元制数字化转型重视同企业现实需求紧密相连，把塑造学生的操作能力和职业技能当作重点目标，课程内容依照工业4.0的关键技术来安排，比如物联网、大数据、人工智能、自动化等，着重培育学生对于这些技术在工业生产中的实际应用能力。西门子工业4.0学院的课程中，学生要详细了解怎样用物联网技术达成工业设备的相互连通，怎么凭借大数据分析改良生产流程，又该怎样用人工智能算法做质量把控以及故障预判等。课程重视培育学生的跨学科能力以及团队合作精神，这样一来，学生就能在繁杂的工业环境里担得起相应的工作任务。德国双元制数字化转型所具有的优点就体现在它那深厚的工业根基以及企业的深度介入上，企业在课程规划、教学开展还有应用指引这些环节起着很大的作用，从而保证了课程内容能同实际工作紧密联系起来。学生们在学习期间会得到很多操作练习的机会，积攒起不少工作经验，等到毕业之后便能马上融入企业中，这给德国工业数字化转型提供了强大的人力支持。

新加坡"技能创前程"计划（SkillsFuture）是新加坡政府针对经济结构调整与科技发展而推行的全方位人才发展规划。就课程体系而言，SkillsFuture重视塑造学生的通用技能与未来技能，以适应瞬息万变的就业市场需求。课程内容涉及数字技术、创新思维、交流合作、领导才能等诸多范畴，着重提升学生的综合素养及终身学习能力。例如，在SkillsFuture课程中，学生会学到如何利用数字技术进行创新和创业，培养创新思维以及解决问题的能力，并通过团队项目和实际操作来锻炼交流合作和领导能力。SkillsFuture的优势在于灵活性与个性化，它给学生提供了众多课程选项，学生可以根据自己的兴趣、能力以及职业规划来挑选合适的课程和学习路径。而且，SkillsFuture还形成了完备的学分认证和转换机制，便于学生在不同的学习阶段和机构之间学习并转换，从而推动终身学习体系的构建。

第二节 数智化教学平台的建设应用

一、理论阐释

在教育新基建的宏观战略布局体系中，数智化教学平台的创建成为推动教育现代化转型、培育符合数智时代需求人才的重要支撑要素。其核心要义在于构建包含虚拟仿真层、数据中台层、智能交互层、生态链接层的四维度平台架构体系。各个层面相互关联、协同工作，共同营造出一个高效、智能且开放的教学环境生态。

虚拟仿真层处于平台架构最前端，这是给用户提供沉浸式学习体验的重要层级，依靠5G、XR等前沿科技，它能营造出非常逼真的虚拟教学环境，做到现实世界与虚拟世界融为一体。在理工科教学领域，凭借虚拟仿真技术，学生可以在虚拟实验室里进行各种复杂的物理、化学实验，既不用担心实验设备昂贵，也不用担心实验操作存在的安全风险，而且可以反复进行实验操作，从而更深入地探究实验原理和实验结果。在医学教育方面，虚拟仿真层可以模拟各种各样的临床手术场景，让医学生在虚拟环境下练习手术，提升自己的手术技巧以及处理突发情况的能力。在历史、地理等文科教学方面，虚拟仿真技术能够再现历史场景，还原地理风貌，让学生仿佛置身于历史的洪流之中，感受地理的神奇魅力，增添学习的乐趣和领悟的深度。虚拟仿真层的出现，打破了时间和空间的限制，给学生提供了更多的学习资源和实践机会，极大地提高了学生的学习兴趣和创新思维能力。

数据中台层是数智化教学平台的核心枢纽，负责数据的收集、存储、管理、分析和应用等工作。它把教学过程中产生的各种数据加以汇总，其中包括学生的学习行为数据、学习成绩数据以及教学资源使用数据等，然后采用大数据分析、人工智能等技术手段，对这些数据展开深入挖掘和分析，从而为教学决策提供科学支撑。比如，针对学生学习行为数据展开分析之后，教师就能掌握学生的学习习惯、学习进程以及学习难点等情况，进而给学生提供个性化的学习建议和辅导；或者，针对教学资源使用数据实时分析，学校可以评估教学资源的品质及是否合适，进而优化教学资源的调配，改善教学资源的利用效率。针对学生成绩数据进行分析，教育管理者可以评价教学质量以及教学成果，从而给教学改进和教学管理提供决策支撑。数据中台层的建设，实现教学数据的互联互通、共享共用，使教学由经验驱动向数据驱动转变，提高教学的精准度和有效性。

智能交互层是连接用户与教学平台的重要桥梁，它致力于给用户提供方便、快捷、个性化的交互体验。该层融合了人工智能、自然语言处理、语音识别、手势识别等先进科技，做到了人机之间自然交互。学生可以利用语音指令同教学平台展开交互、查询学习资料、提交作业、获取学习反馈等操作，提升学习效率；教师也可以凭借智能交互技术实现远程教学、线上辅导、课堂互动等操作，冲破了传统教学的时空限制，让教学变得愈加灵活，互动性更强；智能交互层还能够按照用户的个性化需求和喜好，给予定制化的界面和服务，例如个性化的学习界面、个性化的学习推荐等，以此来满足不同用户的学习需求，改善用户的满意程度和忠诚度。

生态链接层着重创建起一个开放、共享且协同的教育生态系统，达成教学平台与外界资源的深度融合并实现互联互通。它通过与企业、科研机构、其他高校等形成合作关系，从而获取丰富的教学资源及实践机会，为学生提供更广阔的发展空间。例如，与企业合作，将企业的实际项目和案例引入课堂，让学生在实际操作中学习并运用所学知识，优化自身解决实际问题的能力；与科研机构合作，开展科研项目和学术交流活动，塑造学生的科研素养和创新能力；与其他高校合作，实现课程互选、学分互认、师资共享等，拓宽学生的学习途径和视野。生态链接层的建立，打破了学校与外界的壁垒，教育资源得以优化配置和共享利用，教育与产业、科研的融合进一步深化，学生的全面发展与未来职业发展的基础得到夯实。

虚拟仿真层、数据中台层、智能交互层和生态链接层一起形成四维度架构。虚拟仿真层给予沉浸式学习体验，激发学生的学习热情和创新思维；数据中台层深入挖掘和分析数据，为教学决策提供科学依据；智能交互层提供便捷、快速、个性化的交互体验，提升教学的灵活性和互动性；生态链接层构建开放、共享、合作的教育生态系统，促进教育与产业、科研紧密结合。这四个层级相互配合、相互支撑，共同推动智能化教学平台的有效运行，为高校智能化创新创业人才培养提供强有力的技术支撑和保障。

二、实施路径

（一）技术架构

以数字孪生技术为基础搭建“教学元宇宙”（5G+XR+区块链），这是数智化教学平台技术架构的关键创新之处。它融合了诸多前沿技术，旨在为师生创造出一个极其逼真、交互性强且安全可信的虚拟教学环境，以实现教学流程的全面数字化与智能化。

数字孪生技术是构建“教学元宇宙”的基石，它对现实的教学环境、教学资源、教学活动等进行数字化建模，在虚拟空间创建一个与现实世界完全对应的镜像副本。以虚拟实验室场景为例，数字孪生技术能够精准复刻物理实验室中的各种实验设备、仪器仪表，从外形到结构再到功能及操作方式均能完美再现。学生在虚拟实验室开展实验操作，操作行为与实验结果会实时反馈给数字孪生模型，与现实实验结果相差无几。这样的高度仿真的实验环境，既可以在虚拟空间里反复进行实验练习，不用担心因为操作失误导致的设备损坏和安全问题，又不受时间限制，随时随地都可以进行实验教学。对于部分涉及大型昂贵设备或特殊实验条件的课程，学生借助数字孪生技术在虚拟环境中开展实验，无须实际占用物理资源，极大地提高了教学资源的利用率。

5G技术给“教学元宇宙”提供了高速、低延迟的网络连接，这是实现即时交互和沉浸式体验的主要支撑要素。当处在远程教学场景时，5G技术可保障高清视频、音频和数据快速传输，从而促使教师和学生之间达成即时互动。教师通过5G网络可即时显示教学内容、演示实验操作；学生可即时发问、加入讨论，好像同处一室一样。在多人协作学习的情境之下，5G技术可让许多学生同时接入虚拟教学环境，做到即时协作与互动。以虚拟工程项目为例，学生借助5G网络可以一同参与项目规划、施工、调试等环节，即时交流想法、分享成果、改进团队合作能力和项目达成效率。5G技术还可以支持XR设备无线缆连接，脱离线缆约束，给学生带来更为自由、方便的学习感受。

XR技术给使用者带来了沉浸式的学习感受。VR技术可创建全然虚拟的教学环境，让学生置身其中去体会各种各样的教学情境。在历史教学中，学生通过VR设备就能“穿越”到古代，亲身感受到历史事件的发生经过，体会历史氛围。在地理教学方面，学生借助VR设备可以探究世界各地的自然景观和人文景观，从而加深对地理知识的领悟和记忆。AR技术把虚拟信息同现实世界融合起来，给教学增添了更多互动性和趣味性。在生物教学里，学生利用AR设备扫描教材上的图片之后，就能看到有关的三维生物模型以及动画演示，可以更直观地认识生物的结构和机能。在物理教学过程中，学生依靠AR设备开展物理实验的虚拟操作，随时观察实验现象及其数据的变动。MR技术结合了VR和AR的长处，实现虚拟世界与现实世界深度融合，为教学带来更加多样化的互动形式。以艺术设计教学为例，学生可以通过MR设备在现实空间进行虚拟艺术创作，将虚拟元素与实际环境相结合，从而创造出独一无二的艺术作品。

区块链技术给“教学元宇宙”提供安全、可信的基础架构，保证数据真实、完整、不可篡改。学生在教学过程中的学习记录、作业成绩、考试成绩等数据可以利用区块链技术加密存储和管理。一旦这些数据被记录在区块链上，就不可能被篡改，从而保证学生学习成果的真实可信。像学历认证、学分互认等方面，区块链技术能够做到学生学习数据的跨机构共享和验证，保证学历证书和学分的真实性、有效性，为学生的升学、就业提供助力。区块链技术可以实现虚拟资产的管理与交易，包括虚拟货币、数字证书、虚拟物品等。在虚拟创业孵化器里，学生可以通过区块链技术进行虚拟股权的交易与管理，模拟真实的创业融资过程，提高创业实践能力。区块链技术的去中心化特性还可以促进教学资源的共享与流通，打破传统教学资源的垄断与壁垒，给学生带来更多的学习资源。

借助数字孪生技术来创建“教学元宇宙”技术架构，充分利用各种前沿技术的优势，为高校数智化创新创业人才培育提供强大的技术支撑。通过数字孪生技术实现对教学环境和资源的数字化塑造，依靠5G技术保证实时互动并做到高速数据传输，XR技术给予沉浸式的学习体验，区块链技术保障数据安全且可靠。这个架构将为师生营造出一种全新的、高效的教学空间，促使高校教育教学不断创新发展。

（二）功能模块开发示例

数智化教学平台创建期间，生成式AI教案工坊与虚拟创业孵化器属于两个关键功能模块，依靠其独有的功能及广泛的应用场景，给教学和创新创业活动带来新的活力与机会。

生成式AI教案工坊利用先进的人工智能技术，达成教案设计的智能化与个性化。以ChatGPT和Midjourney的协同设计为例，教师在备课时，只需把教学主题、教学目的、教学重难点等关键信息输入给ChatGPT，ChatGPT就会凭借自身强大的自然语言处理能力以及丰富的知识储备，很快生成一份结构完整、内容充实的教案初稿。这份初稿包含对教学内容的细致讲解、恰当的教学方法选取、课堂互动环节的设计、教学案例的推荐等内容，教师可以按照自己的教学风格和学生情况，对初稿展开进一步的修改和改进。Midjourney则侧重于视觉内容的生成，教师只要给出一些描述性的词汇，像“显示细胞结构的图片”“绘制历史场景的插画”等，Midjourney就能迅速生成高质量的图片、插画或者图表。这些视觉内容可以直观地呈现教学内容，提升学生的兴趣和理解能力。在科学课程中，对于微观世界的细胞结构讲解，Midjourney生成的高清细胞结构图片，可以让学生清楚地看到细胞的各个部分，加深他们对细胞知识的认识。在历史课程中，Midjourney生成的历史场景插画，可以生动地重现历史事件，让学生仿佛穿越了时空，亲身感受到历史的变迁。生成式AI教案工坊的使用，明显提高了教师的备课效率和教案质量，为教学活动的顺利开展奠定了稳固的基础。

虚拟创业孵化器给学生提供一个高度仿真的虚拟创业环境，支持NFT资产交易，助力学生在虚拟世界开始创新创业旅程。在这个虚拟众创空间里，学生可以创建自己的创业团队，提出创业项目设想，规划创业项目并开展经营与管理。虚拟创业孵化器模拟真实创业过程的各个部分，包含市场调研、产品研发、市场营销、财务管理等环节，学生要借助市场剖析工具来了解市场需求和竞争态势，制订合适的市场营销策略，还要用财务管理模块执行成本核算、资金筹集、利润分配等事务，从而提升自己的商业运作和管理能力。而且，虚拟创业孵化器引入NFT资产交易机制，学生的创业项目成果，如创意方案、产品设计、商业计划书等，都可以被转成NFT资产。这些NFT资产具备独一无二且无法被篡改的特点，学生可以在虚拟市场中进行买卖、转手或者融资等操作，从而把项目成果所蕴含的价值变成现实。以学生设计的一款带有创新性的APP产品为例，它借助NFT技术把创意和设计加以数字化确权，在虚拟创业孵化器的NFT市场上公开亮相并开展交易，其他团队或者投资者可以通过购买NFT的形式，获得这款APP产品的有关权利，比如使用权、收益权等。这样的NFT资产交易方式，既能够调动学生的创新热情和创业积极性，又给学生提供了一个对接市场的操作场所，让学生可以在虚拟环境之中积累创业经历，提升自己的创新创业水平。

三、案例分析

麻省理工学院苏世民计算学院的“虚拟校园”是数智化教学平台建设领域的范例，在支持跨国团队在元宇宙环境中完成产品原型开发的过程中，积累了极具参考价值的经验成果，也为全球高校提供了范例。

从实践经验上，麻省理工学院苏世民计算学院利用前沿技术，搭建起非常逼真的元宇宙教学环境，依靠5G网络传输速度快、低延迟的特点，真正做到让全球各地的学生都可以随时接入虚拟校园，实现流畅无障碍的交互体验。利用XR技术，营造出一种沉浸式的学习环境，让学生仿佛置身于真实的校园和实验室之中，可以与虚拟环境中的各种元素自然交互。在虚拟实验室中，学生可以使用各种虚拟实验设备进行复杂的实验操作，通过手势识别和语音命令与设备交互，获得接近现实实验的操作体验。借助区块链技术，完成数据的安全存储与可信传递，有效地保护了学生的学习成果及知识产权。在虚拟校园里生成的产品原型、设计文档等数据全部通过加密手段存储在区块链上，从而保证数据的真实无误、完整无缺，不可被随意改动，给学生的创新成果提供切实的保障。

关于推动跨国团队合作，虚拟校园提供了很多种类的合作工具以及交流场所，团队成员能凭借虚拟化身在虚拟校园里做到即时交流，从而有效地冲破时间、空间上的阻碍。利用虚拟白板、即时文档编辑这些工具，团队成员可以一起探讨产品设计方案，改良算法模型，制订营销计划等。在产品原型开发期间，来自各个国家和地区的学生可以把自身的专业长处和文化背景优势表现出来，激起创新想法的相互碰撞。比如在某个智能医疗设备创业项目中，计算机科学专业的学生承担起开发设备软件算法的工作，医学专业的学生提供医学知识及临床需求，市场营销专业的学生则去规划市场推广策略。通过虚拟校园协作平台，大家紧密配合，快速地完成产品原型开发任务。

虚拟校园的创建对于学生创新创业能力的提升效果显著。在元宇宙里参与产品原型开发项目的时候，学生的实践能力得到大量锻炼，他们可以把学到的理论知识应用到实际项目中，并且可以在实践中持续探究和更新，改进自己处理实际问题的能力。在虚拟校园里，学生不得不直面各种真实的创业难题，如市场需求分析、竞争压力应对、技术难题攻克等，这些挑战使得学生的综合素质和能力持续提升。同时，虚拟校园也培养了学生的全球视野以及跨文化交流能力。学生在与跨国团队成员的合作中，了解不同国家和地区的文化、市场和技术的发展动态，开阔视野，为日后在全球市场创新创业打下良好基础。相关数据显示，参与虚拟校园项目的毕业生创业公司比例明显高于其他学生，其创业项目更加具有创新性和市场竞争力，获得投资的成功率也更高。

第三节　数智化教学方法的创新赋能

一、理论阐释

（一）基于SECI知识创造理论的混合式教学模式演进

1. 理论内核

SECI知识创造理论由日本学者野中郁次郎（Ikujiro Nonaka）和竹内弘高（Hirotaka Takeuchi）于1995年在《创造知识的企业》一书中提出，该理论以日本企业知识管理实践为基础，突破了传统管理学对知识静态、线性的认知，构建起动态、循环的知识创造模型。其核心逻辑在于揭示隐性知识与显性知识之间的相互转化机制，通过社会化（socialization）、外显化（externalization）、组合化（combination）和内隐化（internalization）四个螺旋上升的阶段（图3-1），实现知识从个体到组织、从局部到系统的持续创造与增值。

在社会化阶段，知识传递主要依赖非语言的情境化交互。例如，传统手工艺人通过师徒制传承技艺，徒弟通过长期观察师傅的操作手法、动作节奏，在耳濡目染中习得难以用文字表述的技巧。这种基于情感共鸣与身体记忆的知识传递方式，在教育场景中表现为小组讨论、案例研讨、工作坊等形式。学生通过参与真实或模拟的实践场景，共享直觉、经验与洞察。神经科学研究表明，当个体处于情感投入的社交情境时，镜像神经元会被激活，促使学习者更高效地捕捉和内化隐性知识。

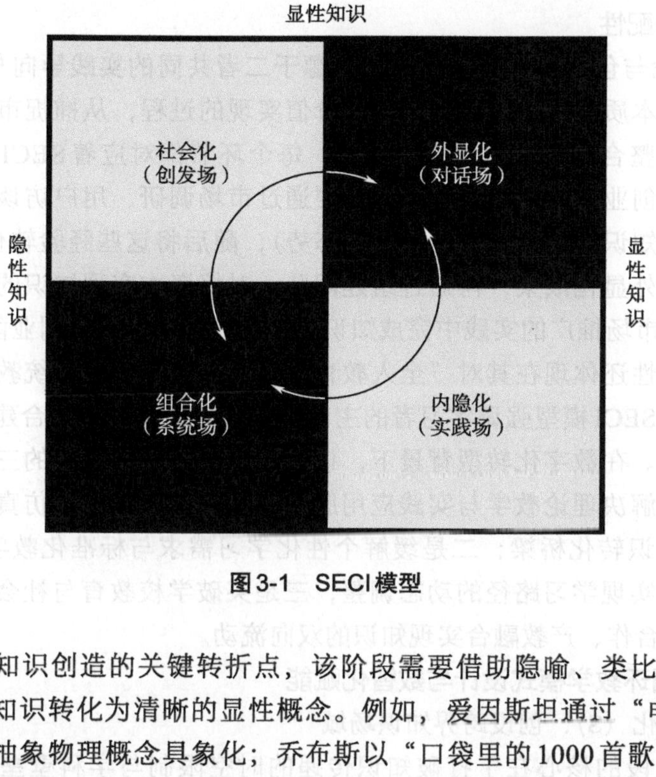

图3-1 SECI模型

外显化是知识创造的关键转折点，该阶段需要借助隐喻、类比、模型等工具将模糊的隐性知识转化为清晰的显性概念。例如，爱因斯坦通过“电梯思想实验”将时空弯曲的抽象物理概念具象化；乔布斯以“口袋里的1000首歌”隐喻iPod的存储功能。在教育实践中，思维导图、概念图、商业模式画布等可视化工具，能够帮助学生将头脑中的创意、灵感转化为可沟通、可验证的知识形态。认知语言学的研究指出，隐喻不仅是语言修辞手段，更是人类认知世界的基本方式。合理运用隐喻工具可显著提升知识外显化的效率。

组合化阶段强调知识的系统整合与结构化。在数字时代，这一过程表现为大数据分析、知识图谱构建、智能算法推荐等技术的应用。以学术研究为例，学者通过文献计量分析工具，将分散的学术论文按照关键词、研究主题进行聚类，形成可视化的知识网络，从而发现学科发展趋势与研究空白。在企业知识管理中，SAP公司的企业资源计划（ERP）系统通过整合生产、销售、财务等多部门数据，实现知识的跨领域协同与价值重构。

内隐化是知识创造的最终归宿，也是个体能力提升的核心环节。该阶段通过“做中学（learning by doing）”的方式，将新获得的显性知识转化为个人的技能、习惯与认知框架。例如，飞行员通过飞行模拟器进行反复训练，将操作手册中的规则转化为肌肉记忆与本能反应；医生通过临床实习，将医学理论知识转化为诊断与治疗的实践能力。认知负荷理论表明，当学习者在低风险的模拟环境中进行刻意练习时，能够有效降低工作记忆负担，促进知识的深度内化。

2. 教育适配性

SECI理论与创新创业教育的契合性源于二者共同的实践导向与动态知识观。创新创业活动本质上是一个知识创造与价值实现的过程，从捕捉市场需求、形成创新概念，到整合资源、落地商业模式，每个环节都对应着SECI模型的不同阶段。以互联网创业为例，创业者首先需要通过市场调研、用户访谈等社会化方式获取行业隐性知识（如用户痛点、竞争态势）；随后将这些经验转化为产品原型、商业计划书等外显化成果；再通过组建团队、对接资本实现知识的组合化；最后在产品迭代、市场推广的实践中完成知识内隐化，形成独特的创业能力。

教育适配性还体现在其对“全人教育”目标的支撑上。传统教育注重知识的单向传递，而SECI模型强调学习者的主动参与和知识建构，符合建构主义学习理论的核心主张。在数字化转型背景下，该理论为解决教育领域的三大矛盾提供了新思路：一是解决理论教学与实践应用脱节的矛盾，通过虚拟仿真、项目式学习等方式搭建知识转化桥梁；二是缓解个性化学习需求与标准化教学供给的矛盾，借助智能技术实现学习路径的动态调整；三是突破学校教育与社会需求割裂的困境，通过校企合作、产教融合实现知识的双向流动。

3. 四阶循环教学模式设计与数智化赋能

(1) 社会化（S）：创设跨界知识场域

社会化阶段的核心在于打破知识传递的时空限制与学科壁垒，构建多维交互的学习生态。在技术赋能下，虚拟导师工作坊突破了传统线下讲座的局限，通过VR会议系统和设备（如Pico Neo 3）营造沉浸式交流场景。例如，清华大学“x-lab”创新创业教育平台邀请硅谷创业者进行远程授课，学生佩戴VR设备进入虚拟会议室，通过肢体动作捕捉与语音交互技术，实现与导师的“面对面”深度交流。

跨学科项目社群则通过“异质分组+任务驱动”模式促进知识碰撞。中国科学技术大学“量子信息与人工智能交叉创新项目”，由物理学、计算机科学、材料科学等专业学生组成团队，在“量子计算芯片研发”任务驱动下，不同学科背景的学生通过知识互补实现隐性经验的共享。项目引入AI情感分析工具（如EmoBank），实时监测团队讨论中的情绪波动与认知冲突。当冲突指数达到阈值时，系统自动推送相关案例与理论资源，引导学生化解分歧、深化理解。

(2) 外显化（E）：构建概念转化机制

外显化阶段需要解决“隐性知识显性表达难”与“创意转化效率低”两大难题。隐喻式思维工具通过建立具象与抽象之间的联系，降低知识表达门槛。例如，复旦大学“设计思维工作坊”采用“用户旅程地图”工具，将用户需求转化为可视化的时间轴，通过标注关键触点与情感曲线，帮助学生将模糊的用户洞察转化为明确的产品改进方向。配合使用Miro在线协作白板，团队成员可实时添加注释、投票表决，使创意生成效率提升52%。

AI辅助概念提炼技术则进一步提升知识转化的精准度。深圳大学“智能设计实验室”开发的“创意生成系统”，基于GPT-4与DALL·E3模型，能够根据用户输入的关键词自动生成产品概念图、功能说明文档与商业模式方案。系统内置的自然语言处理（NLP）语义分析模块可识别文本中的逻辑漏洞与创新性不足，通过交互式提问引导学生完善方案。实际应用显示，该系统使学生从创意萌发到形成完整商业计划书的时间从平均15天缩短至7天。

(3) 组合化（C）：搭建知识集成系统

知识集成系统以知识图谱（knowledge graph）为核心，构建动态关联的知识网络。上海交通大学“智慧教育研究院”开发的“科创知识图谱平台”，整合了全球专利数据库（Derwent Innovation）、学术文献库（Web of Science）与行业报告（Gartner），通过图数据库技术（如Neo4j）实现知识节点的语义关联。当学生输入“新能源汽车电池技术”关键词时，系统自动生成包含技术演进路径、专利布局、市场趋势、学术热点的可视化知识图谱，并根据学生的知识水平与学习目标，推荐个性化学习路径。

算法推荐机制通过深度学习模型实现知识的精准匹配。浙江大学开发的“智能学习助手”基于Transformer模型架构，对学生的学习行为数据（如在线学习时长、作业完成情况、测试成绩）进行分析，构建动态知识掌握度模型。当学生在撰写创业计划书时，系统自动推送相关案例模板、财务分析工具与法律风险提示，使方案完成质量大幅度提升。

(4) 内隐化（I）：深化实践认知循环

数字孪生技术为内隐化提供了安全可控的实践环境。华中科技大学“智能制造虚拟仿真中心”构建的汽车生产线数字孪生系统，通过Unity 3D引擎与物联网技术，实现物理生产线与虚拟模型的实时映射。学生在虚拟环境中进行生产调度、设备维护、质量检测等操作，系统通过传感器数据采集与行为分析，生成个性化改进建议。实验数据显示，经过3个月的虚拟实训，学生在真实生产线上的操作失误率降低42%，问题解决速度提升35%。

区块链技术则为能力评估提供了可信的记录平台。中国人民大学“双创教育区块链系统”采用联盟链架构，记录学生从创意提出、方案设计到项目落地的全流程数据。每个学习成果（如商业计划书、路演视频、导师评价）作为不可篡改的区块存储在链上，形成动态更新的能力成长图谱。企业在招聘时可通过智能合约验证学生能力，实现教育成果与职业需求的无缝对接。

数智技术对SECI理论的支撑作用见表3-2。

表3-2　数智技术对SECI理论的支撑作用

SECI阶段	赋能技术	教学创新点
社会化	VR会议+情感计算	突破时空限制的情感共鸣场
外显化	NLP+可视化协作工具	隐性思维的精准结构化表达
组合化	知识图谱+智能推荐	跨时空知识资源的动态重组
内隐化	数字孪生+学习分析	安全环境中的能力迭代验证

4. 教学范式转型的四个关键突破

(1) 知识流动机制：从单向传递到“实践-反思-重构”的闭环

传统教学模式遵循“教师讲授-学生接受”的单向知识流动路径，而基于SECI的混合式教学构建了“实践-反思-重构”的双向循环。以“商业策划”课程为例，学生首先通过市场调研（社会化）获取行业知识，然后将经验转化为商业计划（外显化），再通过小组讨论与专家点评进行方案优化（组合化），最后在模拟路演与项目实践中检验方案（内隐化）。每个阶段结束后，学生通过撰写反思日志、参与同伴互评，对知识进行批判性思考与重构，形成持续改进的学习闭环。

(2) 教师角色进化：从知识传授者到场域构建者

教师角色从传统的“知识权威”转变为学习生态的设计师与引导者。在社会化阶段，教师负责邀请行业专家、设计协作任务；外显化阶段，教师提供思维工具、组织头脑风暴；组合化阶段，教师指导知识整合、协调资源对接；内隐化阶段，教师设计实践场景、提供反馈支持。例如，在清华大学“数据科学导论”课程中，教师团队由企业数据科学家与高校教师组成，前者负责提供行业案例与技术指导，后者负责教学设计与理论讲解，形成“双师协同”的教学模式。

(3) 评价体系重构：从分数导向到能力图谱

基于区块链的多元能力成长图谱实现了评价方式的根本性变革。传统的考试分数仅能反映学生对显性知识的掌握程度，而能力图谱通过记录学习过程中的行为数据（如在线学习时长、项目参与度、团队协作表现）、成果数据（如作业、报告、作品）与反馈数据（如教师评价、同伴互评、企业评估），构建多维度、动态化的能力评估模型。北京航空航天大学开发的“双创能力评估系统”，将学生能力分解为创新思维、团队协作、项目管理等12个维度，通过机器学习算法分析数据，生成可视化的能力雷达图，为学生提供个性化发展建议。

(4) 组织边界消融：从封闭办学到校企共生

校企知识共同体的构建打破了学校与企业之间的壁垒，实现了知识创造与应用的无缝对接。西安电子科技大学“AI+教育”实验室与华为、腾讯等企业共建“问题池”，企业将实际业务难题（如自然语言处理中的语义理解误差、图像识别中的小样本学习问题）发布到平台，学生以团队形式进行攻关，解决方案经企业验证后可转化为专利或产品功能。

（二）生成式AI引发的教学范式变革

生成式AI是人工智能领域的前沿技术，正在以前所未有的力量改变着教育教学的格局，引发从传统知识传授到认知提升的教学范式变革，正在对学生能力培养产生全方位、深层次的影响。

在传统的教学范式里，教学活动大多围绕着知识传授来开展，教师充当着知识传播者的角色，通过课堂讲授、教材讲解等途径把知识传授给学生，学生处在比较被动的接受状态，主要任务就是记住并理解教师传授的知识，达成学业要求。这种教学范式重视知识的积累与传承，但有时会忽略学生的个性化需求以及创新能力的培育。生成式AI出现以后，传统教学范式遭遇冲击。生成式AI有着很强的自然语言处理能力、知识生成能力以及数据分析能力，可以给学生赋予更为个性化的学习支持，促使教学范式朝着认知增强方向发展。

在认知增强的教学范式之下，生成式AI不仅是知识的单纯供给者，而且是学生认知进程的助力者与推进者，它能够依照学生的学习行为、学习习惯以及学习速度，给学生提供个性化的学习路线和学习资源。比如，生成式AI通过对学生的学习数据加以剖析，可以了解学生的知识掌握状况和知识欠缺之处，然后给学生精准推送有关的学习资料、练习题和拓展阅读资料，从而帮助学生有针对性地学习并加以巩固。生成式AI还能凭借智能辅导系统，及时回答学生的问题，引导学生深入思索探究，养成学生的自主学习能力和解决问题的能力。在写作教学中，学生可以借助生成式AI工具，比如ChatGPT等，来得到写作思路、素材以及修改意见。生成式AI会依照学生输入的主题和要求，生成有关的写作大纲和内容片段，从而激发学生的写作灵感，而且还能对学生的作文展开语法检查、逻辑分析以及内容改进，进而提升学生的写作水平。这种互动式的教学形式，使得学生由被动地接受知识转变为积极地探寻知识，从而增强了学生的学习主动性与积极性。

生成式AI也可以激发学生的创新思维和创造力。它可以生成各种各样的创意和想法，给学生提供大量的思考素材，打破学生的思维定式，启发学生的创新思考。在创意设计课上，学生可以使用生成式AI图像生成工具，比如Midjourney等，输入自己的创意想法和描述，生成各种不同的图像作品。这些图像作品可以为学生提供新的设计思路和灵感，帮助学生摆脱传统的设计思路，创作出更有创意的作品。生成式AI也能模拟各种情境与问题，促使学生开展创新实践并展开探究活动。在创新创业教育中，生成式AI能够模拟市场环境以及用户需求，给学生提供创业项目的创意及商业机会，协助学生进行市场分析、商业模式规划以及风险评估等，培育学生的创新创业能力。

从知识传递向认知提升的教学范式变革给学生能力塑造带来很大改变，其更看重学生的个性化发展，可以满足不同学生的学习需求及兴趣爱好，激发学生的学习潜能，重视学生的自主学习及创新能力培养，让学生学会如何学习、如何思考、如何创新，从而提升学生的综合素养和竞争力。这种转变也促进了学生终身学习意识和能力的形成，使学生能够适应瞬息万变的社会环境和科技发展，持续更新自己的知识与技能，实现持续发展。

二、实施路径

（一）三维教学法创新

在数智化时代的大背景下，教学方法的创新已经成为提升教学质量、培养符合时代需求人才的关键核心点。虚实共生、人机协同、数实融合这三种具有创新性质的教学方法，凭借着自身独有的应用形式以及明显的优势，给高校数智化创新创业人才培养带来了全新的活力。

虚实共生教学法依托5G、XR等前沿技术，实现虚拟世界与现实世界的深度融合，为学生构建沉浸式学习环境。以HoloLens增强现实沙盘推演为例，在商业管理教学的实际应用中，学生佩戴HoloLens设备后，可以在现实空间中直观体验虚拟商业沙盘。这个沙盘能够呈现各种商业场景及数据信息，学生通过手势和语音与沙盘互动，模拟企业经营决策流程，如调整产品价格、拓展市场渠道、开展新产品研发等。同时，能够实时观察决策对企业发展的影响。这种虚实共生的教学模式，能让学生仿佛置身于商业运营的真实场景之中，从而让学习变得更有趣味性，也更具有参与感。相比传统的教学方式，虚实共生教学法打破了时间和空间上的限制，学生可以随时随地开展学习，而且可以多次进行沙盘推演，不断改进自己的决策方案，提高解决实际问题的能力。

人机协同教学法把人工智能技术的优势完全发挥出来，做到人和机器取长补短，给学生提供更加个性化、高效率的学习支撑。IBM Watson Career Coach是一种智能创业导师系统，可以按照学生的学习情况以及需求，给予精准的指导和建议。在创业课程教学期间，学生可以针对创业项目的创意形成、市场剖析、商业模式规划等方面的问题去问Watson Career Coach，Watson Career Coach凭借对众多创业实例及数据进行分析，给学生提供专业的解答和建议。同时Watson Career Coach还可以根据学生的回答以及操作来实时评估学生的学习进度以及能力水平，为学生制订适合自己的学习计划。这种人机协同教学的方式可以让学生获得更加及时、准确的指导，提高学生的学习效率和质量。与传统的教学方法中教师对学生进行一对一的指导相比，人机协同教学法可以同时对多个学生进行指导，而且可以快速处理大量的数据和信息，从而给学生提供更加全面、客观的评价和建议。

数实融合教学法借助区块链学分银行和智能合约认证，实现数字世界与现实世界的融合，为学生的学习成果认证与转化提供更便捷、更安全的途径。区块链学分银行依托区块链技术构建学分管理体系，记录学生在不同学习阶段、不同学习机构获得的学分信息，确保信息真实、不可篡改、可追溯。智能合约认证就是利用智能合约技术，对学生的学分进行自动认证和评价。在跨校选修课程里，学生在一个高校选修的课程学分通过区块链学分银行记录下来，然后转到另一个高校，达成学分互认。同时，当学生完成一个学习项目或者取得一个技能证书的时候，智能合约就可以自动对他们的学习成果予以认证，并且发放相应的电子证书。这种数实融合的教学方法，突破了传统学分管理以及学习成果认证的地域和机构限制，给学生的终身学习和职业发展提供了强有力的支撑。与传统的学分管理以及认证手段相比，数实融合的教学方法更为高效、透明、安全，减少了人为干扰和差错，提高了学分管理以及认证的精确性与可信度。

（二）评估体系重构

数智化时代，传统的教学评估体系无法实现对学生能力的全方位、动态化评价。因此，借助Gartner技术成熟度曲线来实施动态能力评价，为教学评估体系的重新塑造赋予新视角与新途径，具有特别的意义和价值。

Gartner技术成熟度曲线是用来描述一项新技术的产生与发展过程的曲线图，它把技术的发展进程分为技术萌芽期、期望膨胀期、泡沫破裂低谷期、稳步爬升复苏期、生产力成熟期五个阶段。在数智化创新创业人才培养过程中，学生的成长也呈现出类似的阶段性特征。把Gartner技术成熟度曲线应用到学生能力评价中，可以更准确地对学生的能力发展和潜力进行评价。

在具体应用的时候，针对学生在创新创业项目里表现出的一种能力，例如数据分析能力、创新思维能力等，教师可以依照Gartner技术成熟度曲线的五个阶段来展开评价。在技术萌芽期，学生刚开始接触有关的知识和技能，可能只是对数据分析的基本概念和工具有些认识，能做简单的数据收集和整理，但在分析的深度和广度上还有很大的进步空间。到了期望膨胀期，学生开始试着用所学的知识和技能去解决问题，可以利用数据分析工具做一些初步的数据分析，给出一些简单的见解和建议，但分析的方法可能不太成熟，结论的可靠性也值得商榷。泡沫破裂低谷期，学生在操作期间或许会碰到各类难题，察觉自己的能力与现实需求存在较大差距，从而对自己的能力产生质疑。这时，教师要引导学生正确对待挫折，促使他们不断学习并加以改进。到了稳步爬升复苏期，学生通过不断学习和操作，渐渐学会更有效的数据分析方法，可以针对复杂的数据展开细致分析，给出富有价值的意见和处理方案，其能力也随之明显提升。等到了生产力成熟期，学生已经可以自如地运用数据分析能力去解决实际问题，具备独立执行数据分析项目的能力，能为企业或团队提供有效的决策支持。

采用Gartner技术成熟度曲线进行动态能力评价，有着诸多意义，它能给教学决策提供科学支撑，教师可依照学生在各个阶段的能力表现，改变教学内容和教学手段，为学生提供更符合需求的教学服务。对于处在技术萌芽期的学生，教师可加大基础知识和技能的教授力度；针对处在稳步爬升期的学生，教师可提供更多实践机会和有难度的项目，进一步提升他们的能力。这种动态评价方式可以促使学生的学习动力和创新精神被激发出来，学生清楚自身的能力发展所处阶段以及目标，从而有针对性地展开学习和提升。当学生们看到自己的能力一步步地向上发展，从一个台阶走向另一个更高的台阶的时候，他们就会产生一种满足感与自信心，从而激发起他们的学习热情与创新精神。第三点，Gartner技术成熟度曲线的引入可以推动教学质量的提高。通过对学生能力的动态评估，教师可以迅速找到教学过程中出现的问题和不足之处，持续改进教学手段和教学内容，提高教学质量。此外，这样的评估方法还能为高等院校的人才培养计划制定和课程体系改进提供参考，使高校培养出来的数字化创业创新人才更加符合市场需要。

三、案例分析

剑桥大学贾奇商学院的“AI加速器计划”是数智化教学方法创新的典范，利用DALL·E来完成商业模式可视化，给学生营造了全新的学习场景，而且在激发学生的创新思维和创造力方面也取得了显著成效。

“AI加速器计划”中，DALL·E深度参与教学诸多重要环节。在创业项目的构思期间，学生依靠DALL·E把抽象的商业概念变成直观图像。当学生提出依靠物联网技术的智能家居创业项目的时候，可以向DALL·E输入诸如“智能家居场景下的设备互联示意图”“用户在智能家居环境中的生活场景”等文本，DALL·E

就能立刻生成一系列相关图像，这些图像为学生整理项目核心要素和创新之处提供很多视觉参照，从而帮助学生进一步充实项目构思。在商业模式设计阶段，DALL·E同样扮演着重要角色。学生按照商业模式所包含的价值主张、客户群体、盈利模式等内容，使用DALL·E来生成对应的图像，学生可以借助这些图像更好地呈现出商业模式的逻辑关系和运行流程，及时发现问题与不足之处，并做出相应的调整与改善。在向投资者或合作伙伴展示创业项目时，学生利用DALL·E生成的可视化图像，可以更加生动、准确地传递项目的价值与优势，提升展示的效果和说服力。

"AI加速器计划"利用DALL·E做商业模式可视化，对激发学生创新思维和创造力的效果很明显。一方面，DALL·E强大的图像生成能力给学生带来了很多创意启发，它可以按照学生输入的简单文本描述生成多种图像，这些图像里经常藏着学生没想到的创意和视角，有益于冲破学生的思维定式，激发他们的创新思维。以学生要规划一种新式环保产品的商业模式为例，DALL·E生成的图像可能会出现特别的市场推广情况或者客户互动方法，这些创意点能够促使学生用全新角度去考虑商业模式规划，给出更新颖的想法。另一方面，DALL·E的应用使学生可以更加自由地表达自己的创意。传统的商业模式描述方式往往受到文字表达的限制，无法很好地展示学生的创意和想法，但是DALL·E的图像生成功能，可以让学生通过图像将自己头脑中的创意直观地表现出来，实现创意的可视化表达。这种可视化表达有利于学生更好地理解和梳理自己的创意，同时也有利于学生之间的交流与合作，产生更多的创意碰撞。在团队项目中，学生通过分享DALL·E生成的图像，可以更好地表达自己的想法，共同探讨和完善商业模式，从而培养团队合作能力和创新能力。

四、国际对比分析

以色列赫兹利亚跨学科研究中心（Interdisciplinary Center Herzliya，IDC）举办的跨学科黑客松和日本东京大学Society 5.0教育项目在教学方法创新方面各有千秋，成果斐然，给高校数智化创新创业人才培育提供了非常宝贵的经验参考。

跨学科黑客松凭借其独特的跨学科合作以及实践导向的教学方法而脱颖而出。在跨学科合作方面，跨学科黑客松鼓励不同学科背景的学生组成团队，共同参与项目开发，所涉及的学科涵盖计算机科学、工程学、商学、设计学等。学生在团队中充分发挥自身专业优势，相互学习、相互启发。以智能医疗设备创业项目为例，计算机科学专业学生负责开发设备软件算法，工程学专业学生负责设计制造硬件设备，商学专业学生负责市场调研和商业策划，设计学专业学生负责产品外观设计和用户界面设计。学生通过跨学科合作，可以从多个角度去思考问题，从而给出更为全面、更新颖的解决办法。在实践导向方面，跨学科黑客松往往布置一些有难度的现实问题或商业机会，要求学生在限定时间里完成项目的构思、设计以及实现。这样的实践导向教学方法能让学生在实际项目中锻炼自己的创新创业能力，积累实际操作的经验。在跨学科黑客松活动期间，学生需应对技术难题、市场需求分析、团队协作等实际问题，通过不断地尝试和摸索来找到解决办法。这种经验的积累有益于学生毕业后更快地适应社会和职场环境。

日本东京大学Society 5.0教育项目重视融合创新和实践体验的教学方法。在融合创新方面，该项目将前沿科技与社会需求相结合，激励学生进行创新性研究和实践。项目关注人工智能、物联网、大数据等新兴技术在社会各领域的应用，推动学生探索如何运用这些技术解决实际问题，促进社会发展。在智能城市规划项目中，学生运用人工智能和大数据技术分析城市交通流量、能源消耗、环境质量等数据，提出改善城市规划的方案，以提升城市的可持续发展水平。在实践体验方面，Society 5.0教育项目为学生提供了丰富的实践机会，让学生亲身体验创新成果的运用及其社会价值。项目与企业、政府等机构进行实际项目合作以及社会实践活动，学生可以加入到企业创新项目中，体会企业真正需要什么，又是如何运作的，把自己的创新成果应用在真实的场景之中，做到创新成果的转化与落实。比如学生研发出了智能环保检测设备，通过与环保企业协作，得以在现实中的环境检测工作中发挥作用，进而为环境保护作出贡献。这样一种实践经历既能够提升学生的创新能力与实践能力，又能增强他们的社会责任感与使命感。

第四节　数智化学习模式的创新跃迁

一、理论阐释

（一）联通主义学习理论在Web3.0时代的实践延伸

联通主义学习理论作为适应数字时代发展的关键学习理论，在Web3.0时代具有更加丰富的内容与更广阔的发展空间，为理解数智化学习模式提供了重要的理论支撑。该理论由乔治·西蒙斯（George Siemens）和斯蒂芬·唐斯（Stephen Downes）提出，其主要观点是：学习是建立节点与信息源之间的连接，知识不是存储在人们的大脑中，而是分布在网络中的，知识通过节点之间的连接和互动而流动。在Web2.0时代，联通主义学习理论已有一定价值体现，学习者能够通过社交媒体、在线论坛等平台同其他人创建联系，并交流知识及经验，从而形成学习网络。伴随Web3.0时代的到来，区块链、人工智能、物联网等新兴技术相互交融，给联通主义学习理论的应用带来新契机并产生变革。

在Web3.0时代，知识的分布与传播表现出更为明显的去中心化、智能化以及强交互性特点。区块链技术被应用之后，知识得以去中心化存储并完成可信传播。在传统的互联网模式之下，知识往往会被存放在中心化的服务器上，由少数的机构或者平台所掌控，这就存在着数据安全方面的风险以及信息垄断的问题。而区块链的分布式账本技术，则使得知识可以分散地储存在网络中的各个节点中，每一个节点都有完整的数据副本，这样就保证了知识的安全性、不可篡改性，并且具有可追溯性。学习者可以直接从区块链获取自己想要的知识，不用依靠第三方平台，从而降低了学习的成本以及获取信息的门槛。而且，区块链的智能合约功能还可以用来保护知识的版权并达成知识的价值交换，这会促使知识的创造者愿意分享优质的资源给他人，进而推动知识的流通与创新。

人工智能技术在Web3.0时代的学习进程中起着核心作用，它促使学习朝着智能化和个性化方向发展。人工智能依靠机器学习和深度学习算法，可以对学习者的学习行为、兴趣偏好、知识掌握程度等数据进行实时分析和挖掘，从而为学习者提供精准的学习推荐和智能辅导。人工智能根据学习者在线学习平台的浏览记录、学习时长、答题情况等数据，可以找出学习者的知识薄弱点和学习需求，进而给学习者推荐符合其需求的学习内容和学习路径。人工智能还能凭借自然语言处理技术同学习者展开智能交流，回答学习者的问题，给出学习意见，做到24小时不间断学习支持。这种智能化的学习方法，可以契合学习者的个性化需求，提高学习效率和学习质量。

物联网技术不断发展，这让学习场景和范围得到扩展，做到了学习无处不在并即时互动。在Web3.0时期，各种智能设备依靠物联网形成一张巨大的学习网，学习者能够利用智能穿戴设备、智能家居设备、智能移动终端等随时进入这个网络来获取学习资源并参加学习活动。日常生活里，学习者会通过智能手表收到学习通知，了解自己的学习情况。在家里，可以靠智能音箱和学习系统进行语音交流，询问知识或者完成作业。出门在外，则可凭借智能手机访问在线学习平台，观看教学视频，加入讨论区发言。而且，物联网技术可以实现对学习环境的智能化感知并实施自适应调整，根据学习者的状况和需求，自动改变学习设备的参数以及学习内容的显示形式，给学习者带来更舒适有效的学习体验。

Web3.0时代交互性极大提升，推动学习者之间深入协作、知识共创，虚拟现实（VR）、增强现实（AR）等技术应用，给学习者营造出沉浸式学习环境，使他们置身其中，与虚拟环境中其他学习者及学习资源展开自然交互。在虚拟实验室里，学习者能与不同地方的同学一起做实验，探究科学知识；在虚拟历史课堂上，学习者可与历史人物交谈，亲身感受历史事件，加深对历史知识的认知。而且，Web3.0时期的社交平台更为看重用户彼此间的互动合作，学习者通过社交平台形成学习小组，一同执行学习任务，交流学习心得，做到知识的共同建构和共享。这样一种深入的协作和知识共创的学习形式，可以提升学习者的团队合作能力和创新精神，也有益于知识的流传和运用，进而促使社会向前迈进。

（二）新加坡国立大学"三维能力模型"的数字化转型启示

新加坡国立大学的"三维能力模型"在数字化转型的大潮中，为高校培养符合数智时代需求的人才提供了极具参考价值的启示，对高校在数字化智能化创新创业人才培养方面有着重要的借鉴意义。

新加坡国立大学"三维能力模型"包括学术能力、专业能力和实践能力三个维度。在学术能力维度上，注重培养学生的坚实理论基础和批判性思维能力，使学生具备深入研究和探索知识的能力；在专业能力维度上，注重培养学生对专业领域知识和技能的掌握，使学生具备在特定专业领域的竞争力；在实践能力维度上，注重培养学生将理论知识应用于实际问题解决的能力，以及团队协作、沟通交流等综合素质。

数字化转型环境下，此模型体现出独有的适应力与创新性。就学术能力塑造而言，它有效地利用数字化资源及工具，拓展学生的学术视野并改善其探究途径。学校建立起大量的数字化图书馆以及学术数据库，学生可以轻松地获得来自世界各地的学术文献和研究成果，从而给学术探究赋予强大助力。学校也会主动举办网上学术交流活动，邀请国际上有名望的学者进行线上讲座和讨论，使得学生有机会与优秀的学术人才展开交流互动，进而激发他们对学术产生浓厚兴趣并开拓更新思路。借助数字化方法，学生的学术能力得以全方位提升，不仅能够掌握扎实稳固的理论知识，而且可以培养批判精神和创新能力。这便为日后的学术探究和职业道路铺好基石。

专业能力塑造上，学校紧紧围绕数智化时代的行业需求，针对专业课程实施数字化更新和改进。学校增加了大数据、人工智能、区块链等前沿数智技术相关课程，帮助学生掌握行业最先进的技术和知识。以计算机科学专业为例，设置了人工智能算法、大数据分析与应用、区块链技术原理与操作等课程，培育学生在数智领域具备专业技能。学校与企业协作开展数字化项目，让学生在真实项目中运用所学的专业知识，进而提升解决实际问题的能力。通过与企业的紧密合作，学生可以了解行业实际需求以及发展走向，从而使自身所学到的专业知识更加契合市场情况，增强学生的就业竞争力。

实践能力培养上，借助数字化平台和工具，给学生提供更多实践机会和创新空间。学校搭建虚拟仿真实验平台，学生可在虚拟环境里做实验，模拟各种实际情形，提高自己的实践能力和处理复杂问题的能力。工程专业里，学生可以通过虚拟仿真实验平台做工程规划和模拟测试，预先找出并解决潜在问题，提升工程实践能力，学校还要促使学生参加创新创业项目，用数字化平台给学生给予创业指导、项目孵化、投资对接等服务，培育学生的创业创新能力。比如，学校的创新创业中心凭借数字化平台，给学生提供创业项目表现、市场调研、商业计划书写作等工具和资源，助力学生把创新想法变成实际的创业项目。

新加坡国立大学“三维能力模型”的数字化转型给高校数智化创新创业人才培养带来诸多启示。高校要积极整合数字化资源，优化课程设置，将数智技术融入各学科专业，提升学生的数智素养和跨学科能力。加强与企业合作，创建产学研用协同育人机制，给学生提供更多实践机会和项目经验，让他们在实践中提升创新创业能力。高校还应重视培育学生的创新思维和终身学习能力，让学生能够适应数智时代快速变化的需求，持续学习和掌握新知识、新技能，成为具有创新精神和实践能力的数智化创新创业人才。

二、实施路径

（一）自适应学习系统构建

数智化学习模式中，自适应学习系统创建后，个性化学习变得至关重要，其基本构成要素包括基于知识图谱的个性化学习路径推荐系统、智能错题本以及元宇宙学习伙伴系统。这些部分协同作用，为学生提供精准且高效的辅助。

基于知识图谱的个性化学习路径推荐系统依靠强大的知识图谱技术来实现学习资源的智能整合与个性化推送。知识图谱属于语义网络，把知识点之间的关联关系用图形的方式表现出来。知识图谱的形成过程中包含大量的知识抽取、整合以及标注工作。例如，克纽顿自适应学习平台（Knewton Adaptive Learning Platform）通过构建学科知识图谱，将数学、编程等学科的6000多个知识点进行关联建模。其知识图谱不仅包含知识点间的先决条件关系，还记录了每个概念的25种属性（难度系数、认知层级等）。当学生使用亚利桑那州立大学的在线数学课程时，系统通过分析2300万学生的历史学习数据，动态生成个性化学习路径。例如对链表知识薄弱的学生，系统会推荐其先巩固指针基础（前驱知识点），再渐进学习双向链表（延伸知识点），最后关联到哈希表应用场景。

智能错题本和元宇宙学习伙伴系统从学习反馈和学习互动方面来提升学生的学习体验感。智能错题本利用人工智能技术针对学生学习过程中出现的错题实施智能分析并加以管理，系统会自动记录学生的错题，然后对错题执行归类整理，找出错误根源，比如概念理解有误、运算出错、解题思路错误等情况，依照分析所得，给学生提供针对性的学习建议及温习规划，助力学生有目的地温习错题，防止再犯同样的错误。针对由于概念理解有误而做错的题目，系统会推送有关该概念的讲解视频以及延伸阅读资料，促使学生加深对概念的认识；至于那些因为运算失误而做错的题目，系统则会给出更多同类型的练习题，让学生进行加强训练。例如，ALEKS评估与学习系统采用知识空间理论构建错题分析模型，其数据库包含5800个数学知识点的错题模式库。当加州大学尔湾分校的学生在离散数学课程中连续三次在"图论算法"类题目出错时，系统不仅标记错题，还通过认知诊断算法识别出根本原因是学生的布尔代数基础薄弱，进而推送针对性补救材料。该系统使重修率从23%降至9%。

元宇宙学习伙伴系统利用元宇宙技术，为学生创建一个沉浸式的元宇宙学习社交环境，学生可以在元宇宙里拥有自己的虚拟形象，同来自不同地方、不同背景的学习伙伴展开即时的互动交流，这些学习伙伴可能是真实的同学，也可能是由人工智能生成的虚拟角色。在学习的时候，学生可以和学习伙伴一同讨论问题，交流学习体会，一起完成学习任务。例如，韩国科学技术院（Korea Advanced Institute of Science and Technology，KAIST）在ENGAGE XR平台上开发的AI学习助手"MetaTutor"，具备自然语言交互和情感识别功能。当学生学习机器学习课程时，虚拟助手能通过手势识别发现学生在反向传播算法推导时出现困惑表情，随即调出3D神经网络模型进行逐步拆解演示，并根据眼动追踪数据动态调整讲解节奏。

（二）分布式学习社区

数智化时代，分布式学习社区是一种创新性的学习组织形式，它有着独特的构建方法和运作机制，给学生提供了更为开放、自主、协作的学习环境。DAO式学习共同体和基于区块链的P2P知识交易市场是其关键组成部分。

DAO式学习共同体是以去中心化自治组织（Decentralized Autonomous Organization，DAO）理念为基础形成的学习社区，它打破传统学习组织的层级结构和中心化管理方式，达成学习资源的公平分配并促使学习决策民主化。在DAO式学习共同体中，成员依靠智能合约明确彼此的权利和义务，一同制订学习规则和目标。以某个高校的创新创业学习社区为例，社区成员涵盖学生、教师、企业导师等，大家会一起参与社区的管理及决策。该社区的学习资源，如创业项目案例、行业报告、专家讲座等，都会以数字化形式存储在区块链上，这样就能保障资源的安全并且不能被篡改。成员按照自己的需求和喜好来自由获取这些学习资源。学习活动组织上，社区成员能够通过投票来决定执行哪些创业项目、邀请哪些专家举办讲座等，这样一种民主参与形式可以很好地调动大家的积极性与主动性，增强学习社区的生机、活力及创新能力。而且，DAO式学习共同体借助智能合约实现对学习成果的量化并建立激励机制，成员们在学习期间所做的项目任务、发布的学术成果等，都可以用智能合约加以记录并予以评价，然后转化为虚拟货币、荣誉勋章等奖赏。而这些奖赏又能在社区内部用来换取学习资源或者服务，从而进一步激发成员们的学习热情。

基于区块链的P2P知识交易市场给知识共享与价值实现带来了新的平台。在这个市场里，学生可以把自己所掌握的知识、技能、学习笔记、项目经验等转化为数字资产，再利用区块链技术完成确权并展开交易。以编程知识为例，当一个学生学会Python编程高级技巧之后，他可以将自己的学习教程、代码实例、项目实践经历等整理成数字文件，用区块链技术来加密并确权，从而形成独一无二的数字资产。其他学生如果对这些知识感兴趣，就能借助P2P知识交易市场用数字货币把这些数字资产买下来。在交易期间，区块链的智能合约保证了交易的安全、公平、透明，买卖双方的信息和交易记录都被加密存储在区块链上，无法被更改。同时，基于区块链的P2P知识交易市场能够做到知识的精准匹配和个性化推荐。通过对学生的学习历史、兴趣偏好、知识需求等数据进行分析，市场可以给学生推荐最适合他们需求的知识产品，从而提升知识交易的效率和品质。这样的知识交易模式既推动了知识的流通和共享，又给学生提供了一种新的学习动力和经济奖励，让学生在分享知识时，也能让自己的知识得到最大的价值。

三、案例分析

麻省理工学院的“微硕士”项目可以说是数字化学习模式创新的一次成功示范，凭借整合了生成式AI的智能助教系统，在提升学习体验和学习成效上收获了不少有价值的实际成果。

在实践经验上，“微硕士”项目深入挖掘生成式AI的潜力，把生成式AI巧妙地融入教学的各个环节中。在课程预习环节，智能助教系统借助生成式AI技术，按照课程大纲和学习目标，为学生生成个性化的预习资料。这个系统会分析学生之前的学习数据，了解学生的知识根基和学习习惯，然后从海量的学习资源里挑选最适合学生的预习内容，像相关的学术论文、科普视频、案例分析等，再把这些内容以简单明了的形式展现给学生。比如，当学生在学习人工智能算法这门课的时候，智能助教系统就会根据学生对数学基础知识的掌握情况，给学生推荐合适的数学知识复习资料，还有一些通俗易懂的人工智能算法入门视频，帮助学生尽快进入学习状态，做好上课前的准备。

在课堂学习过程中，智能助教系统担负起即时答疑以及学习引导的重要任务。当学生在课堂上出现疑问的时候，不必举手等待老师来解答，只需向智能助教系统发问，智能助教系统就会利用自然语言处理技术来理解学生的问题，而且可以凭借生成式AI快速生成准确又详细的解答。智能助教系统还能按照教师授课进程以及学生的学习反馈，给予即时的学习意见。如果智能助教系统察觉到学生在某个知识点的理解上有困难，它就会立刻推送有关的补充讲解资料或者练习题，从而帮助学生加深对知识的理解。智能助教系统还可以通过分析学生在课堂上的参与状况以及互动情况，为教师提供教学改良方面的建议，包括调整教学进度、改进教学方法等，进而改善课堂教学的质量。

课后复习作业完成阶段，智能助教系统也扮演着重要角色。它可以依据学生课堂学习状况以及作业完成状况，为学生制订个性化复习计划。系统会分析学生做作业时犯的错误类型和知识点漏洞，有针对性地推送复习资料和强化练习题，从而让学生能够有针对性地复习巩固。智能助教系统会对学生的作业进行智能批改和分析，既可迅速给出作业成绩，又可详细指出作业中的问题和不足之处，并给出改进建议。针对作业中表现出的创新想法和观点，智能助教系统会给予积极肯定并加以引导，从而激发学生的创新思维和学习热情。

在提升学习体验与学习效果上，“微硕士”项目融合生成式AI的智能助教系统成效显著。从学习体验角度讲，智能助教系统给学生提供了不受时间和空间局限的学习援助，学生可随时在任何地方向智能助教系统发问，获取学习方面的帮助，极大改善了学生学习的便利性与灵活性。智能助教系统的个性化服务也使得学生感受到学习具有针对性和精确性，满足不同学生的个性化学习需求，进而提高学生的学习自信心和学习动力。从学习效果方面看，依靠智能助教系统的辅助学习，学生的学习成绩明显得到改善。据统计，参加“微硕士”项目的学生在课程考试中的平均分要比没有采用智能助教系统的学生高10分以上，而且优秀率也要高出很多。智能助教系统还培养了学生的自主学习能力和创新思维能力，在和智能助教系统交流的时候，学生会学会怎样去积极地寻找知识、分析问题并解决问题，从而提升自己的自主学习水平。智能助教系统对学生创新思维的激发，也让学生在课程项目以及科研实践中脱颖而出，并为他们提供许多新颖的解决办法和研究想法，这给他们日后的工作和学习打下了良好的基础。

四、国际对比分析

欧盟EIT数字创新工坊和浙江大学“智云课堂”在学习模式创新上各有千秋，都取得了不错的成绩，通过对比研究，可以为高校数智化学习模式发展提供借鉴。

欧盟EIT数字创新工坊具有强大的产业协作及国际合作优势，在数字化学习模式创新方面独树一帜。在产业协作方面，EIT数字创新工坊与众多知名企业在学习项目和操作活动上紧密合作，将企业的实际项目和需求融入学习过程，使学生在真实的产业环境中学习和实践。学生有机会参与转型项目，运用所学知识解决实际问题，有助于学生深入了解行业最新动态并使学生更好地认识行业内新出现的发展情况以及技术应用，增强自身的就业竞争力。在国际合作上，EIT数字创新工坊集合了欧洲多个国家的优秀学生和优秀老师，形成一个多元化的学习社区。学生可以与不同文化背景的同学和老师交流，开阔自己的国际视野，提升跨文化交流的能力。工坊还会定期举办国际学术交流活动和创新竞赛，给学生提供一个展示自己才华和创新成果的国际舞台，推动学生创新思维和创新能力的发展。

浙江大学“智云课堂”依靠自身强大的技术支持以及丰富的教学资源，在数智化学习模式创新方面取得了显著成果。在技术支持方面，“智云课堂”依靠先进的云计算、人工智能和大数据技术，做到了教学过程的智能化和数字化。利用云计算技术，学生可以随时访问教学资源，不用顾虑设备或者存储空间的限制，凭借人工智能技术，“智云课堂”可以依照学生的学习行为和学习数据，为学生提供个性化的学习推荐和智能辅导，提升学习效率和学习品质。借助大数据技术，教师可以对教学成果实施精准评价，及时调整教学策略，改善教学进程。在教学资源上，“智云课堂”汇集了浙江大学海量的优质教学资源，包括在线课程、教学视频、电子教材、学术论文等，给学生提供了大量各类的学习资料。而且，“智云课堂”还推动教师和学生一起参与教学资源的创建与共享，从而形成一个持续更新和完善的教学资源库。这些丰富而充实的教学资源很好地满足了学生各类学习需求，推动学生全面成长。

欧盟EIT数字创新工坊和浙江大学“智云课堂”在数智化学习模式创新方面均取得了显著成绩。欧盟EIT数字创新工坊重视产业协同及国际合作，为学生提供大量实际操作机会并营造国际化的学习氛围；浙江大学“智云课堂”重点放在技术支撑和教学资源整合上，为学生构建了一个智能化、数字化的学习平台。二者取得的成绩都值得高校在推进数智化学习模式创新时加以借鉴，高校可根据自身的状况和需求，将两者的优势结合，找到适合自身的数智化学习模式。

第四章 数智化创新创业人才培养的策略创新

第一节　数智化教育资源的共建共享

第二节　数智化师资队伍的素养跃升

第三节　产学研协同机制的价值共创

第四节　可持续发展生态的路径培育

在高校数智化创新创业人才培养的宏伟蓝图中，上一章聚焦于人才培养体系的构建，为整个培养过程搭建了稳固且系统的框架。从数智化课程体系的精心重构，到数智化教学平台的创新建设，从教学方法的深度赋能，到学习模式的全面跃迁，我们致力于构建一个适应数智时代需求、全面且高效的人才培养体系，为培养具备创新创业能力的高素质人才奠定了坚实基础。然而，体系的构建只是第一步，真正要让这一体系发挥实效，培养出符合社会需求的数智化创新创业人才，还需要一系列精准且有力的策略作为支撑。这就如同建造一座宏伟的大厦，体系构建是搭建起坚固的框架，而策略创新则是为这座大厦注入源源不断的活力与动力，使其能够高效运转、持续发展。

本章所探讨的数智化创新创业人才培养的策略创新，正是基于前面所构建的体系，进一步挖掘和解决体系运行过程中的关键问题与挑战。通过共建共享数智化教育资源，打破资源壁垒，实现优质资源的最大化利用，为人才培养提供丰富的“养料”；通过提升数智化师资队伍的素养，打造一支具备前沿知识和创新能力的教师团队，成为人才培养的“引路人”；通过深化产学研协同机制，促进各方价值共创，为学生提供实践锻炼和成果转化的广阔平台，成为人才培养的“助推器”；通过培育可持续发展生态，营造良好的教育环境和社会氛围，为人才培养提供坚实的保障，成为人才培养的“护航者”。

体系构建与策略创新，二者紧密相连、相辅相成。体系构建为策略创新提供了方向和框架，而策略创新则为体系构建注入了活力和动力，推动体系不断优化和完善。只有将体系构建与策略创新有机结合，才能实现高校数智化创新创业人才培养的高质量发展，培养出更多适应数智时代需求的创新创业人才，为社会的进步和发展贡献力量。接下来，就让我们一同深入探讨数智化创新创业人才培养的策略创新之道。

第一节 数智化教育资源的共建共享

一、理论阐释

（一）资源整合理论

资源整合理论的重点是把各种分散的资源有效地汇聚起来，并协同安排，从而实现资源利用效率的最大化。在数智化教育资源创建方面，“长尾理论”赋予资源整合以独特的视角。美国作家克里斯·安德森（Chris Anderson）于2004年提出的“长尾理论”显示，在网络时代，由于受到成本与效率方面的约束，那些原本需求不高或者销量不佳的产品（也就是所谓的“尾部”产品），尽管单个需求量不大，但是凭借互联网平台的汇集功能，这些产品的总销量却十分可观，甚至可以同那些需求量大且销售火爆的热门产品（所谓的“头部”产品）形成对抗之势。

教育方面，这一理论体现为许多零散的数字化教育资源、短小精悍的在线课程片段、行业专家的经验分享短视频、特定领域的小众研究报告等。这些资源单独来看影响力不大，不过借助数字化平台加以汇集之后，就能契合学生丰富多彩、各不相同的求知需求。以Coursera、edX这样的在线学习平台为例，它们汇集了全世界顶级高校和教育机构的各类课程，覆盖范围从前沿的人工智能算法到小众的古典语言研究等诸多领域。学生可以根据自己的兴趣爱好以及学习目的，随意挑选课程搭配，打破了传统教育资源集中在热门专业和常用课程上的局限性，从而做到对教育资源的“长尾化”利用，形成规模效应，优化了总体教育资源的价值。

（二）知识共享机制

知识共享机制是推动知识在不同主体之间流动、传播和创新的重要因素，引入“知识协同共创”模型，有利于形成高校-企业-个人三方贡献的知识生态链。该模型认为知识创造是社会化、外部化、组合化和内部化的过程，是隐性知识和显性知识互相转化的过程。

高校在数智化创新创业人才培养过程中，高校属于知识生产的主要场所，具备丰厚的学术资源以及理论研究成果，通过课堂讲授、学术讲座等形式把显性知识传授给学生和企业人员，而企业因为有着较多的实践经验，并且对于市场需求较为敏感，所以可以提供大量隐性知识，像实际项目中遇到问题时采用的应对措施，行业里最近出现的技术应用实例等。企业导师进入高校课堂或者实践教学环节，跟学生共享这类隐性知识，让隐性知识变成显性知识，学生在学习的时候，会把高校的理论知识同企业的实践经验融合起来，借助项目实施、创新创业活动等途径，把学到的东西加以整合并内化为自己的知识，从而产生出属于他们自己的知识体系，甚至创造出新的知识和创新成果，然后再回馈给高校和企业，促使知识不断地循环流动并不断更新。比如高校和企业共建实验室或者研发中心，高校老师、企业技术人员、学生一起做科研项目，在项目进行中，高校老师给予理论上的指导，企业技术人员提供实际操作经验、市场需求信息，学生运用学到的知识去做新的研究。三者在合作中知识共通，推动数智化方面的知识创新和应用，从而形成了一个良性循环的知识生态链。

二、实施路径

（一）平台化整合

在数智化教育资源的共建共享过程中，平台化整合是重要环节，其核心要点就是搭建起有效的技术架构和制订合理的运营规则，“云-边-端”协同架构属于前沿的技术模式，给多模态资源访问提供强有力的支撑。在此架构体系中，“云”端肩负着汇聚海量教育资源的任务，各类在线课程、学术论文数据库、虚拟实验室资源等都在其列，依靠自身强大的计算和存储能力，“云”端对这些资源进行集中管理并深入剖析。“边”端比较接近用户和数据源头，具备一定的计算和存储能力，可以针对本地数据展开实时处理和分析。像在校园里放置的边缘服务器，它可以对一些常用的教育资源进行缓存，这样可以减少数据传输的延迟，而且还可以对学生的学习行为数据做一些初步的分析，从而给个性化学习提供支撑。“端”就是指学生们用的各种各样的终端设备，如电脑、平板、手机等。借助这些设备，学生们就可以随时随地访问教育资源，参加在线学习、互动交流等活动。以VR实验室远程接入为例，学生借助终端设备，经过“端”的网络改善和数据预处理，就能很顺畅地连上“云”端的VR实验室，然后在其中沉浸式地进行实验操作，就像真的置身于实验室一样，极大地改善了学习的感受和效果。

要想切实激发高校积极上传教育资源，并促使其不断丰富和更新，制定“资源贡献积分制”管理规则具备很强的现实意义。仿照德国HochschulCloud学分银行模式，高校每次上传达到规定数量且合乎质量标准的资源时，比如高质量教学课件、课程视频、案例库等，便可以获得对应的积分。这些积分会在之后的资源兑换过程中起作用，可以用来换取企业实训名额、企业为高校提供的实训岗位。高校依靠积分就能给学生争取到更多的实践机会，让学生把学到的东西用到实处，从而提高自己的操作能力并增强就业竞争力。这种积分制度既推动了高校彼此间的资源共享及良性竞争，又巩固了高校同企业之间的合作关系，营造出一种互利共赢的氛围。

（二）模块化开发

科学制定课程设计标准是实现数智化教育资源模块化开发的基础，OECD《数字技能框架》将数字技能划分成不同的能力层级，为课程设计提供明确的指导。在数智化创新创业人才培育进程中，可以按照“数据采集-分析-决策”的能力层级开展课程设计。在数据采集层级，设置《数据挖掘技术与应用》课程，让学生了解如何从不同数据源中获取有用的数据，涉及网络爬虫技术、传感器数据采集等；在数据分析层级，设置《大数据分析方法与工具》课程，让学生学会数据分析的常用算法和工具，包括Python数据分析库、R语言等，从而对采集到的数据实施深入分析；在决策层级，设置《基于数据的商业决策》课程，引领学生运用数据分析得到的结果，结合市场状况以及企业战略，作出正确的决策。

跨域融合是数智化时代的一大特征，开发复合型课程包是应对学生多元需求、培育创新能力的可行路径，如“区块链+供应链”“AI+医疗”等复合型课程包。以“区块链+供应链”课程包为例，融合区块链技术原理、供应链管理理论及实际案例分析，让学生了解区块链如何破解供应链中的信息不对称、信任问题等，通过模拟商业场景，展开区块链在供应链中的应用练习，培育学生在新兴领域的综合应用能力。再如“AI+医疗”课程包，把人工智能算法、医学影像识别、医疗大数据处理这些知识整合起来，学生既学习AI技术在医疗方面的前沿应用，又做实际医疗项目，比如开发疾病诊断辅助系统，提高学生解决跨学科问题的能力。这种课程包开发的思路参考了斯坦福大学的CS+X交叉课程模式，打破学科界限，让知识融合起来创新。

（三）动态化更新

企业在数智化教育资源的动态更新中发挥着十分关键的作用，激励企业提供实时产业数据是维持教育资源时效性与实用性的核心要素之一。参考法国《数字经济法》第56条，对提供实时产业数据的企业予以税收抵免政策。企业把最新的市场数据、行业技术动态、实际项目案例等提供给高校。高校利用这些数据更新教学内容，学生能接触到最前沿的知识与经验。以市场营销课程为例，企业提供的实时市场调研数据、消费者行为分析报告等，有益于学生了解市场的最新走向与变化，更新自己的营销策略和方法。在工程技术类课程中，企业提供的最新技术参数、工艺流程改良案例等，有利于学生掌握行业的最新技术发展动态，提升自己的动手操作能力。通过这样的政策激励，企业就有动力去参与教育资源的建设，高校也能及时获得产业动态，做到教育与产业的紧密结合，培养出更加符合市场需求的数智化创新创业人才。

三、案例分析

重庆大学“明月科创联盟”在推进数智化教育资源共建共享的实践中，进行了一系列全面、系统且极具创新性的深度探索，成果斐然，已成为高校数智化创新创业人才培养领域的标杆，为同行提供了极具价值的经验。该联盟凭借敏锐的行业洞察力和前瞻性的战略视野，成功吸引了华为、腾讯等全球科技巨头深度参与，共同打造“智能硬件开发”精品课程。这种“产教融合、协同育人”的模式，将高校深厚的理论积淀、学术资源与企业丰富的实战经验、前沿技术深度融合，实现了教育资源的强强联合与优势互补，是教育与产业跨界协同的卓越范例。

（一）深度协同：理论筑基与实践赋能

课程开发伊始，重庆大学充分发挥其在电子信息、计算机等核心学科的深厚优势，精心遴选校内长期深耕相关领域、成果卓著的专家学者组成理论团队。他们肩负起构建课程理论体系的重任，从核心概念的精准界定，到知识体系的逻辑梳理与架构搭建，每一步都力求严谨、扎实，为课程奠定了坚实的学术根基，确保学生能够汲取系统、前沿的理论滋养。

与此同时，华为、腾讯等企业则派出在智能硬件研发、软件开发、平台架构等关键业务领域经验丰富的资深技术专家组成实践团队。他们不仅带来了企业真实项目中的鲜活案例，更将行业最前沿的技术动态和市场需求融入课程设计。

（二）攻坚克难：挑战与智慧应对

然而，这一开创性的合作并非一帆风顺，课程开发过程中面临多重挑战。

校企理念与节奏差异：高校追求理论的系统性与教学规律，企业则注重实用性与市场节奏，双方在课程内容深度、广度、更新速度上常需磨合。解决方法：联盟建立了高效的“双负责人”制（高校学术负责人和企业技术负责人）和定期联席研讨会机制，充分沟通，寻找理论与实践、深度与时效的最佳平衡点。双方共同制定详细的项目里程碑和内容评审标准，确保开发有序推进。

知识体系融合难题：如何将企业具体的工程实践案例无缝融入高校严谨的知识体系框架，避免出现“两张皮”现象。解决方法：采用“案例驱动、理论嵌入”的设计理念。先由企业专家提炼出代表性项目案例，再由高校学者围绕案例解构所需的理论知识点，共同设计教学模块。例如，在讲解“低功耗设计”时，不仅要讲原理，更要结合华为穿戴设备中如何通过芯片选型、软件优化实现超长续航的实际案例进行剖析。

前沿技术与教学转化滞后：智能硬件领域技术日新月异，如何确保课程内容不落后于市场？解决方法：联盟前瞻性地将“敏捷开发”理念引入课程建设，建立了科学完善的动态更新与快速响应机制。联盟制订了严格的年度更新计划，规定每年基于企业最新技术白皮书和行业报告，对课程内容进行不低于30%的更新。例如，当华为发布新一代昇腾AI芯片时，课程团队迅速组织专项研讨会，邀请华为芯片架构师与高校教师共同参与，在极短时间内将芯片的新特性（如NPU架构、能效比优势）、开发工具链的更新，以及在智能边缘设备中的应用场景分析（如实时图像识别、语音交互优化）等关键内容融入相关教学模块。当腾讯推出全新的物联网开发平台（TencentOS Tiny）时，课程团队第一时间深入研究，迅速整合平台的轻量化特性、安全框架、云对接流程以及与其他主流硬件平台的协同开发方式，更新实验手册和项目案例。

资源协调与知识产权：企业专家时间宝贵，深度参与教学存在困难；同时涉及企业敏感技术和案例的知识产权界定需谨慎。解决方法：采用“核心专家顾问+模块化贡献”模式，企业核心专家负责关键内容把关和前沿讲座；同时鼓励企业开放“脱敏”后的案例库和技术文档供教学使用，并签订清晰的知识产权共享协议。联盟还积极推动高校青年教师赴企业短期研修，让青年教师成为连接前沿技术与课堂的桥梁。

（三）育人实效：能力提升与长远发展

这种深度融合、持续迭代的课程模式，为学生带来了显著的培养成效。

1. 即时成效显著

竞赛成绩斐然：参与该课程学习的学生在“互联网+”“挑战杯”“全国大学生智能汽车竞赛”“华为ICT大赛”等高水平创新创业及学科竞赛中表现亮眼。权威统计显示，其获奖率较未参与课程的学生群体提升了50%以上。

就业竞争力跃升：毕业生在智能硬件、物联网、人工智能等相关领域的就业竞争力显著增强，进入华为、腾讯、小米、海康威视等头部科技企业的比例大幅提高，起薪水平普遍高于同类专业毕业生。

2. 长期发展潜力凸显

技术骨干与创新中坚：跟踪调查显示，修读该课程的早期毕业生，凭借扎实的理论基础、突出的实践能力和对行业前沿的敏锐把握，在职业发展中展现出强劲后劲。相当比例的学生在3~5年内迅速成长为所在企业的核心技术骨干、项目经理，甚至成为新兴技术领域的负责人。他们主导或深度参与的产品研发项目，如智能家居系统、工业物联网解决方案、AIoT平台等，已成功落地并产生了显著的经济和社会效益。

创业生力军涌现：课程培养的创新思维和实战能力，有效激发了学生的创业热情。已涌现出一批由该课程学生（含毕业生）创立的科技型初创企业，这些企业聚焦于智能传感、边缘计算、机器人等方向。部分企业已获得风险投资，进入快速发展阶段，成为区域科创生态的新生力量。

持续学习与适应能力：得益于课程强调的“动态更新”理念和实践，学生养成了主动追踪技术前沿、快速学习新知识和新工具的习惯。雇主普遍反馈，这些毕业生在面对技术迭代时展现出更强的适应能力和解决复杂工程问题的潜力。

（四）示范价值：可借鉴的实践范式

重庆大学“明月科创联盟”《智能硬件开发》课程的成功实践，其核心价值不仅在于打造了一门精品课程，更在于探索并验证了一套行之有效的“数智化时代产教深度融合”新模式。

机制创新：建立了以联盟为平台、校企深度绑定、责权利清晰的协同共建机制。

内容创新：实现了理论体系与前沿实践的有机统一，并通过敏捷开发理念保障内容的时效性。

育人创新：显著提升了学生的工程实践能力、创新思维和解决复杂问题的能力，人才培养质量获得产业界高度认可。

成效显著：从竞赛获奖、高质量就业，到长期职业发展中的技术领导力和创业成就，多维度数据有力证明了该模式在培养适应产业变革的高素质创新型人才方面的科学性与有效性。

该案例为高校深化数智化教育改革、突破传统育人模式瓶颈、提升服务产业发展能力提供了极具说服力的实践范式和宝贵经验。其成功的关键在于直面挑战、创新机制、深度融合、持续迭代，最终实现了教育链、人才链与产业链、创新链的有机衔接与同频共振。

四、国际对比分析

韩国“K-MOOC”平台在促进企业深度参与课程开发方面成效卓著，这与我国当前状况形成鲜明对比，为我国高校数字教育资源的共建共享提供了宝贵镜鉴。

韩国通过立法手段（如《终身教育法》及其配套政策），强制规定排名前50的企业参与课程开发，有效保障了企业在课程开发中的深度投入和持续贡献。相关法规不仅明确了企业承担的教育责任，还细化了其参与方式（如提供专家、设备、真实项目数据）和投入标准，要求其提供专业技术知识、实际案例和行业经验，支持高校课程建设，这使得企业在课程开发中的贡献率达到了惊人的45%。三星、LG等韩国龙头企业积极参与“K-MOOC”平台建设，将半导体、电子通信、人工智能等领域的尖端技术与实战经验（如最新的芯片制造工艺、AI算法应用案例）融入课程，极大丰富了课程内容的实践性和前沿性，使学生得以接触世界一流的技术与管理理念。

相比之下，根据2023年OECD教育报告数据，我国企业对于课程开发的贡献度仅为22%，参与度明显偏低。造成这种差异的原因，除了通常提到的政策引导不足（缺乏清晰的政策指引和有效激励措施，如强制要求或实质性优惠力度不够）以及校企协作机制不畅（缺少高效的交流合作渠道，导致需求与规划难以协同，常出现高校课程滞后于产业技术迭代的现象）之外，更深层次的原因还在于两国教育体制与产业结构的显著差异。

（一）两国教育体制与产业结构差异

1. 教育体制差异

韩国职业教育体系发达，“产学合作”理念根植于其教育传统。韩国长期推行以企业需求为导向的应用型人才培养模式，其“双元制”教育或类似机制（如“2+1”模式，即学生两年在校学习，一年在企业实践）更为成熟且法律保障完善。企业被视为人才培养的天然责任主体和直接受益者，参与课程开发、提供实习岗位是其人才培养链条中制度化、常规化的重要环节，甚至是其社会责任评价的一部分。例如，韩国《高等教育法》明确鼓励企业深度参与高校课程设置与评估。

相比之下，我国高等教育体系在传统上更偏重学术导向和理论传授，评价体系（如学科评估、教师晋升）长期以科研论文、纵向项目为主导，对应用型人才培养和校企合作的实质性成果重视相对不足。校企协同育人机制虽在政策层面被大力提倡（如“产教融合”“新工科”建设），但在基层落实层面仍面临障碍。例如，高校教师参与企业实践、将产业经验融入教学的激励机制不健全；企业专家进校园授课在资格认定、工作量计算、报酬支付等方面存在制度瓶颈。这使得企业对参与高校课程开发的必要性和价值认知相对不足，往往将其视为短期项目合作、慈善行为或额外负担，而非具有长期回报的战略性人才投资或履行核心社会责任的体现。

2. 产业结构差异

韩国产业集中度高，这种高度集中的产业结构，使得政府通过立法精准锁定并约束排名前50的巨头企业成为可能且高效。这些企业资源雄厚（拥有庞大的研发部门、培训中心和行业专家）、技术领先、人才需求量大且标准化程度相对较高（如需要大批具备特定工程技能的工程师）。它们有能力也有强烈的战略动机深度参与国家级教育平台（如K-MOOC）建设，将其视为塑造未来人才标准、确保稳定优质人力资源供给、巩固行业领导地位，甚至进行技术标准推广的重要战略举措。其参与往往能覆盖整个产业链的核心知识体系。

反观我国，产业结构更为多元化、分散化，呈现出“大而全”的特征。中小企业（SMEs）数量极其庞大（占企业总数的90%以上），是经济活力和就业的主力军，但其行业分布极其广泛，技术专精程度和规模差异巨大。缺乏类似韩国那样在单一领域具有绝对全球影响力和资源整合能力的超大型企业集群（尽管有华为、腾讯等巨头，但其在整体经济中的集中度和对特定领域人才需求的覆盖面与韩国财阀模式不同）。即便立法强制要求排名靠前的企业参与国家级教育平台建设，其覆盖面和代表性也相对有限，难以满足众多细分行业和新兴领域的需求。更重要的是，广大中小企业虽在各自细分领域可能拥有独特的“专精特新”技术或经验，但普遍缺乏单独深度参与高校课程开发的资源（人力、财力、时间）、系统化输出知识的能力以及承担高昂协调成本（与高校对接、内容标准化）的意愿。它们更需要的是灵活、低门槛、聚焦具体技能点的参与方式，而非开发完整的课程体系。

（二）经验借鉴

韩国“K-MOOC”平台的成功经验启示我们，提升我国企业参与度需多措并举，且必须立足国情。

1. 加大政策引导和支持力度

借鉴韩国经验，但需结合我国产业结构“大中小并存、多元分散”的特点，考虑出台更具针对性的法律法规或政策性文件，分层分类明晰责任与激励。对大型龙头或链主企业，可探索建立“产教融合型企业”认证制度及责任清单，明确其在引领行业人才培养、共建课程（特别是核心基础课和前沿专业课）、开放实习实训资源等方面的责任，配套高强度激励（如显著税收抵扣、专项补贴、优先参与国家项目、品牌荣誉等）。对广大中小企业，设计“轻量化”“模块化”“平台化”的参与机制。例如，鼓励其通过行业协会、产业联盟、区域性产教融合共同体“抱团”参与；支持其提供微课程、案例包、实操项目、兼职讲师等“碎片化”资源，由高校或第三方平台整合；配套简便易申请、聚焦实际投入（如专家工时）的小额补贴或税收优惠等政策激励。

2. 健全校企交流协作机制

亟须建立高效、常态化、区域性或行业性的校企沟通平台与合作机制（如由政府或权威行业协会主导的产教融合信息平台、定期举办行业人才需求与教育供给对接会）。

推动高校与企业围绕区域重点产业集群或产业链，在人才培养目标定位、课程内容需求对接（建立产业技术发展动态快速反馈至课程更新的机制）、实践教学环节设计（如共建共享实习基地、推广项目制学习）、师资共享（完善企业专家进校的“双师型”认证与薪酬体系，畅通教师赴企业实践的“旋转门”）等方面展开深度、实质性合作。

鼓励发展第三方专业机构，提供课程共建的标准制定、资源整合、质量评估等服务，降低校企双方的对接成本和信任障碍。

通过正视并弥合教育导向（学术与应用）与产业结构（集中与分散）的根本

性差异，强化顶层制度设计（法律、政策、评价体系）和基层机制创新（平台、模式、激励工具），方能有效激发不同类型企业的内生动力，破解校企协同的深层障碍，实现数字化教育资源的高效共建共享，最终提升人才培养与产业需求的契合度，更好地服务国家创新驱动发展战略。

第二节 数智化师资队伍的素养跃升

一、理论阐释

（一）教师角色转型

数智化时代大环境下，教师角色正在发生深刻改变，这种改变对高校数智化创新创业人才培育非常关键。日本学者野中郁次郎（Nonaka）在1995年提出的“SECI知识转换模型”，为解析教师角色转变提供了稳固的理论根基。这个模型显示出知识创建属于一种社会化（socialization）、外部化（externalization）、组合化（combination）以及内部化（internalization）的螺旋式上升过程，包含了隐性知识与显性知识之间的相互转化。

在这个模型框架内，教师要有把隐性知识显现出来的能力，隐性知识就是那些不好用语言、文字或者符号清楚表达的知识，常常隐藏在教师个人经验、教学技巧、洞察力以及直觉里面。在数智化教学进程中，教师要把这种隐性知识转化成学生容易明白和接受的显性知识。例如，以指导学生做数据分析项目为例，教师依靠多年来从事行业的工作经验和实践积累，能迅速察觉到数据里潜藏着的问题和关键信息。这些经验和直觉就归入隐性知识的范畴。教师应运用案例分析、类比、隐喻等手段，将这些隐性知识转化为具体的分析步骤、方法及策略。通过实际案例讲解如何从大量数据中筛选出有用信息，如何运用数据分析工具执行数据清洗与建模等。这样一来，学生就能学会这些显性知识，进而提升自身的数据分析能力。

社会化阶段，教师通过与学生展开互动交流、给予执行指引等途径，把自身所拥有的隐性知识传授给学生，从而做到知识的分享与流传。在项目教学期间，教师同学生一同参与到真实项目中，此时，教师的操作技巧、处理问题的思路及办法等隐性知识就会无声无息地作用于学生。在外部化阶段，教师要把隐性知识变为显性知识，用清楚明了的语言、图形、模型等来表述它们，这样才有益于学生去学习领会。比如，当老师讲授人工智能算法的时候，会把自己对于算法的认识以及应用体会转变成特定的教学课件、算法流程图等显性知识，进而帮助学生把握算法的原理及其应用情况。在组合化阶段，教师要把各种显性知识结合起来，形成一套系统的知识体系，帮助学生把不同学科、不同领域的知识加以融合，以此提升学生的综合运用能力。在跨学科课程教学过程中，教师将数字技术与创新创业知识结合在一起，指导学生运用数字技术解决创新创业过程中的实际问题。在内化阶段，教师帮助学生将所学的显性知识转化为隐性知识。学生通过实践操作、反思总结等途径，将知识转化为实际能力，形成自己的认知结构和思维方式。在学生做完项目之后，教师指导学生对项目的过程进行反思总结，将项目中学到的知识和技能转化为能力，提高学生的综合素质。

（二）能力评价体系

参照《欧盟教育工作者数字胜任力框架》（DigCompEdu），建立适合我国高校数智化师资队伍的“工具应用—教学设计—伦理治理”三维评价指标，对提高教师数字智能化教学能力具有重要指导意义。

在工具应用方面，教师要熟悉各种数智化教学工具和技术，例如在线教学平台、学习管理系统、数据分析软件、VR/AR技术等。教师要能利用在线教学平台开展直播授课、课程管理、作业批改等活动，利用学习管理系统追踪学生的学习进程及学习行为，利用数据分析软件对学生的学习数据进行挖掘和剖析，以提供个性化教学建议。熟练使用VR/AR技术营造沉浸式教学场景，以改进学生的学习体验与学习成果。以数据分析软件为例，教师应掌握Python、R等数据分析语言，可以借助这些工具对学生的考试分数、作业完成状况、课堂参与程度等数据进行分析，了解学生的学习情况及其学习需求，从而及时调整教学策略。

教学设计维度要求教师可以把数智化技术融进教学设计中去，创新教学手段及教学形式，从而满足学生各种不同的学习需求。教师要依照课程目标与学生特性，规划出基于项目的学习、问题导向学习、协作学习等一系列教学活动，引领学生在实践过程中利用数智技术处理问题，培育学生的创新思维与实践技能。利用数智化资源来设计多媒体课件、在线课程、微视频等教学素材，充实教学内容和教学方式，增强教学的趣味性和魅力。在设计人工智能课程时，教师可以设定一些真实的项目任务，让学生使用学到的人工智能算法及技术去解决现实问题，如设计一款图像识别系统或智能客服机器人等。通过项目实践来提升学生的动手能力和创新能力。

伦理治理维度重点体现了教师在数智化教学过程中要重视伦理与法律方面的问题，塑造学生正确的价值观和道德观。随着数智技术在教育中的广泛应用，数据隐私、算法偏见、网络安全等伦理及法律层面的问题日益凸显。教师应引导学生恰当利用数智技术，保护个人隐私与数据安全，防止算法偏见影响决策。在教学中融入伦理教育内容，培养学生的社会责任感和道德观念，使学生日后能够合理、合法地运用数智技术。在讲解大数据分析时，教师需教授学生如何合法获取和运用数据，以维护数据主体的隐私权益，避免数据被滥用或泄露。

二、实施路径

（一）分层培训体系

分层培训体系是根据教师在数智化教学能力发展进程中的不同需求及不同的水平层次，采取针对性的策略，提供具有针对性的培训方案，全方位、系统化提升教师的数智化教学能力，从而使其能更好地适应当前教育数字化转型时代的需求。

基础层培训将普及数字工具应用作为核心目标，精心打造“数字工具工作坊”这一创新培训模式。以Tableau数据可视化工作坊为例，设计为期48课时的专业认证课程。课程开始时，通过深入浅出的理论讲解，全面阐述数据可视化在教育领域的基本概念、其对提升教学成果的重要性，以及Tableau软件的独特功能与设计理念。通过介绍信息可视化理论、视觉认知原理等专业知识，让教师认识到数据可视化不仅是图形展示，更是有效传达信息、构建知识的有效途径。接着便进入多个操作环节，教师要在实际案例里深入学习如何连接各种数据源，其中包含常见的Excel表格、关系型数据库MySQL、非关系型数据库MongoDB等，还要学会使用数据清洗算法和数据预处理技术，懂得如何对数据进行去噪、缺失值处理、异常值检测等操作，从而保证数据准确且可用，给后面的数据可视化分析筑牢根基。以教育数据为例，通过数据清洗，可以去掉无效的学生考勤记录、成绩数据等，这样才能使分析结果可信。然后进一步探索怎样创建各种各样的可视化图表，其中包含柱状图、折线图、散点图、地图等。教师既要掌握创建图表的方法，也要明白不同图表类型在数据表达方面存在的长处及其适宜的使用场景，依照数据特点以及教学目的做出恰当选择。还要了解怎样利用交互设计原则，比如鼠标悬停、点击切换、缩放平移等交互手段，让可视化图表更好地表现数据信息，引导学生找到数据背后隐藏的规律和走向。例如，在地理信息数据可视化时，可以通过地图交互设计，让学生直观地看到不同区域教育资源分配情况的差异。通过完成一系列的操作项目，教师可自如地利用Tableau进行数据可视化工作，将繁杂的数据以更为直接、易于理解的形式传递给学生，改善教学成果。在这些操作项目中，教师要综合使用学到的各种知识，从数据搜集、清理、分析直至可视化表现，完成一个完整的数据推动型教学实例，进而切实领悟Tableau在教学中的操作技巧。

进阶层培训侧重于实践和创新，采用“1+1+N”模式，也就是“1个企业案例+1个教学方案+N次迭代”。以人工智能课程为例，选择一个企业真正的人工智能应用案例，比如某个企业用人工智能做客户的需求预测。教师先用专业的案例分析手段，仔细分析这个案例，全面掌握企业在做这个项目时碰到的技术问题、采用的解决办法以及得到的实际成果。这里面牵涉到该企业采用的人工智能算法原理、模型训练步骤和数据标注手段等。

按照案例来设计教学方案，用教育目标分类学理论来设定教学目标，依照课程内容的知识结构来安排教学内容，联系建构主义学习理论、情境学习理论等来挑选合适的教学方法。在教学过程中，促使教师采用问题导向学习（problem based learning，PBL）、基于项目的学习（project based learning，PjBL）等教学方法，引导学生参与案例的讨论与剖析，表达自己的看法，分享解决方案，发展学生的创新思维和操作能力。

企业技术不断进步，案例持续更新，教师对教学方案进行多次迭代。当企业应用新的算法或技术改进客户需求预测模型时，教师就会将新的内容加入教学方案中，更新教学案例和分析方法，让教学始终紧跟行业前沿，保持教学内容的时效性和实用性。例如，当企业使用深度学习中的Transformer架构改进预测模型时，教师应迅速将Transformer的原理、应用场景等内容加入教学内容当中，让学生接触到最前沿的技术知识。这样，教师既能将企业实际案例带入课堂，又能不断优化教学方案，提升教学质量，培养出更符合市场需求的数智化创新创业人才。

（二）双师双能机制

双师双能机制属于加强数智化师资队伍素质的重要举措，借助具备法律效力的《校企师资共聘协议》来确定校企双方以及教师的权利和责任，保证企业导师能够有效地参与教学，从而实现高校教育与企业实践相融合。

《校企师资共聘协议》要点包括以下几点。

第一，明确企业导师的来源与资质。企业导师应具有丰富的行业实践经验和专业技能，通常要在相关领域工作若干年并获得相应的职业资格证书，比如大数据领域的导师要有Apache Hadoop、Spark等大数据处理框架的实际项目经历，还有Cloudera Certified Professional（CCP）等职业认证。

第二，明确企业导师的教学任务与职责。企业导师需担负一定比例的教学任务，包含课程讲授、实践指导、项目辅导等，其课时所占比重不得低于30%。在课程讲授时，企业导师要采用案例教学法，将自己在实际工作中积累的经验以及案例融入教学内容之中，从而让学生了解行业的真实运作情况及其需求状况。例如，在软件工程课程方面，企业导师可以分享某个软件项目从最初的需求分析到最后的测试为止所经历的整个过程中的经验体会，使学生了解企业对于项目的管理方式以及相关的行业准则。

在实践指导上，采用现场指导、以问题解决为导向等方式，引导学生执行实际项目操作，助力学生应对实践中的难题，提高其实践能力。例如，当学生进行软件开发相关操作时，企业导师能够提供现场指导，针对学生在代码编写、软件架构设计等方面遇到的问题，传授有用的编程技巧与设计思路。

在项目辅导过程中，引领学生开展创新创业项目，运用创新思维工具和创业方法，培养学生的创新思维与创业能力。企业导师能够指导学生采用设计思维（design thinking）方法来构思项目创意，并基于精益创业（lean startup）理念进行项目验证与迭代优化。

学生进行数智化创新创业项目的时候，企业导师从项目的选题、策划、执行到评估，一直给予指导。企业导师依靠自己对市场的敏感度，利用市场调研、竞争分析等手段，帮助学生找到有市场前景和创新价值的项目选题。在策划阶段，导师给出专业的意见和资源支撑，帮助学生制定合理的项目规划，采用项目管理工具、甘特图、关键路径法（critical path method，CPM）等来执行项目进度管理。在执行期间，解决学生碰到的技术难题和实际操作问题，保证项目正常推进。在项目评价阶段，按照行业标准和市场需求，利用层次分析法（analytic hierarchy process，AHP）、模糊综合评价法等方法对项目成果进行客观评价，给出改进意见和建议。

协议要确定校企双方的合作时长、合作形式、利益分配等内容，保证各方的合法权益，促进校企合作长久稳定地发展。通过双师双能机制，做到高校教师理论知识与企业导师实践经验的融合，提升师资队伍的总体水平，给学生提供更好的教育教学服务。

（三）国际认证引入

引入国际认证是提升数字化师资队伍素质的国际化举措。把IBM数据科学认证同教育部“1+X”证书制度衔接起来意义重大，有利于促使我国数智化教育与国际接轨，提升人才培育的国际竞争力。

IBM数据科学认证在数据科学领域有着很高的认可度和权威性，其认证的内容覆盖了数据科学的核心知识与技能，诸如数据挖掘、机器学习、数据分析、数据可视化等方面。该认证体系依照国际前沿的数据科学理论与实践标准，针对数据科学家应具备的能力做了全面而系统的界定。就机器学习部分而言，包含监督学习、无监督学习、半监督学习等多种学习算法，且涉及模型评价、调校、部署这些关键环节。

教育部门推行的“1+X”证书制度，是通过建立学历证书与职业技能等级证书有机衔接的育人机制，深化产教融合、校企协同育人，构建书证融通的新型人才培养体系。该制度旨在通过创新人才培养模式和深化教育教学改革，全面提升人才培养质量和学生就业创业能力，实现职业教育与产业需求的无缝对接。

将二者衔接起来，首先要确立起科学合理的学分互认规则，利用教育测量与评价理论，明确IBM数据科学认证的不同级别以及“1+X”证书制度中相关课程学分之间的对应联系。如果教师取得了IBM数据科学基础认证，就可以认定其在“1+X”证书制度中的“数据分析基础”课程获得相应学分；如果取得了高级认证，就相当于在多门相关课程中获得学分。这样教师就能在取得国际认证的同时，也能被国内教育体系所认可，促使教师积极参加国际认证培训。

在培训内容和教学方法上进行本土化改造。结合我国高校数智化创新创业人才培养目标和需求，运用课程设计理论，将IBM数据科学认证培训内容与我国教育实际相结合，补充具有中国特色的行业案例和实践项目，使之更符合我国学生的接受程度和就业需求。在数据分析案例中可以加入我国金融市场数据分析、电商平台用户行为分析等本土特色案例。

教学方法方面，采取线上线下混合教学、项目驱动教学等手段，优化培训效果。借助混合式学习理论，将Coursera、edX等平台上的数据科学课程等线上优质课程资源与线下课堂教学融合，实现优势互补。通过项目驱动教学，促使教师在真实项目中应用所学知识，提高解决实际问题的能力。

通过这样的衔接，一方面教师可以接触到国际上最新的数据科学知识与技能，提高自身素质；另一方面将国际认证引入高校教学中，丰富了教学内容、完善了课程体系，提高了教学质量和人才培养的国际化程度，学生可以获得更具国际竞争力的证书，从而在就业上更有优势。

三、案例分析

深圳技术大学在数智化师资队伍建设方面进行了积极而有效的探索，推行“师资能力雷达图”动态评价机制，该机制为教师数智化教学能力和职称评定提供了科学、全面的参考标准，在国内高校中具有明显的示范作用。

“师资能力雷达图”从多个维度对教师能力进行全面考量，包括教学能力、科研能力、实践能力以及数智化应用能力等诸多方面。就教学能力而言，教师的课堂教学质量如何，其教学方法是否有所创新，所开课程的设计与开发情况怎样等，都会被纳入考量范围之内，通过学生评教、同事听课等途径搜集相关数据，从而实现对教师教学表现的全方位评判。在科研能力这一块，着重于教师所承担的科研项目、所发表的科研论文的数量及其质量、科研成果能否得到转化等方面，目的在于评定教师在学术研究方面的贡献及影响力，促使教师积极投身科研活动，提升自身学术水平。实践能力维度主要考查教师在企业中的实践经历，参与行业项目的程度，指导学生实践活动的能力，促使教师深入企业，了解行业实际需求，将实践经验融入教学中，培养学生实践能力和职业素养。数智化应用能力维度侧重于教师对各种数智化教学工具和技术的应用能力，比如在线教学平台的使用、教学数据分析能力、虚拟现实（VR）、增强现实（AR）技术在教学中的应用等，要求教师紧跟数智化时代发展步伐，提升自己的数智化教学水平，给学生带来更好的教学体验。

该评估体系给教师职称评审带来很大影响，将AI项目交付能力加入职称评审指标是它的一大创新之处。数智化技术广泛应用于各个领域之后，AI项目交付能力成为评判教师数智化实践能力和创新能力的重要指标。在职称评审期间，针对那些参加AI项目并顺利完成交付的教师给予加分并予以优先考虑，这样就促使教师积极投身于AI相关的科研项目和教学实践中，提升自身在数智化方面的专业能力。据数据表明，2022年就有37%的教师通过AI项目交付能力考核，这既优化了教师队伍整体的数智化水平，又为学校培育数智化创新创业人才提供了有力支持。借助“师资能力雷达图”动态评估，学校可以全方位、客观地把握教师的能力水平和发展需求，从而对教师的职业发展给予有针对性的引导和支持。在职称评审中，以能力为评价标准的体系保证了评审结果的公正性和科学性，选出那些真正具有出色教学、科研和实践能力的教师，促使师资队伍得到优化。

四、国际对比分析

芬兰阿尔托大学实施的“学术休假年”制度，为提升教师产业技术转化能力提供了特别而有效的途径，给我国高校数字化师资队伍建设提供了很多启发。

在“学术休假年”制度之下，教师每5年可以到企业全职工作1年。在企业里，教师能深入企业的第一线，全方位了解行业的最新技术发展状况、实际的生产流程以及市场的需求情况。教师在企业工作期间，会参与企业的实际项目研发和经营管理工作，将自身的学术知识与企业的实际操作融合起来，积累大量的实际工作经验。以计算机科学领域的教师到一家专门从事人工智能技术研发的企业为例，他们可以参与该企业的AI项目，如开发智能语音识别系统、改进图像识别算法等。在项目操作过程中，教师可以把握最新的AI技术应用情况，同时了解企业在项目开展期间遇到的技术难题和市场挑战。这有利于教师日后在教学和研究时提供更多的实际案例和问题导向。

教师回到国内之后，要上交产业技术转化方案，这种需求推动教师把在企业里得到的经验和技能转变成可以在教学和研究方面应用的东西，教师可以把企业在项目中碰到的实际案例加进课程教学里，让教学内容更贴近实际，激起学生的学习热情和创新想法。在人工智能课程教学中，教师可以讲述自己在企业参与AI项目的时候碰到的实际问题及其解决办法，带领学生用所学的知识去剖析和解决问题，从而提高学生的实际操作能力以及解决实际问题的能力。教师还可以根据企业实践开展科研项目，把企业的技术需求变成科研课题，让学术研究和产业需求紧密联系起来，通过申请科研项目解决企业在AI技术应用中的重要问题，把科研成果变成实际应用，给企业带来价值，自己也能提高科研水平，扩大社会影响。

芬兰阿尔托大学的“学术休假年”制度给我国高校带来启发。我国高校要同企业展开密切合作，给教师提供更多实践的机会，促使教师深入企业内部，掌握产业发展情况，提升自身的实践水平，建立健全教师实际操作成果转化机制，将教师到企业实践的经历和成果融入绩效评价和职称评定体系中，激发教师投身于产业技术转化的积极性，助力高校构建数智化师资队伍并提升人才培养水平。

第三节 产学研协同机制的价值共创

一、理论阐释

（一）价值共创理论

价值共创理论以“服务主导逻辑”为出发点，对高校知识生产与企业价值实现的耦合路径进行了重新构建。传统的“产品主导逻辑”强调以产品为中心，企业是价值创造的主体，通过产品生产和销售向消费者传递价值。“服务主导逻辑”则认为价值是企业与顾客（在产学研协同的情境中可以拓展到高校、企业、学生等）共同创造的，知识/服务是价值创造的要素。

高校数智化创新创业人才的产学研协同进程中，高校凭借自身雄厚的学术资源、前沿的科研成果和专业的人才储备，成为知识生产的源头。高校开展基础研究、应用研究等科研活动，不断探索数智化领域的新知识和技术，为企业创新发展提供理论依据和技术支持。企业依托对市场需求的敏锐洞察、丰富的实践经验和强大的生产运营能力，将高校的知识成果转化为实际的产品和服务，实现价值的市场转化。以人工智能领域的产学研合作为例，高校的科研团队对人工智能算法和模型进行深入研究，取得创新性成果，开发出新的图像识别算法或自然语言处理模型。企业把这些成果运用到实际的生产运营环节中，依靠自身具备的工程化能力和市场渠道，把它们转化成有市场竞争力的产品，如智能安防系统、智能客服软件等，从而满足市场需求，获取商业价值。在这个过程中，高校和企业不再只是单纯的知识单向输出和输入的关系，而是相互协作、一起创造价值的合作伙伴关系。

学生作为产学研协同的重要参与者，在价值共创过程中也起到独特的推动作用。学生参与企业项目实践与创新创业活动，应用所学知识，给企业带来全新的思路与创意，同时在项目中获得经验，提高自身能力，实现个人价值。例如，学生参与企业的数智化产品研发项目，提出新的用户体验设计理念或优化算法建议，为产品创新与完善作出贡献。同时，也在项目中了解企业的运作流程与行业最新技术，为今后的工作打下基础。高校、企业和学生三者共同协作，形成知识生产、技术转化、价值实现的良性循环，达成产学研协同的价值共创。

（二）博弈论应用

产学研协同的过程中，高校、企业、科研机构等各方在合作中有着复杂的利益关系与决策互动，利益分配冲突是影响合作稳定性和效率的重要因素。夏普利（Shapley）值模型是博弈论中的关键工具，为解决此类问题提供了有效的量化分析手段。

夏普利值模型的基本原理是根据每个参与方对联盟总收益的边际贡献来分配收益。在产学研合作联盟中，高校、企业和科研机构分别作为参与方A、B、C，联盟的总收益为$v(A, B, C)$，高校A加入联盟时，对联盟收益的边际贡献为$v(A, B, C)-v(B, C)$，即高校加入后联盟收益的增加量；同理，企业B的边际贡献为$v(A, B, C)-v(A, C)$，科研机构C的边际贡献为$v(A, B, C)-v(A, B)$。夏普利值模型通过计算每个参与方在所有可能联盟组合中的边际贡献的平均值，以此来决定每个参与方在总收益中的分配比例。

具体计算时需要考虑所有的联盟组合顺序，例如，高校A先加入，企业B再加入，科研机构C最后加入；或者企业B先加入，高校A再加入，科研机构C最后加入等不同情形，对于每一种情形都要计算各参与方的边际贡献，然后对所有情形的边际贡献求平均值，得到各参与方的夏普利值。假设在某个产学研合作项目中，高校、企业和科研机构合作开发一款数智化医疗设备，若高校独自开展相关研究，则收益为$v(A)=100$；企业独自进行市场推广，收益为$v(B)=150$；科研机构独自进行技术研发，收益为$v(C)=120$。当高校与企业合作时，收益为$v(A, B)=300$；高校与科研机构合作时，收益为$v(A, C)=280$；企业与科研机构合作时，收益为$v(B, C)=320$；当三方合作时，收益为$v(A, B, C)=500$。通过计算不同联盟组合下各方的边际贡献并求平均值得到高校、企业和科研机构的夏普利值，进而得到高校、企业以及科研机构在500万元总收益中应分得的比例。

利用夏普利值模型来量化三方贡献度，可以有效地化解利益分配冲突，避免传统分配方式中出现的平均主义或者简单地按照投入比例分配的不合理之处，让各方的收益与自己的贡献相符，从而提高各方参与产学研合作的积极性和主动性，保证合作的公平性、稳定性，推动产学研协同创新的可持续发展。

二、实施路径

（一）深圳模式

深圳模式在产学研协同创新方面有着先发优势和丰富经验，通过不断升级，进一步提升产学研协同创新的水平和效率。“三向绿灯”评审体系是深圳模式升级的重要举措，从多方面对产学研合作项目进行严格筛选，确保项目具有可行性和价值性。

技术可行性被列为评审的第一准则，项目须在技术上具有达成的可能性并处在领先地位，项目涉及的数智化技术要达到行业顶尖水平，具备创新性及独特性，可处理行业里的重大技术问题。以人工智能用于医疗影像判断的项目为例，需考量其采用的算法是否先进，是否可以精准识别各种病症特征，跟现有技术相较是否具备更高的准确性和效率。市场价值属于评判项目商业潜力的一项重要指标，项目应该存在明确的市场需求并且拥有宽广的市场发展空间，能给企业带来可观的经济收益，通过市场调研和剖析，针对项目产品或者服务的市场范围、市场增长速度、竞争优势等方面进行评定。如一款基于大数据分析的智能营销系统项目，需分析其在市场上的竞争力，是否能满足企业精准营销的需求，预计的市场占有率和盈利情况等。教育适配度是指项目对高校人才培养的推动作用，要求项目要能与高校教学目标和课程体系紧密结合，为学生提供实践机会和学习资源，培养学生创新创业能力。项目要有合理的实践环节和学习任务，让学生在项目中运用所学知识，提高其解决实际问题的能力。只有技术可行、市场可行、教育可行的项目才能获得“三向绿灯”，进入产学研合作实施阶段。

“3+1+1”培养制是深圳模式升级在人才培养方面的创新，给学生提供了系统化的实践和创业锻炼机会。学生在校学习3年期间，接受全面的专业知识教育，打牢理论根基。学校按照数智化创新创业人才培养目标，安排系统化的课程体系，包含数智技术基础课程、Python编程、数据库原理等，还有创新创业相关课程，如创业管理、创新思维训练等。通过课堂教学、实验教学、课程设计等环节，学生可以掌握数智技术的基本原理和应用方法，培育创新思维和团队协作能力。

在第4年，学生到企业实习1年，将把在学校学到的知识应用到工作中。企业根据自身的业务需求和项目安排，为学生提供真实的工作环境和任务。学生参与企业的数智化项目开发、数据分析、市场调研等工作，在工作中了解行业动态和企业运作方式，提升实践能力，增强职业素养。例如，学生参与企业的智能物流系统改善项目，通过实地考察和数据分析，提出改善方案。在工作过程中，学生学会物流数据分析、系统改善等技能。在企业实践期间，企业导师对每位学生进行一对一指导，帮助学生解决实践过程中遇到的问题，引导学生将理论知识与实践相结合。

第5年，学生开始创业孵化，运用在企业实践中学到的经验和资源进行创新创业，学校和企业给学生提供创业场地、资金支持、导师指导等孵化服务，学生自己组建创业队伍，选好创业项目，撰写商业计划书，进行市场推广，做产品开发。学校设立创业基金，对好的创业项目给予资金支持，并邀请创业成功的企业家和投资人给学生创业指导，帮他们找资源，通过创业孵化，学生的创新成果变成真正的商业项目，锻炼创业本领，学习怎么开拓市场，从学生转变成创业者。

（二）利益分配创新

产学研协同创新时，合理的利益分配机制是保证各方积极性及合作稳定性的关键。动态调整模型需全面考虑多种因素，做到利益分配的公平性和灵活性。

基础分配比例是动态调整模型的基础，高校、企业、团队分别得到30%、30%、40%的收益，这个比例依照各方在产学研合作中的基本贡献来确定：高校依靠自身知识更新和人才培育的优势，给予项目理论支撑和人才储备，获得30%的收益，用作科研工作和人才培育；企业投入资金、设备、市场资源，承担项目产业化、市场推广的风险，得到30%的收益，以回报企业的投资和经营成本；团队是项目的直接执行方，付出很多脑力和体力劳动，得到40%的收益，从而促使团队成员积极投身项目工作。

调整系数是根据技术转化周期等设置的，目的是进一步推动各方更积极地合作，加快创新成果转化为产品或服务的速度。当技术转化周期≤2年时，表明该项目能迅速把技术转化成产品或者服务，为企业带来快速的经济效益，此时企业收益占比增加10%，即企业收益比例提升到40%，因为企业在技术转化过程中起到了重要作用，凭借高效的生产能力和市场推广能力，很快就能将创新成果推向市场，应该给予企业更多的收益回报，而高校和团队的收益比例则相应调整为25%和35%。当技术转化周期较长的时候，高校在基础研究和技术研发方面持续投入和付出就显得越发重要，此时高校的收益比例可以适度上调，从而鼓励高校做更多研究和技术创新。借助这种动态调整机制，可以根据项目实际状况以及各方贡献的变化，灵活调整利益分配比例，使得利益分配更为公正合理，进而调动各方合作的积极性和创新活力。

（三）德国模式本土化

德国在产学研合作上有着成熟的经验，其“预研基金池”的模式给我国带来启示。构建“预研基金池”，目的在于汇集各方资金，为高校的科研项目提供前期研发扶持，推动科研成果转化为现实生产力。

“预研基金池”里的资金主要来源于企业按照营收的0.5%缴纳的资金，这样的规定使得企业可以参与到高校的科研活动中，从而为科研项目提供资金支持。企业缴纳资金之后，既可以助力高校的科研工作，又能够提前了解科研成果，为自身的技术创新以及产品更新换代带来潜在的机会。高校通过竞标来获取研发资金，这种方式引入了竞争机制，从而提高了资金的利用效率。高校想要获得资金，就得递交详尽的科研项目计划书，包含研究目的、研究内容、预期成果、研究团队等信息。评审机构按照项目的创新性、可行性、应用前景等因素展开综合评判，选取具有较高研究价值和应用前景的项目予以资金扶持。比如，就人工智能在智能制造领域的应用研究项目而言，评审机构会评判该项目的研究内容是否具有创新性，能否解决智能制造的关键问题，预期成果是否具备实用价值等。通过竞标获取资金，高校必须不断提升自身的科研水平和项目质量，才能得到更多的资金扶持，进而推动高校科研水平的进步以及科研成果的转化。

“预研基金池”模式还能促使高校与企业展开合作与交流。企业在投入资金时，会关注高校的科研动态和成果，与高校形成更为密切的联系。高校在申请资金并执行项目时，也会积极与企业交流，了解企业的技术需求和市场行情，使科研项目更具目的性和实用性。通过这种方式，实现了高校科研与企业需求的对接，推动了产学研协同创新的深化发展。

三、案例分析

以哈尔滨工业大学龙江工程师学院与中国航天科工集团有限公司的协作作为典型案例，细致探究国内产学研协同创新项目在技术转移和人才培育方面所取得的成果。龙江工程师学院是哈尔滨工业大学推动产学研深度融合的核心场所，依靠哈尔滨工业大学在航天、机械、电子等学科上的强大科研实力以及人力资源，与航天科工集团形成了密切的合作关系。

技术转化方面，双方就航天领域关键技术难题展开联合攻关，取得诸多突破性成果。针对航天飞行器轻量化设计制造技术，学院与航天科工集团科研团队密切合作，利用先进材料科学、结构力学以及智能制造技术，研制出新型轻质高强度复合材料及其制造工艺。该技术应用于航天飞行器时，不仅减轻了飞行器重量，提升了飞行器性能与可靠性，而且降低了生产成本。这项成果不但在航天领域有重大应用价值，而且为其他高端装备制造业的轻量化发展提供了技术参考，实现了航天技术向民用领域的转化，推动了相关产业技术升级。产学研合作加速了高校科研成果的转化，为企业带来了巨大的经济效益，同时也增强了我国在航天领域的技术竞争力。

人才培养上，龙江工程师学院同航天科工集团联合开展“订单式”人才培养，依照企业实际需求来制订人才培养计划。学院开设很多有关航天工程的专业课和实践教学环节，还请航天科工集团有经验的工程师和技术专家担任兼职教师，参与到课程教学和实践指导中。学生在学习期间，既能学到扎实的理论知识，又能通过参与企业实际项目积累不少实际操作的经验，从而提升解决实际问题的能力。学院与航天科工集团联手创建不少实习实训基地，给学生提供很好的实践场所。学生在实习实训时，了解航天企业的生产流程、技术标准以及管理模式，塑造职业素养和团队合作精神。通过统计得知，该学院培育的学生毕业后可快速适应航天企业的岗位，成为企业的技术骨干和创新人才，为我国航天事业的发展提供有力的人才支撑。产学研协同创新，促使高校的人才培育同企业的人才需求达成精准对接，提升高校的人才培育质量，为航天领域持续发展增添新的动力。

四、国际对比分析

日本“超智能社会（Society 5.0）”计划中东芝与早稻田大学共建“社会创新联合研究院”案例，体现了独特的产学研合作模式和强有力的政策支持。

从合作模式上看，东芝是全球知名的科技企业，具备丰富的技术研发经验、先进的生产制造能力以及广泛的市场渠道；早稻田大学属于日本一流学府，在科研创新、人才培养等方面有着明显优势。双方创建的“社会创新联合研究院”能充分发挥各自资源的优势，做到互补合作。该研究院重点开展社会创新领域的前沿技术研究与应用开发工作，包括人工智能在医疗、交通、能源等领域的创新应用，以及大数据推动城市管理和社会服务改进等。在研究过程中，企业同高校的科研人员密切配合，一起开展项目研究和技术攻关。企业技术人员依靠自己对市场需求的敏锐洞察力以及实际应用经验，给研究赋予明确的方向并给予操作上的指导；而高校科研人员凭借深厚的学术知识和创新思维能力，为项目提供理论上的支撑和技术上的更新。通过这样一种紧密合作的形式，做到科研成果迅速转化并加以应用，进而推动社会创新发展。

政策扶持上，日本政府为推动产学研合作，制定了许多优惠政策，在“超智能社会（Society 5.0）”计划中，针对参与产学研合作的企业给予很高的研发投入抵税优惠。东芝与早稻田大学展开合作时，其研发投入抵税比例达到150%。这样的政策很大程度上调动了企业投身产学研合作的热情，降低了企业的研发费用，提高了企业的创新能力。政府也成立了专门的基金，为产学研合作项目提供资金援助，从而给研究机构的研究工作提供足够的资金保证。人才培育上，政府提倡高校和企业联合培育人才，给学生提供实习、就业机会，促使人才合理流动，优化配置。通过这些政策扶持，为产学研合作营造良好的政策环境，从而推进日本“超智能社会（Society 5.0）”计划的顺利开展，提升日本在全球科技竞争中的地位。

第四节　可持续发展生态的路径培育

一、理论阐释

（一）复杂适应系统理论

复杂适应系统理论（complex adaptive systems theory，CAS），是美国学者约翰·霍兰德（John Holland）于1994年正式提出的“21世纪的新科学”和“第三代系统思想”。该理论认为系统演化的力量来源于系统自身，系统内微观主体之间的相互作用导致了宏观的复杂现象。在高校数智化创新创业人才培养生态中，我们可以将其视为一个CAS系统。

高校、企业、学生、科研机构等形成了该系统中的适应主体，这些主体具有主动性和适应性，可以依照环境改变以及自身需求不断调节自身行为及策略。高校属于知识更新和人才培育的主要主体，会按照市场需求以及行业发展情况来调整专业设置、课程体系以及教学方式。当人工智能技术变成热门话题时，高校便会创建有关专业和课程，并采用新的研究成果和应用实例去培养学生在这个领域的创新能力和实践能力。企业作为市场主体，会遵照自身发展规划和技术需求与高校展开合作，加入人才培养中，提供实践机会和项目资源。企业也可同高校一起创建实验室或者研发中心，共同开展科研项目，把高校的科研成果转化为真正的生产力。

系统中的主体之间存在非线性相互作用，这种相互作用不是简单的因果关系，而是相互影响、相互适应的过程。高校与企业之间也不是简单的知识输出与输入，而是一种双向的互动与合作。高校可以为企业的技术创新提供技术支持和人才储备，企业也可以为高校提供实践平台和市场需求信息，双方在合作中相互学习、相互促进，共同推动数字化创新创业人才培养。学生在参与企业项目实践和创新创业活动时，与高校教师、企业导师以及其他学生之间也会产生复杂的互动关系。学生可以通过与他人的合作与交流获得不同的知识与经验，开阔视野，提高创新能力和团队协作能力。

数智化创新创业人才培养生态具有自组织与涌现性特点。自组织是指系统在没有外在指令时，自身就能组织并协调内部各部分行为，从而形成有序的结构和功能。在此生态下，各主体自发开展合作与竞争，逐渐形成稳定的合作模式与创新机制。高校、企业及科研机构间的合作网络持续改进，营造出产学研协同创新的良好氛围。涌现性是指系统在宏观层面会涌现出新性质、结构和功能，这些特性不能从单个主体行为中直接推断出来。伴随着数智化创新创业人才培养生态的发展，可能会出现一些新的创新创业模式、产业业态或创新成果。共享经济模式的出现，就是在数字技术的支持下，市场主体之间通过创新合作、资源共享所涌现出来的一种新的经济模式。这些涌现出来的现象，一方面将推动数智化创新创业人才培养生态的发展，另一方面也将为经济社会的发展带来新的发展机遇。

（二）制度同构理论

制度同构理论认为，在一定环境下的不同组织制度会趋于一致。制度同构包括强制同构、模仿同构、规范同构三种机制。在高校数智化创新创业人才培养中，国际先进模式对我国教育制度变迁有全方位的影响。

在国际教育交流合作越发频繁之际，一些国际组织和发达国家所制定的教育标准及规范给我国高校带来了强制性的影响，比如联合国教科文组织有关高等教育国际化的指导性文件，某些发达国家在数字化教育、创新创业教育领域的政策法规，这些都会使我国高校在人才培育目标、课程设置、教学评估等方面作出调整并进行创新，从而适应国际标准和规范。我国高校在开展数字化创新创业人才培育时，可能会参照国际上先进的课程体系和教学方法，采用国际认证标准，以此来优化人才培育的质量并提升其国际竞争力。

模仿同构指的是组织为了获得合法性并提升自身竞争力，而模仿其他成功的组织的制度与行为。我国高校在数智化创新创业人才培养方面，积极模仿国外先进模式。美国斯坦福大学在创新创业教育方面取得了丰硕成果，其独有的课程体系、创业孵化模式以及产学研合作模式都是我国高校学习的榜样。我国众多高校纷纷设立创新创业学院，开设创新创业课程，搭建创业孵化平台，借鉴斯坦福大学的经验，加强与企业合作，推动创新创业教育发展。欧洲一些高校在数智化教育方面取得的成功经验，如芬兰阿尔托大学实行的“学术休假年”制度，促使教师到企业开展实践工作，从而提升教师的产业技术转化能力。这也被我国高校所关注，并予以模仿学习。我国高校模仿这些先进的做法来不断改进自身的人才培养系统，从而提升数智化创新创业人才的培养水平。

规范同构指的是组织受专业规范、行业标准、社会价值观等因素影响而改变自身制度与行为。在数智化时代，全球对于数智化创新创业人才的需求与期望趋于一致，形成了某些共同的专业规范和行业标准，这些规范和标准会对我国高校教育制度产生规范同构的压力。在数智技术方面，国际上对人工智能、大数据等专业人才的能力要求及知识结构有一定共识。我国高校在制定相关专业人才培养方案时会参照这些国际上达成的共识来对课程安排以及教学内容进行修改，以此培养出符合国际水准的数智化创新创业人才。而社会对创新创业精神、创新能力以及社会责任的重视同样推动着我国高校在人才培养过程中将创新创业教育与素质教育结合起来，从而培养出具有创新精神和社会责任意识的人才。

二、实施路径

（一）动态评价体系

在数智化时代背景下，区块链技术具有去中心化、不可篡改、可追溯等特点，为高校数字化创新创业人才培养的动态评价体系构建提供新的解决思路和方案。建立“学习经历—项目成果—企业评价”的三维档案，实现学生评价数据的全面性、真实性和可靠性。

学习经历方面，学生的每一门课程的学习情况都会及时记录到区块链中，包括课堂表现、作业完成情况、考试成绩等信息。以在线课程为例，学生的登录时间、学习时长、参与讨论的次数及其质量等数据，通过区块链的分布式账本技术可以精准地予以记载，从而形成不可篡改的学习历程。这样的学习历程一方面给教师全方位了解学生的学习进程提供了依据，另一方面也给学生日后的学业发展规划以及职业发展规划提供了详尽的参照。项目成果方面，学生所参与的各种类型的创新创业项目，从项目筹划开始一直到最后成果展示为止，全部在区块链上记录并加以验证。项目的创意来源、团队成员的分工情况、技术创新的重点、市场推广的状况等信息，都会通过智能合约的形式被固定下来，这样做的目的是保证项目成果的真实性和新颖性。等到学生完成有关人工智能技术的创新创业项目后，项目的代码、实验数据、市场调研报告等成果将被存放在区块链上。他人可通过区块链浏览器查阅并验证，为项目评价和宣传提供支持。

企业评价属于学生评价的重要组成部分。利用区块链技术，企业针对学生实习、实践项目表现的评价可以客观、准确地反馈给高校。企业导师对学生工作态度、专业技能、团队合作能力等方面的评价，会被记录在区块链上，形成学生的企业评价档案。这些评价数据既可为高校教学改进提供方向引导，也可给学生能力提升提供参照依据。

智能合约在动态评价体系里担当着核心角色，通过设置自动触发机制，实现评价的智能化和自动化。当学生累计完成3个企业项目的时候，智能合约就会自动检测并触发打开高级课程权限的操作，这促使学生踊跃投入企业项目练习，提升自身能力，而且给高校教学管理带来方便。智能合约可以凭借学生的学习成绩、项目成果、企业评价等多方面数据，自动生成综合评价报告，从而给学生的奖学金评定、荣誉授予等提供客观准则。在奖学金评定过程中，智能合约依照既定评定标准，对学生的各项数据展开分析、运算，自动挑选出符合评定标准的学生，优化评定的公正性和速度。

（二）创业飞地升级

“校内培育-加速器对接-产业园区落地”的三级跳运营模式，为高校数智化创新创业人才培养提供了全链条的支持，促进了创新创业项目快速成长、落地生根。

校内培育期间，高校凭借自身教育资源优势，给学生创建创新创业教育和操作平台，设置了诸如“创新思维训练”“创业根基”等创新创业课程，意在塑造学生的创新思维和创业观念，通过案例剖析、模拟创业等教学手段来激发学生的创业激情。高校设立创业孵化基地，给予学生创业场所、设施以及资金扶持，学生能够在孵化基地里创建自己的创业队伍，展开项目开发、市场调研等活动。

加速器对接阶段是创业项目从校内走向市场的重要过渡环节，加速器给创业项目提供专业化服务与资源，从而促使创业项目快速成长并完善。加速器针对入驻的创业项目展开挑选，选取具备市场潜力与创新能力的创业项目，向创业项目给予资金、技术、人才等方面的支撑。在资金方面，引入风险投资、天使投资等，给创业项目的发展提供资金动力。在技术方面，同科研机构、企业展开合作，给创业项目提供技术支持与解决办法。在人才方面，帮助项目团队招募优秀的技术及经营人才，优化团队综合水平。加速器也会举办各种培训和交流活动，比如创业培训、行业研讨会、项目路演等，从而助力项目团队改进创业能力和市场竞争力。某个加速器曾组织创业项目参加行业研讨会，期间邀请了行业专家以及企业代表参与，项目团队能够在研讨会上了解行业最新消息和市场需求情况，并同专家、企业代表展开交流合作，拓展业务途径。

产业园区落地是创业项目实现商业化的关键阶段，产业园区给创业项目提供完备的产业配套及政策扶持，促使项目达成规模化生产并拓展市场。产业园区有着完备的基础设施，包含厂房、仓库、物流配送等，这些给项目的生产与运作提供保障。产业园区制定出一系列优惠政策，如税收减免、租金补助、人才引进政策等，削减项目的运作开支，促使项目入驻。产业园区内的企业之间可以形成产业集群效应，企业之间可以进行合作交流，实现资源共享和优势互补。在以智能制造为主题的产业园区内，生产智能设备的企业、提供零部件的企业、从事技术研发的企业等相互配合，形成完整的产业链，从而提高产业园区的整体竞争力。

（三）参考国际生态

以色列“技术军种”模式是一种独具特色的创新创业生态模式，给高校数智化创新创业人才培育提供了新的思路与参照，将学生创业项目与国防科技需求对接，既能为国防科技发展注入创新动力，也能为学生创业项目开拓广阔的应用场景和发展空间。

以色列“技术军种”模式，依靠自身强大的国防科技体系，培养出大批具有创新能力与实践经验的科技人才。在以色列，很多年轻人在军队里接受严格的军事技术和创新思维训练，并参与到国防科技项目的研究和实践中去。这些经历使他们积累了大量的技术经验和创新能力，为将来创业打下了良好基础。以色列“技术军种”模式催生出了许多初创公司，如在铁穹导弹防御系统研发期间所用到的通信、雷达、控制等方面的技术，就吸引了大量相关领域的专业人士。这些人才离开军队之后，依靠在军队里学到的技术和经验，创办了30家初创企业。这些企业的业务范围包含人工智能、大数据、通信技术等众多领域。在这些初创企业的发展过程中，一直与国防科技领域保持着密切的合作关系，将先进的技术应用到国防和民用领域，实现技术的双向转化和创新发展。

在我国高校数智化创新创业人才培养中适当引入“技术军种”模式有重要的现实意义。一方面，国防科技领域对创新技术的需求量大，像人工智能在军事指挥决策中的应用、大数据在情报分析中的应用等，将学生创业项目和国防科技需求对接起来，可以发挥学生的创新思维和技术能力，给国防科技发展带来新的想法和解决办法。另一方面，国防科技领域的资源和平台，比如先进的科研设备、丰富的实验数据、专业的技术团队等，都能给学生创业项目提供有力的支撑。学生可以在与国防科技机构的合作中提升自己的技术水平和创新能力，从而快速推动创业项目的发展。

三、案例分析

美国NSF I-Corps计划是由美国国家科学基金会（NSF）发起的一个沉浸式创业培训项目，旨在促进发明向实际应用转化。该计划在科研成果转化和创新创业人才培养方面取得了显著成效，它将市场验证融入学术评价体系的做法，给我国提供了重要的启示。

NSF I-Corps计划要求全部受资助团队要做到100次客户访谈，这样做目的在于推动团队去熟悉市场需求情况，保证科研成果具有实用性。在执行访谈期间，团队成员同潜在客户、行业专家、合作伙伴等多方人士开展交谈，从而搜集到来自市场的看法及建议。通过这些访谈，团队可以准确地掌握市场中的痛点以及需求点，进而针对科研项目做出有的放矢的改进措施。比如某个开发新型医疗设备的团队参加NSF I-Corps计划的时候，经过跟医生、病人、医疗器械经销商等实施100次客户访谈之后，了解到当下医疗设备在操作便利性、成本把控等方面存在不足。依靠这些反馈信息，该团队便着手改善设备的设计并更新其功能，使得设备更为符合市场需求，增强了产品在市场上的竞争力。

把市场验证纳入学术评价体系，改变了传统学术评价过于重视理论研究和论文发表的情况，促使科研人员关注科研成果的实际应用和社会价值。在传统的学术评价体系中，科研人员常常关注论文的发表数量和影响因子，却忽略了科研成果的市场转化。NSF I-Corps计划把市场验证当作学术评价的关键指标，促使科研人员在开展科研项目的时候，从市场需求出发，重视技术的实用性和可转化性，这既提升了科研成果的质量和应用价值，又培育了科研人员的市场意识和创新创业能力。参加这个计划的科研人员在执行市场验证的时候，学会怎样把科研成果同市场需求相融合、怎样展开商业筹划、怎样开展市场推广，为以后的创新创业打下了牢固的基础。

对于我国高校数智化创新创业人才培养，可以借鉴NSF I-Corps计划的做法，加强市场需求调研，将市场验证融入人才培养过程之中。高校可支持学生在创新创业项目里做市场调研，同企业、行业专家等展开交流，了解市场需求及行业动态。在课程设置方面，增设市场调研、商业策划等课程，提升学生的市场意识和商业思维。把市场验证的结果纳入学生的学业评定和项目评定体系中，激发学生关注项目的市场可行性和实际应用价值。在评定学生的数智化创新创业项目时，不仅要考察项目的技术创新水平，还要考察项目的市场调研状况、商业计划书的合理性、市场验证结果等，全方位提升学生的创新创业能力。

第五章

数智化创新创业人才培养的实践探索

在全球新一轮科技革命和产业变革的大潮中，数字智能技术以前所未有的速度渗透到各行各业，对经济社会发展方式和人们生活方式产生着深刻的影响。大数据、人工智能、云计算、区块链等前沿技术对传统产业进行改造的同时，也催生了大量新业态，对数智化创新创业人才提出了新的、迫切的需求。高校是知识创新和人才培养的重要阵地，培养高素质数字化创新创业人才，服务社会经济发展，是高校义不容辞的责任。高校人才培养模式的变革与创新已经迫在眉睫。

传统的创新创业教育在数智时代遭遇诸多严峻考验。在教学方法上，以课堂讲授为主的方式很难满足学生对于实践操作以及创新思维培养的需求，从而导致理论与实践严重脱节。从课程设置角度来看，内容陈旧，缺少跨学科融合，不能涵盖数智技术带来的新领域、新趋势，很难培养学生解决复杂实际问题的能力。而且，实践平台建设滞后，不能为学生提供真实的数智化创新创业环境，极大制约了学生实践训练与创新能力培养。因此，积极探寻数智化创新创业人才培育的有效途径，已然成为高校教育改革的关键任务。

从理论角度出发，建构主义理论强调“情境创设”“协作学习”，数智化平台利用三维技术映射（物理空间-虚拟空间-认知空间），对学习场域进行重构，给学生带来沉浸式的学习体验，有效地推动知识的主动建构。协同创新理论中的知识势差理论表明，校企要形成“知识对流”，通过产教融合完成知识的双向流动与创新价值的产生。三螺旋理论在数智时代发展成四螺旋模型，添加了“用户社群”这一维度，重视学生创业团队与用户社群的密切联系，进而加快产品更新换代和创新成果的转化。生态系统理论重视边缘效应，也就是跨界节点（比如科技大市场、概念验证中心），最容易引发创新，这给高校创新创业生态系统的改善提供了坚实的理论基础。

在实践方面，国内外许多高校、教育机构也都在积极地探索。上海交通大学“智能制造数字孪生实验室”采用“5G+边缘计算”的技术架构，实现毫秒级响应。学生可以在虚拟环境中进行工业产线调试操作，大大提高了实践教学的效率和质量。阿里云天池计划设立“入门赛-挑战赛-全球总决赛”三级竞赛体系，吸引了大量高校团队参与。优秀选手可以通过“绿色通道”进入阿里巴巴达摩院，真正实现了人才培养与企业需求的对接。麻省理工学院设置“技术可行性验证-原型开发-市场测试”三阶段孵化流程，成功孵化了QuEra公司研发的中性原子量子计算机等一批具有重大影响的创新项目。

本章将探究数智化创新创业人才培养的理论根基，全面论述数智化实践教学平台创建、产教融合协同育人模式探寻、成果转化应用途径更新设计以及创新创业生态系统改善增效这些重要环节的执行路径和策略，并借助案例和国际比较，为高校数智化创新创业人才培养提供具有操作指导意义的参照方案，从而促使高校培育出符合数智时代发展需求的高素质创新创业人才。

第一节　数智化实践教学平台的建设

一、理论阐释

（一）建构主义理论

建构主义理论认为，知识不是通过教师传授得到的，而是学习者在一定的情境即社会文化背景下，借助他人的帮助，利用必要的学习资料，通过意义建构的方式获得的。建构主义强调“情境创设”和“协作学习”的重要性，为高校数智化实践教学平台的建设提供理论支持。

以“情境创设”角度为例，建构主义认为学习环境里的情境一定要有益于学生对所学内容进行意义建构。传统教学环境缺少真实感和互动性，很难有效地引发学生的学习兴趣和主动性，但数智化实践教学平台可以利用虚拟现实（VR）、增强现实（AR）、数字孪生这些先进科技，创造出非常逼真的学习情境，把抽象的知识变成具体、可感知的场景，就像置身其中一样，更好地帮助学生理解并掌握知识。以工程类专业教学举例，依靠数智化平台创建虚拟工厂生产线，学生就可以直接看到生产流程、设备运行状况等，更好地领悟工程原理和实际操作方法，这就比单纯课堂讲解更加吸引人、有效果。

“协作学习”也是建构主义理论的关键部分。在数智化操作教学平台上，学生可以突破时间和空间的局限，同来自不同地方、有着各种背景的同学一起组成学习小组，一同去执行项目任务。在协作期间，学生通过交流、探讨、分工协作等方式来交换各自的看法和经验，互相激发灵感，一起解决碰到的难题。这样一种协作学习模式既能够培养学生的团队合作意识和交流能力，又能促使知识得以共享并产生更新，让学生在彼此的学习过程中不断优化自己的综合素养。比如在计算机编程课上，学生们会在数智化平台上共同开发软件项目，每个人承担不同的模块，利用在线协作工具开展代码交流及调试工作，直至最后成功完成项目。

（二）数智化平台的学习场域重构

数智化平台依托建构主义理论，通过三维技术映射，做到了物理空间—虚拟空间—认知空间的重塑，给学生营造出全新的学习场域。以数字孪生系统为例，它能即时映射工业产线的状况，把真实的物理空间信息精确地复制到虚拟空间中。

在虚拟空间里面，学生可以随意展开各种操作，如调试设备参数、模拟生产流程等，而且数字孪生系统会自动评估学生的操作危险性，形成详尽的学习报告，从而给予学生及时的反馈和指引。

在此期间，学生先通过观察虚拟空间里的工业生产线，对实际生产流程产生初步认识，这是“感知”阶段；然后在虚拟环境下执行操作，将学到的理论知识用于实践，亲自感受生产流程的各个环节，此乃“操作”阶段；之后再按照系统给出的学习报告，对自己的操作进行反思，从中吸取经验教训，找出自己存在的不足，从而改进学习方法，这就是“反思”阶段。依靠这种“感知-操作-反思”循环，学生可以持续加深对知识的领悟并巩固所学，提升自己的动手操作水平以及处理问题的能力。比如在智能制造专业的实践教学中，学生使用数字孪生系统对汽车生产线进行模拟操作，系统会及时提醒学生操作是否正确。当出现错误时，系统会指出错误原因并提出改进意见。学生结束操作后，系统生成的学习报告能清楚地反映出学生的操作轨迹、存在的问题以及改进方向，帮助学生更好地反思自己的学习情况，实现知识的有效建构。

二、实施路径

（一）虚拟仿真实验室

虚拟仿真实验室是数智化实践教学平台的重要组成部分，其技术架构和课程设计对培养学生的实践能力与创新思维起着决定性作用。

技术架构上，“5G+边缘计算”组合模式可以实现毫秒级响应，给学生带来近乎实时的交互感受。5G网络高速率、低时延、大连接的特性，保证数据快速传输。边缘计算把计算任务下沉到靠近数据源的边缘节点，缩短数据在网络中的传输距离和时间，进一步减少时延。上海交通大学“智能制造数字孪生实验室”利用工业机器人实时数据流，学生可以在虚拟环境中对机器人进行操作和调试，就像身临其境于真实的生产车间。通过运用“5G+边缘计算”技术，系统可以迅速响应用户的操作指令，实时反馈机器人的运行状态，便于学生及时调整操作策略，从而提高实践教学的效率和质量。

在课程设计上，虚拟仿真实验室通常会被划分成基础认知、进阶训练以及综合实战这三个不同的阶段。基础认知阶段，大多依靠VR设备来展开操作，从而让学生对虚拟环境的基本操作以及互动方法有个大致的认识，并了解与之相关的专业知识以及技能的一些基本概念。以工程类专业的基础认知课程为例，学生们可以戴上VR头盔，走进虚拟的工程场景里，看到各种工程设备的样子、构造还有运作原理，学会使用虚拟工具完成像打开、关闭设备，调节参数这样的简单动作，这个阶段的学习就是要引起学生们的学习兴趣，给后面的进阶训练打好基础。

进阶训练阶段侧重于多变量系统改良，该阶段要求学生在熟练掌握基本操作之后，针对复杂系统进行分析及改良。这一时期，学生须利用已学过的专业知识，针对虚拟环境中的多变量系统展开建模并实施仿真。通过改变各种参数，观察系统响应发生怎样的变化，进而寻找出最佳方案。以自动化专业为例，在其进阶训练课程中，学生们需要对存在诸多电机、传感器以及控制器的自动化生产线进行改良。他们应当剖析诸如电机转速、传感器灵敏度、控制器相关参数等各个变量之间的联系，并通过不断调节这些参数来实现生产线生产效率的最大化，同时保证产品质量及其稳定性。

综合实战阶段属于针对学生所掌握知识及技能的全方位考察，该阶段需要学生在全流程生产调度环境下，把各种知识和技能综合起来去解决实际问题。此阶段学生将会遭遇更为逼真和繁杂的情况，需模仿企业实际的生产流程，从原料采购开始，经过生产计划制订、生产进程监管一直到产品售卖为止，每个环节都要实施全方位的经营和调度。以物流管理这个专业为例，学生依照不一样的订单需求、库存情形以及运输资源来拟定合适的物流配送方案时，就要考虑运输路线、车辆安排、货物装卸等诸多要素，而且还要应对诸如交通堵塞、车辆故障等各类突发状况，从而保证货物能准时又安全地交到顾客手里。通过这样的综合实战训练，学生就能更好地把理论知识同实际操作结合起来，提升自己的综合素养和处理实际问题的能力。

（二）智能导师系统

智能导师系统是数智化实践教学平台的另一核心组成部分，它借助先进的算法模型和人机协同机制，为学生提供个性化的学习引导和支持。在算法模型方面，基于Transformer架构搭建的多模态互动体系已成为智能导师系统的主流。

Transformer架构具备强大的自注意力机制，结合编码器-解码器结构，能够高效处理和理解各种类型的数据，包括文本、图像、语音等，从而实现与学生的多模态互动。比如卡内基梅隆大学的OpenSimon平台，可以分析学生输入的代码及其相关问题描述，从而准确找出学生的代码错误类型，再按照错误类型给予合适的学习资料与解决办法。这个平台既能点明代码存在的语法错误和逻辑错误，又会给出细致的解释与改进建议，帮助学生加深对编程知识的认识与理解。

人机协同形成智能导师系统明显的长处，在实际应用中，人工智能承担约60%的日常问题回答工作，如基础知识点阐释、一般性问题答复等，它可以很快、很准地给学生提供服务，从而提高问题解决速度。对于那些复杂情况，则由专家执行重点指引，他们依靠自身的大量经验和专业知识，去深挖问题根源，给予学生更为具体、深刻的解决办法。以清华大学“雨课堂”为例，通过这种人工智能与专家相融合的指导形式，学生在学习期间碰到的各种问题可以得到更快更好地解决，学习效率也因此提升了40%。课程学习中，碰到简单概念性问题时，人工智能可以马上给出清晰的解释。遇到复杂编程项目或实际案例分析的时候，专家就会出现，与学生深入讨论交流，引导学生思考问题的关键之处，帮助学生找到解决问题的办法和思路。这样的人机协作方式，将人工智能与专家各自的优势发挥出来，为学生带来更全面、更优质的指导。

智能导师系统可以按照学生的学习历史和行为数据，对学生的学情和进度进行实时监测和评定，给每个学生制订出个性化的学习规划。它会依照学生的薄弱之处，有的放矢地向学生推送学习内容和练习题，助力学生补足短板，优化学习效果。智能导师系统通过与学生的互动，了解学生的学习喜好和需求，给学生推荐相关的拓展资料和学习活动，激发学生的学习热情和创新思维。

（三）跨学科协作平台

跨学科协作平台是推动数智化创新创业人才培育的重要支撑要素，它通过打通数据接口并实现数据互通，加上高效的项目管理机制，有效打破了学科间的壁垒，给跨学科团队合作提供了强有力的保障。

从数据接口角度看，通过API网关来实现跨学院系统之间的交流，如此一来，不同学科的教学资源、科研数据等就能被分享并相互作用。以麻省理工学院的微硕士项目为例，这个项目连接起了工程学院和商学院的学分互认体系，学生可以按照自己的兴趣爱好以及需求，自行挑选来自不同学院的课程去学习，真正做到知识的跨学科交融。在这个项目中，工程专业的学生能修习商业经营方面的课程，去认识市场需求以及商业运作方式，这给以后把工程技术变为实际产品或者商业应用打下稳固基础；而商学院的学生也可以学习工程技术相关的课程，了解技术发展走向及其应用场景，进而提升自己在数字时代的商业分析和决策能力。

项目管理上，采用Jira+GitLab等工具实现跨学科团队的敏捷开发模式。Jira是一款专业的项目管理工具，能帮助团队进行任务分配、进度追踪、问题管理等，确保项目各环节有序进行。GitLab是一个功能强大的代码托管和协作平台，支持多人同时进行代码开发和版本管理，极大地方便了团队成员之间的代码交流与协作。斯坦福大学2022年的跨院项目，通过运用Jira+GitLab，实现了跨学科团队的高效合作，项目平均交付时间缩短了28%。在一个涉及计算机科学、生物学与医学交叉学科的项目中，团队成员利用Jira清晰地了解自己的任务与职责，并随时跟进项目进度；依靠GitLab开展代码的分享以及合作开发，保证项目代码的品质及稳定性。项目执行期间，团队成员可随时在Jira上展开交流，迅速解决遇到的问题；在GitLab上，可以方便地查阅并修改代码，实现代码的合并与检测，有效地提高了项目的开发效率和质量。

跨学科协作平台也为学生提供了丰富多彩的实践机会和宽广的创新天地，学生可在平台上参加各种跨学科项目，与不同学科的同学一起组成团队，共同解决复杂的实际问题。在此期间，学生的视野得以拓宽，学习到不同学科的知识和方法，培养起团队协作意识和创新能力。以智能医疗设备研发的跨学科项目为例，计算机科学专业学生承担开发设备软件系统的工作，实现数据的采集、处理和分析；生物学专业学生提供生物学原理和实验数据，为设备功能设计提供依据；医学专业学生从临床应用角度出发，提出对设备的需求和改进意见。如此这般跨学科合作，学生便能各展所长，一起推动项目前进，培育出符合数字时代需求的创新能力和综合素养。

三、案例分析

（一）斯坦福d.school技术环岛

斯坦福d.school技术环岛成为数智化实践教学平台创建的优秀范例，在硬件设置和教学成果方面都有独特的优势和显著的成绩。

在硬件设施配备上，斯坦福d.School技术环岛设置了先进的设备，给学生搭建起丰富的创作资源库以及沉浸式的学习环境。Hololens2是混合现实设备，可以做到虚拟信息与现实世界融合，让学生在学习以及创作的时候做到更直接、更自然地交互。学生可以用Hololens2去做产品设计、搭建筑模型等事情，靠手势操作或者语音命令随时对自己的作品进行修改和改进，这大大激发了学生的创新意识和动手能力。formlabs 3D打印机可以把学生的创意快速变成实物模型，方便学生做原型制作和产品检验。其具备高精度、高分辨率特性，可以打印出复杂的结构、精细的细节，契合学生在不同领域的创作需求。比如在机械工程专业项目里，学生可以利用3D打印机来制作机械零件模型，执行装配及测试任务，提前发现设计中存在的问题并予以修正。而且斯坦福d.School技术环岛给予学生充裕的创作时间，允许学生每周有20小时的自由创作时光。如此充足的创作时间，让学生可以深入探究自己感兴趣的方向，尽情施展自己的创造能力，不断完善和优化个人作品。

在教学成果上，斯坦福d.School技术环岛取得了非常好的成绩。2021—2023年间，从斯坦福d.School技术环岛中走出的项目被YCombinator投资的占比达15%。而YCombinator是一家世界闻名的创业加速器，能得到它的投资足以证明这个项目具有创新意义且有很好的商业前景。智能义肢项目OpenBionics就是一个例子，它致力于研发出价格便宜但性能强大的智能义肢，利用数字化技术让义肢可以和人的神经系统相连，从而给残疾人带来更自然、更方便的肢体功能。OpenBionics项目在斯坦福d.school技术环岛的支持下，持续开展技术研发与产品迭代，其估值突破2亿美元，不仅为残障人士带来福祉，也展现了数智化实践教学平台在培育创新创业人才、推动科技成果转化方面的重要作用。这些成功实例显示，斯坦福d.school技术环岛通过提供先进硬件设施以及良好创作空间，实实在在地助力学生开展创新创业活动，提升他们的创新能力和商业意识，从而为学生将来的发展奠定稳固根基。

（二）浙江大学阿里云AI平台

浙江大学与阿里云联合打造的AI平台，在数智化实践教学平台创建方面收获颇丰，其创新性的合作形式和成功的应用实例，给高校数智化人才培育提供了宝贵的参考，极大地推动了教育与科技的融合进程。

合作模式上，浙江大学与阿里云合作，基于功能完备的阿里云PAI平台展开全面深入合作。阿里云PAI平台向外界开放超过100个预训练模型，覆盖自然语言处理、计算机视觉、机器学习等重要领域，这些模型具有广泛的应用能力，涉及自然语言处理中的文本语义理解、信息抽取；计算机视觉中的图像特征提取、场景识别；机器学习中的经典与前沿算法。学生可根据自身研究方向和项目需求，便捷地调用这些预训练模型，还可以调用达摩院的NLP、CV算法库。达摩院是阿里巴巴旗下专注于前沿技术研究的顶级科研机构，其算法库处于行业领先水平。借助这些算法库，学生可以迅速把自己的创新想法变成现实。比如说在自然语言处理方面，学生可以凭借达摩院NLP算法库，对新闻资讯、社交媒体评论、学术文献等不同类型的文本数据展开文本分类、情感分析、机器翻译等研究任务；在计算机视觉方面，学生可以依靠CV算法库对医学影像、卫星图像、工业产品检测图像等实施图像识别、目标检测、图像分割等项目操作。这样的合作方式既让学生接触到行业前沿技术，又赋予他们高效工具和资源，大大缩短了项目研发时间，提高了学生的实践效率和创新能力。

2023年，浙江大学学生团队在“城市大脑”项目中有出色表现，他们借助阿里云AI平台所提供的大量交通数据、强劲计算力以及先进算法模型来做交通流量预测模型的开发工作。这个模型采用深度学习、大数据分析这些前沿技术，深入挖掘并学习城市道路长期积累的交通数据，通过复杂算法创建起来，可以精确预测各个时段、各个路段的交通流量改变走向。经过实际检测之后，此模型的预测错误率只有3.7%，相比起传统的交通流量预测模型而言具有很大的优势，很好地体现出数智化技术在处理复杂实际问题时的强大作用。当下，这个模型已经在杭州的六个地铁站得到了推广使用，相关部门可以随时监测地铁站周边道路的交通流量状况，再加上模型给出的预测结果，就能够预先制订出科学合理的交通疏通计划，从而有效缓解交通堵塞情况，优化市民出行体验。例如，在早晚高峰时段，按照模型预测情况，交通管理部门能够迅速调整信号灯时长，动态安排各个方向的通行时间，从而指引车辆按序行驶，并通过交通广播、手机APP等途径即时公布交通信息，促使市民合理规划出行线路。此典型案例全方位体现出浙江大学阿里云AI平台对于培育学生解决现实难题能力，助力数智化技术在城市交通运营等实际场景中运用所起到的关键作用，给其他高校展开数智化操作教学提供了很有价值的参照，也为高校数智化人才培养提供了有益的探索方向。

四、国际对比分析

技术开放性方面，国外一些高校，如久负盛名的麻省理工学院媒体实验室(MIT Media Lab)，有着很高的包容度，在其教学科研环境里，学生被给予极大的自主权限，允许自行改装设备。以3D打印机主板改造为例，学生可查阅诸多技术资料，探究3D打印机的工作原理，凭借所学的电子电路知识、机械设计知识等，对3D打印机主板展开电路改良、功能扩充等改造操作。这种开放的态度犹如打开学生探索未知大门的钥匙，促使学生深入钻研设备的底层原理。通过不断地探索，学生的创新思维被激活，动手能力在操作中得到明显提升。学生可以依照自己独特的创意和个性化的需要，从各个角度、各个层面，对设备实施全方位、深层次的调整和改良，进而让自己的创新想法更为顺利地变成现实成果。

反观国内，各高校平台更多侧重于设备标准化管理。设备标准化管理有很多好处。从设备安全角度看，设备标准化管理可以保证设备的设计、制造、安装等环节都能达到严格的设备安全标准，极大地降低了设备在使用过程中出现故障或者发生安全事故的概率，保证了师生的人身安全。从稳定性角度看，设备标准化管理使得设备的性能更加稳定可靠，避免了由于设备性能不稳定而给教学和科研带来的不利影响。而且，学校在设备采购上也能够更加精准地挑选设备。在设备的维护上，由于实行设备标准化管理，技术人员能够更快地排查故障并进行修理，极大地提升了维护效率。而且，统一标准给学生在各个实验室之间展开交流和合作创造了较好的条件，学生不用花很多时间去习惯不同的实验室设备差异，但也要看到，这样一种管理模式会在某种程度上约束学生的创新自由，有些学生有创新想法，但或许因为不符合当前的设备标准而无法执行，从而影响了学生创新潜能的发挥。

基于此，国内高校可以在保证设备安全和稳定的两大前提下，适当增加设备的开放度，为学生留出更多的自主探索空间。比如学校可以精心规划，设立专门的创新实验室。在创新实验室中，允许学生做一些有一定风险的设备改装和创新实验。为了确保学生能够在安全的环境中进行创新实践，创新实验室中要配备经验丰富、专业能力较强的指导老师。这些指导老师应在学生开始实验之前，对学生们进行详细的安全教育和实验技术指导，并且在学生进行实验的过程中实时监督，及时纠正可能发生的错误操作；在学生完成实验后，对其创新成果进行客观公正的评价和总结，引导学生不断进行创新。

在产业关联度方面，德国著名的Fraunhofer研究院平台同产业界的关系非常密切，可以直连博世生产线的数据。凭借这种优势，学生可以接触到真实的工业生产数据。这些数据涉及生产流程的各个环节，从原材料采购到检验数据，再到生产线上的设备运行参数数据，还有产品质量检测数据等。通过对这些大量数据的分析研究，学生能够切实感受到企业实际生产的需求和技术难题，比如如何提高生产效率、怎样改进产品质量、怎样控制生产成本等。在这样一种环境中，学生可以更好地把课堂上学到的知识与实际应用结合起来，在解决实际问题的时候，不断地锻炼自己的专业技能和思维能力，从而培养出解决实际问题的能力。

而国内当前的情况是，校企数据接口需要进行脱敏处理，这也是一种必要的数据保护措施，通过对原始数据中涉及企业客户个人隐私数据、商业机密数据、关键技术参数数据等敏感信息进行变形、替换、删除等处理，有效保护了企业的商业机密和数据安全，避免了敏感信息的泄露，避免给企业造成潜在的经济损失和法律风险。但是，也难免产生一些负面影响。由于脱敏过程对数据进行了处理，所以在一定程度上会影响数据的完整性和真实性。这就导致学生对企业的实际问题缺乏深刻的理解，进而影响学生解决企业实际问题的能力，无法实现真正的学以致用，解决企业实际问题。

要真正加强国内高校同产业的联系，就要从各方面努力。一方面，政府和行业协会要发挥带头作用，政府可出台相关政策法规，推动校企之间数据流通及合作，给予建立健全数据共享机制的政策扶持，行业协会利用其在行业内广泛的影响力和专业资源，牵头组织校企双方开展交流与合作，共同探讨创建数据共享机制及安全保障体系的具体方案，做到数据安全的同时，打通校企间的数据流通渠道。另一方面，高校和企业自身也要加强合作。双方可共同投入人力、物力和财力，一起做适合教学和科研的数据脱敏技术研究，产学研结合既能很好地保护企业的数据安全，又能给学生提供更有价值的实践数据。比如高校和企业可以联合创建数据研究中心，这个中心把高校的科研力量和企业的实践经验结合起来，共同探讨怎样在脱敏处理的前提下，最大限度地保留数据的有用信息，给学生的实践教学给予有力支持，提高学生解决实际问题的能力，推动高校人才培养与产业需求无缝衔接。

第二节　产教融合协同育人模式探索

一、理论阐释

（一）协同创新理论与知识势差理论

协同创新理论侧重于多主体之间依靠资源共享、优势互补的方式来达成创新要素的优化配置，从而产生创新的非线性效应，达到“1+1 > 2”的协同效果。知识势差理论属于协同创新理论的重要组成部分，它清楚地表明知识在不同主体之间存在差异，这种差异便是知识势差，而知识势差就是知识转移的内生动力。在高校和企业的合作中，高校是知识生产与传播的主要场所，有着前沿的学术理论知识和众多的科研成果，而企业则在实际生产运作过程中积累了大量的实际操作经验、市场信息以及解决问题的办法，两者之间存在着明显的知识势差，这便为知识的流动和转移创造了条件。

校企想要达成协同育人目的，就得建立起“知识对流”的机制。高校要把自身的知识优势转移给企业，给企业提供技术研发支撑，帮助企业解决技术方面的麻烦事，促使企业开展技术创新，改进产品。比如高校的科研小组会对企业生产过程中的关键技术难题开展研究，然后把研究成果应用到企业的生产实际中去，从而帮助企业提升生产效率，降低成本。企业会把自己的实际操作经验、市场需求等知识传递给高校，让高校的人才培养和科研方向更符合市场的实际情况。企业可以给高校供应真实的项目案例以及操作环境，让学生在学习的时候接触实际问题，塑造处理实际问题的能力。而且，企业也能加入高校的课程规划及教学过程中，把行业内最新的动向和技术规范融入教学内容，从而使得学生毕业之后能很快地适应工作岗位。通过这样一种“知识对流”机制，校企双方做到了知识分享与相互补充，推动了创新能力的提升和人才的培育。

（二）华为“天才少年计划”案例分析

华为“天才少年计划”是校企协同创新育人的典范。2019年，任正非提出“天才少年计划”，用顶级挑战和顶级薪酬吸引全世界最优秀的人才来攻克芯片等技术难题。华为在全球范围内招揽在数学、物理、化学、材料、计算机、智能制造等相关领域有独到见解、取得突出成绩的人才，为他们提供全球最好的研究资源、全球最顶尖的交流圈子、创造世界标准的机会，让这些天才少年去挑战世界级难题。

在实施过程中，华为采用企业难题悬赏形式，激起师生团队的攻关热情。以5G基站能耗改良这个难题为例，华为向全世界发出悬赏，很多高校师生团队踊跃参加。这些师生团队依靠自身在学术领域的深厚知识积淀和创新思维，同华为工程师团队密切配合，一起探寻解决途径。在合作过程中，高校师生可以接触到华为前沿的技术设备和丰富的实际数据，从而认识行业实际需求和碰到的技术阻碍。而华为也通过高校师生的创新活力和前沿学术知识，拓宽解决问题的思路和方法。

从成效上看，华为“天才少年计划”收获颇丰。近三年里，该计划涉及的技术采纳率达到了67%，大量创新成果被运用到华为的产品和服务中，有力地推进了华为在5G通信、芯片研发等重要方面的技术改进以及产业升级。而且，那些参加过这个计划的师生团队也在操作过程中获得了磨炼并得以成长，他们不但优化了自身的科研水平和解决现实问题的能力，而且积累了诸多行业经验，为日后的职业生涯打下坚实基础。此例明显表明，校企若建立起“知识对流”机制，则可做到取长补短，共同攻克技术难关，塑造出既有创新能力又有操作经验的高质量人才，从而给企业发展及社会进步增添强劲动力。

二、实施路径

（一）产业需求图谱

数智时代，精准形成产业需求图谱，对于高校培养契合市场需求的数智化创新创业人才极为重要。产业需求图谱的创建方法大多采用自然语言处理技术，深入剖析海量招聘信息。伴随互联网飞速发展，招聘信息呈爆炸式增长，其中蕴含诸多产业需求信息。借助自然语言处理技术，可对这些非结构化的招聘信息执行清洗、分类、提取等操作，从而提炼出关键的能力需求要素。例如，针对“AI产品经理”岗位的招聘信息剖析显示，除了传统的产品管理技能，还需掌握提示词工程的应用能力和商业分析能力。提示词工程是一种新兴技术，要求AI产品经理能够设计出有效的提示词，从而促使人工智能模型产出优质内容。商业分析能力则可以帮助产品经理从市场需求、竞争状况等角度出发，制订合理的产品策略。经过对这些能力要素的提炼之后，高校便可以确定自己的教学目标以及课程设置方向。这样一来，学生在学习期间就能够有针对性地提升自身能力，从而更好地适应产业需求。

产业需求图谱不是一成不变的，而是要根据市场变化进行实时更新。市场的变化、技术的发展、产业结构的调整，都会导致产业需求不断发生变化。高校与智联招聘等专业人力资源服务机构合作，每季度联合发布《数智人才能力白皮书》，及时展现数智人才能力需求的最新变动情况。2023年版《数智人才能力白皮书》增加了人工智能生成内容应用等12项技能。随着人工智能生成内容（AIGC）技术的快速进步，像ChatGPT这样的人工智能语言模型被广泛应用，市场对这类应用技能的需求激增。企业急需具有人工智能生成内容应用能力的人才，可以利用这些技术来做内容创作、智能客服、数据分析等工作。高校重视这些新出现的技能需求，适时地改变教学内容，设置有关课程或把人工智能生成内容应用教学模块添加到现有的课程中，让学生可以跟紧时代潮流，学会最新的数字化技术，提高自己的就业竞争力。产业需求图谱持续更新的机制保证了高校培育出的人才同市场需求密切相连，为学生的职业规划提供了强有力的支撑。

（二）双导师制

双导师制属于产教融合协同育人的主要形式，其考核机制以及知识反哺效果关乎学生实践能力的提升。就考核机制而言，要想保证企业导师切实履行好实践教学职责，就要规定企业导师每年必须承担80学时的教学任务。以腾讯课堂的数据为例，驻校工程师在开展教学工作时，依靠自身积累的大量实践经验，给学生带来真正的企业项目案例以及实操技术。学生们给予他们4.8的高分(满分为5分)，这表明企业导师的授课深受学生欢迎。企业导师不但教授专业技能，而且让学生了解到行业的最新状况和企业的具体运作方式，从而开阔了学生的眼界，加强了学生的实践能力和职业素质。

知识反哺是双导师制的一大特色，高校与企业之间实现知识的双向流通。教师挂职期间，深入企业一线，了解企业真实需求和技术难点，把高校学术研究同企业实际生产紧密结合起来。某高校教师挂职海尔期间，针对工业质检问题，开发出“工业质检算法”，此算法利用先进的图像处理技术和机器学习算法，可以迅速、精确地检测出产品缺陷。该算法被海尔应用到生产线，使得缺陷检测准确率达到99.2%，解决了企业实际问题，提升了生产效率和产品质量，而且给教师的教学和科研提供了丰富的实例。教师将从企业获得的实践经验以及实际问题带回到课堂中，引导学生思考、研究，让教学内容更加贴近实际，从而激发学生的学习兴趣和创新思维。教师可以将这些实践经验应用于科研项目，促进科研成果的转化与应用，实现高校与企业的互利共赢。双导师制让学生在高校教师和企业导师的共同指导下，既可以学习到扎实的理论知识，又可以获得丰富的实践经验，提高自身的综合素质和解决实际问题的能力，为今后的职业生涯打下坚实的基础。

（三）揭榜挂帅制

揭榜挂帅制属于产学研合作的一种新形式，在解决“卡脖子”技术难题、推动科技创新的过程中起着非常关键的作用，其项目来源主要有两大类：第一类是政府公布的“卡脖子”技术清单；第二类是企业提供的实际业务需求。

政府发布的“卡脖子”技术清单，紧贴国家战略需求与核心关键技术领域。以国产电子设计自动化软件为例，电子设计自动化（EDA）软件是集成电路设计的重要工具，目前我国在电子设计自动化软件方面依然存在着国外技术垄断的严重挑战，研发国产电子设计自动化软件的工作已经到了刻不容缓的地步。政府通过发布这种技术清单，大量吸引高校、科研机构的科研团队加入到技术攻关中来，集结各方优势力量，全力攻克关键技术难关，从而促使我国在关键技术领域实现自主创新。

企业提供的真实业务场景，如顺丰的物流路径优化问题。顺丰属于大型物流企业，每天都会收到很多物流订单，还要处理复杂的运输路线规划任务。与高校、科研机构展开合作，利用先进的算法和技术改善物流路径，可以有效地降低运输成本，提升物流效率，实现企业降本增效的目的。

为了激发科研团队的积极性和创造性，揭榜挂帅制建立了激励机制。以北京大学“博雅工道”团队为例，该团队攻克了水下机器人通信难题。水下机器人在海洋探测、资源开发等方面有着极其重要的作用，但是通信问题一直阻碍着水下机器人的发展。“博雅工道”团队经过深入研究，研发出高效的水下通信技术，解决了这一难题。为此，团队获得100万元研发奖金以及5%的专利分成。丰厚的奖励一方面体现出对团队科研成果的充分肯定；另一方面也是对其创新精神和艰辛努力的有效鼓舞，这样一种鼓励形式可促使更多优秀人才加入到“卡脖子”技术攻克中，加快科研成果的转化及应用速度，从而促使我国总体科技水平得到优化，而且，专利分成还会给科研团队带来长久的经济收入，激发他们不断实施技术更新与改良工作，进而为解决更多现实问题奉献力量。

揭榜挂帅制以明确的项目来源和有效的激励机制为攻克“卡脖子”技术难题提供保障，有力地促进产学研深度融合，推动我国科技创新和产业升级。

三、案例分析

（一）阿里云天池计划

阿里云天池计划属于产教融合协同育人方面的典型例子，在竞赛机制和就业转化这两个方面成果显著，给高校培育数字化创新创业人才提供了非常宝贵的经验。

竞赛机制搭建方面，阿里云天池计划构建一套科学严谨且层次分明的竞赛体系，设立入门赛-挑战赛-全球总决赛三级架构。入门赛作为基础赛事，主要针对对数智技术抱有好奇之心的初学者，旨在推广数智知识与技能，激发学生参与竞赛的积极性。赛题通常包含数智技术的基本理论知识以及简单的应用场景，如数据处理、机器学习基础算法的实现等，帮助学生在动手操作中了解数智技术的基本流程和操作规则。挑战赛则具有一定的难度和挑战性，侧重考查学生对数智技术的综合应用能力及创新思维。赛题多源自企业实际业务场景，如电商平台的用户行为分析、金融机构的风险评估等，要求学生运用所学知识，提出具有创新性的解决方案，以解决实际问题。全球总决赛属于天池计划的顶级赛事，它聚集起全世界各个地区的杰出队伍和选手，这些选手在总决赛上展示出自己的尖端技术和创新成果，竞争最高奖项。通过这样一种循序渐进、逐步升级的比赛机制，阿里云天池计划给处于不同水平层级的学生提供了展现自身实力的舞台，促使学生们提升自身的数智技能并形成创新想法。2023年，气象预测赛道吸引了327所高校团队加入，各个团队均借助自身专长及创新能力，一同探寻气象预测领域的新科技和新手段，从而为这个领域的技术发展增添了新活力。

就业转化上，阿里云天池计划给优秀选手开辟出宽广的职业道路，而且给予优厚的回报，优秀选手可以通过"绿色通道"进入阿里巴巴达摩院。阿里巴巴达摩院是阿里巴巴集团的全球性研发机构，有着顶级的科研资源和技术团队，致力于前沿科技的探寻和科技普惠的实现。加入达摩院的选手能接触到最新的数智技术和科研项目，同行业顶尖专家合作，从而不断提升自身的技术水平和科研能力。他们可以获得不错的薪资，第一年的年薪中位数是45万元，比行业平均水平要高30%，这显示出阿里云很看重优秀的人才，也给其他公司做了榜样，促使更多公司去关心和扶持数智化的创新创业人才。通过阿里云天池计划，大学生可以把比赛中学到的知识和技能变成工作上的机会，从学校直接过渡到职场，为自己的未来打下良好的基础。

（二）德国双元制升级

德国双元制升级之后的模式在实践教学和人才塑造方面成绩突出，它所具备的先进SAP实训系统和严谨的考核标准，给高品质数字化人才的培养提供了稳固的支撑。

SAP实训系统方面，德国双元制升级之后，前沿技术与理念被引入进来，创建汽车生产线数字孪生体，给学生营造出非常真实的实训环境。在这个虚拟环境里，学生要从订单接收一直做到交付，全方位了解汽车生产的各个环节和流程。从订单开始，学生就要按照客户需求制订生产计划，合理安排生产资源，保证生产任务正常推进。生产期间，学生要操作各种虚拟设备，如机器人、自动化生产线等，开展零部件加工、装配、检测等工作，要严格把好生产质量与效率关，最后还要负责产品交付和售后服务，跟客户交流协调，解决客户的问题和需求。通过这种全流程的操作练习，学生可深刻认识到汽车生产企业的真实运作方式，知悉数智技术在工业生产领域的应用情况，优化自身的操作水平以及解决实际问题的能力。比如在模拟生产期间，学生会碰到诸如设备出现故障、生产发生延误、产品存在质量问题等状况，这时就需要凭借自己学到的知识和技能来分析产生这些问题的原因，进而给出解决办法，还要适时地对生产规划做出调整，从而保证生产任务可以按照规定时间执行完毕。在这个过程中，学生既可以巩固自己的专业技能，又能够培养团队协作精神、交流能力以及应对变化的能力。

在考核标准上，德国双元制升级之后更注重学生的实际能力和职业素养。以亚琛工业大学的学生为例，他们需要通过德国电气工程师协会的认证考试，该认证考试具有较高的权威性和专业性，对学生的知识储备以及技能掌握程度有着严格的要求，涉及电气技术、自动化技术、数字技术等诸多方面。学生要想顺利通过考试必须拥有深厚的理论基础和丰富的实践经验。通过准备VDE认证考试，学生可以梳理自己所学到的知识和技能，找出其中存在的不足并加以改进。相关数据显示，亚琛工业大学学生的通过率由2019年的78%上升到2023年的91%，这体现出德国双元制升级之后的人才培养模式效果显著。通过率的改善既体现了学生知识及技能水平有所上升，也显示出德国双元制在教学方式、应用教学以及考核评价等层面一直处于不断改良之中。依靠严格的考核准则，德国双元制塑造出众多高质量的数字化人才。这些人才在德国的工业制造和科技创新进程中起到了重要作用，为德国的经济发展提供了强大助力。

四、国际对比分析

在参与深度方面，美国国家科学基金会（National Science Foundation，NSF）产学合作中心呈现企业深度参与的态势，企业每年对单个项目的研发投入经费达12万美元之多，这样的巨额投入表现出企业对于人才培育和技术创新领域深度涉足的特征。企业不仅给予资金上的支持，而且深度参与项目研发进程中，把自身的实际需求以及技术上的难题融入项目之中，使学生得以在实践中接触前沿技术和真实问题。通过同高校的密切合作，企业可以及时获取高校的科研成果，从而给自身的进步提供技术支持，而且为学生提供了诸多的实践机遇和资源，进而推动他们的成长和发展。按照我国教育部的数据来看，我国企业平均每个项目投入82万元人民币[1]，虽然从金额上来看投入是比较大的，但是从参与深度来讲仍然存在可改进之处。在我国产教融合过程中，很多企业往往更看重短期经济效益，对人才培养的长期投入和深度参与不够，有些企业只是简单地提供实习岗位，缺少

[1] 数据来源：《2023年高等学校科技统计资料汇编》。

与高校在课程设置、教学内容、科研项目等方面的深入合作，导致学生在实习期间很难得到系统的实践锻炼和能力提升，所以，我国企业应当进一步加深在产教融合中的参与程度，同高校形成更加密切的合作联系，一同推进人才培养和技术创新。

在政策导向方面，欧盟伊拉斯谟+（Erasmus+）计划有明确的政策导向，明确要求企业提供带薪实习岗位，这不仅保障了学生的权益，让学生在实习期间可以有一定的经济收入，减轻经济负担，也促进了企业与学生之间的互动与了解，提高了学生的实习积极性和参与度。学生在带薪实习的过程中，可以更好地将所学知识运用到实践中，提高自身的实践能力和职业素质。企业也可以在实习过程中发现和选拔优秀人才，为企业的发展储备人才。我国"专精特新"政策侧重于技术攻关联合立项，意在借助高校与企业之间的合作来攻克关键核心技术难关，进而推动产业升级和创新发展。此政策在促进技术创新上收获颇丰，不过在人才培养的全面性与系统性方面仍存在不足之处。我国可以在持续推行"专精特新"政策的同时，制定更全面的政策，促使企业提供更多的实习岗位和实践机会，加强对学生实践能力和职业素养的培养，做到人才培养和技术创新的协同发展。

第三节　成果转化应用路径创新设计

一、理论阐释

（一）三螺旋理论与四螺旋模型

数智时代背景下，创新生态系统变得愈发复杂多元，传统三螺旋理论慢慢发展成为四螺旋模型，这样做的目的是符合时代发展的实际需求。1995年，亨利·埃兹科维茨（Etzkowitz）和罗伊特·劳德斯多夫（Leydesdorff）提出了三螺旋理论，这个理论主要关注的是大学、产业、政府这三个主体在创新过程中如何相互作用、怎样协同发展，从而产生出一种螺旋式上升的创新模式。在这样的模型体系里，大学充当着知识创新源头的角色，它向产业发展输送前沿的学术理论知识以及科研成果，产业借助技术创新和产品研发等活动，把知识转化成实际的生产力，以此来带动经济增长。政府则通过制定政策法规、给予资金支持、开展基础设施建设等工作，创建适宜的创新环境，促使并引导创新活动有序开展。三螺旋理论重点体现于三者间的密切协作，这种协作有益于知识的生成、传播及其运用，做到创新资源的合理配置，从而带动区域乃至国家层级的创新发展。随着社会的不断发展以及创新实践的不断深入，三螺旋理论也逐渐暴露出了一些问题：合作模式单一，主要集中在产学研合作上，不能很好地满足社会创新的多元化需求；内部利益失衡，不同的主体在创新过程中所获得的利益各不相同，这会导致合作不稳定、效率低；角色定位趋同，大学、产业和政府在某些情况下会出现角色定位模糊的现象，导致各自的优势不能得到充分发挥；耦合能力不足，不能很好地将社会各方面的创新资源耦合起来，形成强大的创新合力。

为了更好地解决以上问题，产生了四螺旋模型。四螺旋模型在三螺旋模型的基础上增加了“用户社群”，将“大学”拓展为“学术界”。增加了“用户社群”使得创新更加贴近市场的需求，更加贴近用户的实际体验，用户不再是创新的被动接受者，而是积极参与到创新的过程中来，他们可以通过提供反馈、提出自己的需求等方式对创新的方向和内容产生一定的影响。拓展到“学术界”，知识创新的多元性和广泛性得到了更好的体现，除了大学，科研机构、智库等也都在知识创新中起着重要的作用。四螺旋模型把“用户社群”带进来，把“学术界”扩大，于是就形成了新的私人利益和社会公共利益的平衡，让创新生态系统朝着更开放、合作、可持续的方向发展，它让创新过程更多地考虑到用户的需求，使创新成果更好地适应市场，具有更多的社会价值，而且加强了学术界在创新中的引导作用，推动知识的普及和应用，给解决复杂的社会问题提供了更好的创新形式。

（二）小米生态链模式案例分析

小米生态链模式是四螺旋模型在实践领域的成功案例，它很好地展示了用户社群在创新成果转化以及产品迭代过程中的重要作用。小米公司于2010年成立后，依靠其独有的商业模式和创新理念，在全球科技界很快崭露头角。小米生态链以手机为核心产品，创建起庞大的智能硬件生态系统，包含智能家居、生活周边等诸多领域。

小米生态链的发展过程中，用户社群的作用非常重要。小米创建了小米社区，举办米粉节，利用线上线下互动活动等形式，聚集了很多忠实用户，营造起活跃的用户社群。这些用户不仅是小米产品的消费者，也是产品改良的参与者和推动者。以MIUI系统为例，MIUI是小米手机的操作系统，采取每周更新的方式进行迭代。小米团队依靠小米社区等平台，大量搜集用户意见，细致了解用户在使用时遇到的问题、对新功能的需求以及对界面设计的看法等。根据这些用户反馈，小米团队可以很快调整开发方向，改良系统功能，改善用户体验。如果用户觉得想要增添某个个性化设置选项，小米团队经过考量之后，就会在以后的系统更新中加上这个选项。如果某个功能在用户使用时出现问题，小米团队就会立刻修复漏洞，优化算法。依靠这种依照用户反馈来快速迭代的机制，MIUI系统一直能够与用户需求保持高度契合，不断提高用户的满意度和忠诚度。

小米也积极地鼓励用户参与到产品的设计和研发过程中。在新产品开发的时候，小米会在社区、论坛等平台上，把一些产品的初步设想、设计方案等信息公布出来，邀请用户给出自己的看法和想法。用户的创意和主意为小米的产品研发提供了很多灵感源泉，很多不错的创意都被应用到了最终的产品中。例如，在小米的一款智能手环的设计过程中，用户就提出了加上睡眠监测功能的建议。小米团队经过努力钻研，把这个功能加进了产品里。这个功能一出现就被大家热烈称赞。通过这种方式，小米做到了与用户展开深度交流，让用户真正参与到产品的创新进程中，提升了用户对于品牌的认可度和归属感。

小米生态链模式通过同用户社群展开密切互动，做到产品迅速迭代，而且把创新成果高效转化。用户社群给予的反馈以及参与，促使小米能及时把握市场需求和用户痛点，改进产品性能和提升用户体验，为小米的产品更新赋予了源源不断的动力，这正好体现了四螺旋模型里用户社群这个层面的价值，给别的企业以及创新团队提供了很有价值的经验，证实在数智时代，积极让用户社群参与到创新流程中，可以有效地改善创新成果的质量并提高市场竞争力，带动创新生态系统良性发展。

二、实施路径

（一）校园孵化器

校园孵化器在数智化创新创业人才培育过程中扮演着重要角色，其资金配置机制以及导师匹配机制对创业项目的存活率和发展前景有着直接的影响。在资金配置上，采取“5万元（创意期）+50万元（原型期）”的分段式支持形式，这种模式既灵活又具有针对性，可以满足创业项目在各个发展阶段的需求。按照复旦科创基金给出的数据，通过这样一种分段支持模式，项目存活率提高到65%。以创意期为例，虽然只有5万元的资金，数额不大，但是对于处于萌芽状态的创业项目而言，却拥有着至关重要的启动价值。这笔资金可以用来做市场调研、组织团队、开始做一些初步的产品设计等基础工作，这样创业团队就能检验自己的想法是否有市场价值。到了项目要做出原型的时候，有了这50万元就可以支持团队去做产品研发和改进，搞一些小范围的市场测试，为项目以后的商业化推广打下基础。这种根据项目所处的阶段来分配资金的方法，既提高了资金使用的效率，又降低了创业项目的风险，为项目成功孵化提供了一种强有力的资金支持。

导师匹配属于校园孵化器的又一关键机制，形成“技术大牛（诸如院士等）+产业专家（如红杉资本合伙人）+法律顾问”这种三维度的导师池，可以给创业项目提供全面化、多层面的专业指导。技术大牛依靠自身高深的学术素养和尖端的技术知识，可以在技术研发上给创业团队提供专业建议并加以指导，帮助团队攻克技术难关，保证项目具备技术可行性和创新意义。以人工智能领域为例，院士可以指引团队恰当地选取算法模型，优化技术架构，从而提升产品的技术表现。产业专家有着丰富的市场经验与敏锐的商业眼光，他们能从市场需求、竞争形势、经营模式等角度向创业团队提供宝贵的见解。它能助力团队开展市场定位、制定营销战略、寻找商业伙伴并推进项目商业化进程。以红杉资本合伙人为例，他们在投资并培育诸多创业项目期间收获了大量经验，可以精准判断市场走向，并给予创业团队切实可行的商业发展建议。法律顾问会给创业项目提供法律咨询及风险防范方面的服务，从而保证项目依照法律法规运作。在项目发展阶段，法律顾问可以帮助团队拟定并审核合同，解决知识产权纠纷，避免法律风险，保障项目持续稳健地向前迈进。通过这样一种立体化的导师池安排，创业团队便可以在技术、商业以及法律等层面获取专业的引导与支持，促使项目提升成功率与竞争力。

（二）知识产权分配

知识产权分配是调动师生创新积极性、促使科技成果转化的关键步骤，其在高校科研经营及科技成果转化过程中十分重要。就权属划分而言，上海执行“先确权再转化”的试点项目，这一做法颇具创新意义。以往的知识产权归属形式常常遇到产权划定不清、利益分配不均等情况，从而导致师生在创新活动中的积极性受到打击。不过，“先确权再转化”的试点项目却能清楚地划分出师生团队在知识产权中的权益比例。复旦大学微电子学院的师生团队拥有芯片设计专利85%的权益。这样一种清晰的产权界定，使得师生们真切体会到自己的创新成果被尊重并受到保护，从而极大地调动了他们创新的积极性。在创新操作中，师生们会更加用心去做事情，乐意花费更多时间与精力去进行技术研发以及创新探索。因为他们清楚知道自己的付出一定会换来实际的收益，而且清晰的产权归属有益于知识产权的妥善管理和运作，所以给后续成果转化形成稳固基础。

作价入股属于知识产权分配的另一种关键途径，为师生的创新成果商业化提供了有效途径。以中科大“本源量子”这个项目为例，此项目在数智化量子计算方面获得了巨大的突破，其项目估值达到了23亿元，而最初的学生团队总共持有34%的股份。通过作价入股，师生团队一方面能够从项目的成功中得到经济回报；另一方面还可以深入项目的发展进程之中，对项目的决策和运作产生作用。这样一来，师生个人的利益就同项目的发展紧紧地联系在了一起，促使他们更为看重项目的市场前景以及商业价值，从而积极地推进项目走向产业化。作价入股也给企业带来了优秀的创新人才和技术资源，助力企业开展技术创新并向前迈进。对高校来说，作价入股可巩固同企业之间的协作关系，促使科研成果得到转化运用，提升高校的社会知名度及其创新水平。作价入股这一模式达成了高校、师生以及企业的多方面共赢局面，给科技成果的转换以及创新创业发展给予了强有力的支持。

（三）社会创新赛事

社会创新赛事是推动社会创新的主要平台，其赛道设计以及资源对接机制对于激发创新活力并解决社会问题十分关键。从赛道设计角度来看，参考联合国可持续发展目标（SDGs）设立诸如“减贫”“碳中和”等主题，从而给赛事提供清晰的社会方向及其时代意义。2023年中美青年创客大赛吸引4300支队伍参加，这些队伍的成员分别来自不同学科领域和地域。他们遵循赛事主题，将自己的专长与创新思路全部施展出来，提出许多既具创新性又具备可行性的应对方案。比如，在“减贫”主题赛道里，有些队伍依靠数智技术创建农产品电商平台，利用线上售卖途径拓展贫困地区农民的市场，协助他们增加收益。在“碳中和”主题赛道中，有的队伍开发出智能能源管理系统，通过提高能源利用效率来削减碳排放，助力实现“碳中和”。凭借这种主题赛道的设定，社会创新赛事引领着参与队伍关注社会热点话题，将创新与社会需求紧密联系起来，促使创新成果能够在社会上应用并体现自身价值。

资源对接是社会创新赛事的另一核心机制，它为创新项目落地和发展提供有力支撑。优胜项目会直接被纳入政府采购清单，这为创新项目开辟了广阔的市场空间，保障了稳定的收入来源。以浙江大学“农眼通”智慧农业系统为例，该系统运用人工智能和物联网技术，实现对农作物生长环境的实时监测与精确管理，从而提升农业生产效率和农产品品质。在中美青年创客大赛中，“农眼通”项目凭借其创新性和实用性获得优胜，并成功进入政府采购清单，获得农业农村部的千万元级订单。这既让“农眼通”项目很快实现了产业化，给企业带来了经济收益，又为智慧农业发展树立了榜样，推动了农业现代化进程。而且进入政府采购清单之后，项目的知名度和社会认可度都得到了提升，吸引了更多的资源和关注，从而推动项目不断发展和更新。利用资源对接机制，社会创新赛事实现了创新项目与市场需求的快速对接，推动了创新成果的转化和应用，为解决社会问题、推动社会发展带来了强大动力。

三、案例分析

（一）麻省理工学院“The Engine”创业孵化平台

麻省理工学院“The Engine”作为国际著名的创业孵化平台，在促进科技创新和创业发展过程中发挥着举足轻重的作用。其严密而科学的孵化流程、一系列成功的孵化案例，为高校数智化创新创业人才培养提供了非常宝贵的经验。

麻省理工学院“The Engine”的孵化流程包含三个阶段，每个阶段都有严格的准则和要求。

第一阶段是技术可行性验证阶段，持续时间为3个月。创业团队需要对自己的技术创意进行初步验证，以此证实其在理论和技术上的可行性。团队需要展开大量的市场调研和技术分析，搜集有关数据和信息，全方位评估技术的创新性、实用性和市场需求。以研发新型人工智能算法的团队为例，在这个阶段，他们需要展示算法的基本原理、初步实验结果以及相对于现有算法的优势，从而体现该算法在解决特定问题时的独特价值和潜力。

第二阶段是原型开发阶段，历时9个月，在技术可行性得到确认之后，团队便进入原型开发阶段，将技术上的想法转变为实际的产品原型。这个阶段需要大量的人力、物力和时间资源，团队需要细致地展开产品设计、技术研发、检测和改良工作。以开发智能硬件产品为例，团队需要规划产品的外观、电路设计、软件系统等，并进行多次试验和检测，不断改进产品性能和稳定性，以确保产品原型符合市场的需求和用户的期待。

第三阶段是市场测试阶段，持续6个月。当产品原型开发完成后，团队进入用户需求市场测试阶段，把产品投放到市场上，搜集用户的反馈意见，弄清楚市场对产品接纳的程度以及用户需求。团队要制定出完备的市场推广策略，挑选恰当的市场渠道，开展小范围的产品销售和推广活动。而且还要同用户积极互动交流，搜集他们的意见和提议，进而对产品加以改良。例如，一个推出新型电商平台的团队，在市场测试阶段就要吸引一定数量的用户来注册并使用该平台，观察用户的行为和反馈情况，剖析平台在功能、界面设计、用户体验等方面存在的问题，然后立即做出调整。

在成功案例方面，QuEra公司属于麻省理工学院“The Engine”孵化出来的典型项目，该公司致力于中性原子量子计算机的研发，在量子计算领域取得了重大突破。麻省理工学院“The Engine”给予其孵化与扶持，QuEra公司得到了充分的资金支持、专门的技术指导以及丰富的市场资源。公司一直进行技术创新和产品改良的工作。他们研制的中性原子量子计算机在性能与稳定性方面表现良好，吸引了众多投资者的目光。QuEra公司已经完成了B轮融资，融资金额达到1700万美元，估值超过10亿美元。这既展示了QuEra公司在量子计算领域所具有的技术实力和商业潜力，又很好地体现了麻省理工学院“The Engine”在孵化高科技创业项目方面所具备的突出能力和显著成果。

（二）清华x-空间

清华x-空间（x-lab）是清华大学推进创新创业教育和实践的重要载体，它拥有完备的进阶体系和显著的转化成果，在高校数智化创新创业人才培育方面树立了典范。

清华x-空间形成一套科学合理、循序渐进的进阶体系，包含创意马拉松、加速营以及路演日这三个主要阶段。创意马拉松处于该进阶体系的起点位置，此活动耗时48小时，在这个稍纵即逝且节奏紧凑的时间段里，学生团队针对某个主题或问题，借助自身的创新思维及创造能力，想出各种具有创新性的解决办法和商业构想。这个过程一方面考查学生的创新能力及团队合作水平；另一方面也能唤起他们的创新热情和竞争意识。以“智慧健康”为主题的创意马拉松为例，有学生团队提出了利用人工智能和物联网技术的智能健康检测系统构想，通过实时监测用户生理数据来为用户提供定制化的健康经营方案。

加速营是清华x-空间进阶体系的重要环节，持续时间达12周，入选的创业团队在此期间会受到系统培训与指导，涵盖创业课程学习、导师辅导、资源对接等内容。创业课程涉及创业各层面，诸如商业模式设计、市场营销、财务管理、团队组建等，帮助学生全方位提升创业能力。导师辅导为每个团队安排专门的创业导师，导师凭借自身丰富的创业经验及行业资源，针对团队给予一对一指导与意见，协助团队解决创业过程中的各种问题。资源对接环节给团队提供与投资机构、企业、政府等各方资源对接的机遇，帮助团队获取更多的支持与合作机会。某个开发智能教育产品的团队在加速营期间，通过创业课程学习充实了自身的商业模式，在导师的指导下改良了产品功能和用户体验。凭借资源对接，与多家教育机构达成了合作意向，为产品的推广和销售打下了基础。

路演日是清华x-空间进阶体系的成果展示环节。在这个环节里，经过加速营培养的创业团队有机会向50+投资机构展开项目表现和路演，团队会凭借精彩的演示和讲解，把项目背景、创新之处、市场前景以及商业模式等状况告诉投资机构，以期得到投资机构的认可并取得投资，路演日既给创业团队提供表现的平台，又给投资机构和创业项目搭建起交流和合作的桥梁。

转化成果上，清芯华创团队是清华x-空间的优秀代表。该团队研发的MEMS传感器技术有着高精度、低功耗、小型化等优点，在物联网、智能穿戴设备、智能家居等领域有着广泛的应用前景。借助清华x-空间的孵化和支持，清芯华创团队一直在进行技术创新和产品改良，将MEMS传感器技术推向市场。这项技术的转让费达到8000万元，并被应用到华为Mate60系列手机上，为华为手机性能的改进提供了助力。这一成果既体现了清芯华创团队在MEMS传感器技术领域处于领先地位，又表现了清华x-空间在推进科技成果转化和培养创新创业人才方面的杰出成效。通过清华x-空间的进阶体系，清芯华创团队由一个初创团队逐步发展成为拥有核心技术并具备市场竞争力的创新型企业，为高校数智化创新创业人才培养提供了成功的案例。

四、国际对比分析

技术成熟度上，以色列理工学院的Technion项目平均以500万美元的估值进入孵化器，这也体现出项目进入孵化器时就具备较高的技术成熟度和商业潜力。这样的项目一般经过长时间的研发和市场验证，技术及商业模式较为成熟，因此可以吸引更丰富的投资和资源。反观我国项目，大多以100万元左右的估值进入孵化器，这表明我国创业项目在技术成熟度和商业可行性上处于较低水平。很多项目可能还处在创意或者概念验证阶段，技术以及商业模式都不太成熟，亟需在孵化器里继续发展和完善。要想有效地提高我国项目的成熟度，高校和科研机构要加强对创新创业项目的早期培养，增加研发资金的投入，提升项目的科技含量和创新性。此外，还需推动企业与高校、科研机构展开合作，共同推动技术的研发与转化，加快项目的商业化进程。

政策支持上，德国的EXIST计划最多提供25万欧元的创业补助，这种直接的资金补助形式能为创业者提供实际的资金支持，降低创业的资金门槛，帮助创业者解决创业初期的资金难题。我国的“双创”政策侧重于税收减免，给予企业三年免征企业所得税的优惠。税收减免政策虽能减轻企业负担，但对于创业初期资金短缺的企业而言，直接的资金援助可能更为关键。我国可以学习德国的做法，一方面要不断优化税收减免政策，另一方面要设立更多创业补助项目，给创业者提供直接的资金援助，还要加大对创业补助资金的管理和监管力度，确保资金得到恰当利用并高效分配。此外，可以制定更多辅助政策，比如提供场地扶持、人才扶持等，从而为创业者提供全方位的政策保障，推动创新创业事业蓬勃发展。

第四节　创新创业生态系统优化增效

一、理论阐释

（一）生态系统理论与边缘效应

生态系统理论源自生态学领域，它主要凸显系统内部各要素之间彼此依靠、相互影响的关系以及系统同外界环境的动态平衡状况。在创新创业的大环境下，创新创业生态系统包含高校、企业、政府、科研机构、投资机构、服务中介等诸多主体，这些主体凭借知识、技术、资金、人才等要素的流动与共享，塑造出一种复杂而有机的整体。

边缘效应是生态系统理论中的一个概念，指两个或两个以上不同性质的生态系统相互作用时，由于某些生态因子或系统属性的差异与协同作用，使系统某些组分或行为发生比较明显的变化。在创新创业生态系统中，跨界节点类似生态系统中的边缘地带，是孕育创新的重要区域。跨界节点包括科技市场、概念验证中心、众创空间、产业技术创新联盟等，这些节点连接不同的创新主体和创新环节，打破组织边界和学科壁垒。科技市场中高校的科研成果可以与企业的需求直接对接，实现技术与资本的高效融合；概念验证中心为科研成果从实验室走向市场提供了一个重要的过渡阶段，对科研成果的商业化可行性进行验证，降低创新创业风险。

跨界节点能产生创新，这主要是由于它有独特的优点。第一，跨界节点汇集了不同领域里的资源和信息，给创新提供了丰富的素材和灵感。不同的主体在跨界节点汇聚，带来源自各自领域的专业知识、技术和经验。这些多元化的资源相互碰撞、融合之后，就能激发新的创意和创新思路。第二，跨界节点推动了创新主体之间的合作与交流，营造出一种协同创新的良好氛围。在跨界节点里，高校、企业、科研机构等可以围绕共同的创新目标，展开产学研合作，做到优势互补，共同解决技术难题，促使创新成果得到转化和应用。

（二）张江科学城案例分析

张江科学城是创新创业领域的重要高地，它为探寻跨界节点对创新创业生态系统产生的影响提供了非常有代表性的案例样本。张江科学城通过系统性地规划众多跨界节点，塑造了一个充满生机与创新力的创新创业生态体系。

在跨界节点布局上，张江科学城有36个国家级实验室，这些实验室汇集了顶尖科研人才和先进科研设备，是开展基础研究和前沿技术研发的重要阵地；57家风险投资机构，给创新创业项目提供充足的资本扶持，有力推进科技成果商业化进程；14个技术转移中心，充当高校、科研机构与企业之间的纽带，极大加快了科技成果的转移转化速度。这些跨界节点彼此合作、紧密配合，共同组成一个有机整体，为张江科学城的创新创业发展注入强大动力。从数据角度来看，布局有3个及以上跨界节点的园区，企业专利产出量增长至原来的2.3倍。这样的显著数据变化，充分体现出跨界节点给创新带来的强大推进力量。张江科学城的案例说明，科学安排跨界节点，就能发挥边缘效应，推动创新创业生态系统中各个要素协同向前，区域的创新能力与整体竞争力就能得到提升。

二、实施路径

（一）资源网络构建

资源网络搭建是改善创新创业生态系统的基础部分，把各类关键节点整合起来就能创建起有机的资源协同体系，从而给创新创业活动提供全方位的支持。从节点类型来讲，要汇聚多种领域的关键力量。

国家级实验室属于科研前沿阵地，承担着基础研究和关键技术突破的任务，拥有顶尖科研人才、先进实验设备和前沿科研成果，为创新创业提供技术支撑。以人工智能领域为例，国家级实验室的研究成果可以为相关的创业项目提供算法改进、模型更新等技术方面的支持，从而促使创业企业在技术层面实现突破，增强产品的核心竞争力。

风险投资机构是创新创业生态系统里的资金注入主体，它依靠敏锐的市场洞察力和专业的投资眼光，给具有潜力的创业项目提供资金扶持。而且，风险投资机构还能凭借自身的行业资源和经验，向创业企业提供战略指引、市场开拓意见等增值服务，促使创业企业快速发展。红杉资本就投资了字节跳动、美团等科技创业企业，在给予资金支持的同时，也深入参与到这些企业的成长规划中，使得这些企业在市场上快速崛起，成为行业的领头羊。

技术转移中心在资源网络中充当桥梁，将高校、科研机构与企业联系起来。高校与科研机构的科研成果丰富，但缺乏将成果转化为实际产品和商业价值的能力与途径。企业接近市场，对市场需求较为敏感。技术转移中心整合双方资源，推动科研成果转移转化，实现技术与市场的对接。技术转移中心可协助高校对科研成果进行商业化评估，寻找合适的企业合作伙伴，促进科研成果落地，转化为实际生产力，为创新创业活动带来经济效益。

就对接机制而言，“创投对接日”是促使资源高效对接的重要举措。借助“创投对接日”，创业项目才能向风险投资机构展现自身优势、创新之处以及市场前景，进而吸引投资机构的关注并实现投资，而投资机构也能在活动期间选出具备潜力的项目，从而做到资金同优质项目的精准对接，深创投属于国内知名的风投机构，积极参加“创投对接日”活动，2023年，通过“创投对接日”，深创投达成融资金额达到17.6亿元，许多创业项目得到发展所需的资金融通，进而推动技术研发、产品改进以及市场拓展。“创投对接日”也给创业项目方和投资机构搭建起交流互动的平台，双方可以深入探讨行业发展趋势、市场需求变化等议题，从而加深彼此的了解和信任，为后续的合作打下良好的基础。通过定期的对接活动，资源网络里的资金和项目得以顺畅地流动，创新创业的活力被激发出来，创新创业生态系统的繁荣得以促进。

（二）能力雷达图

能力雷达图属于一种直观而全面的评价工具，它可以针对学生的创新创业能力展开多维度的精确评价，进而为学生的能力提升与职业发展提供有力的指导，在评价维度方面包含创新思维、数字技能以及商业洞察等要素。

创新思维属于创新创业的关键动力源泉，利用奔驰法（SCAMPER）等途径来加以衡量。奔驰法包括代替（substitute）、结合（combine）、改变（adapt）、改进（modify）、另外使用（puttootheruses）、除掉（eliminate）以及反转（reverse）这七项内容。期望学员在碰到问题和机遇之际，可以借助这类思维方法想出新颖的解决办法。以产品设计流程为例，学生们运用奔驰法，围绕产品功能、材质、构造等层面进行思索并创新，设计出富有特色卖点并且具有一定市场竞争优势的产品，表现出较好的创新思维水平。

数智技能是数智时代创新创业人才应具备的能力之一。以PyTorch熟练度为例，PyTorch是一款广泛使用的深度学习框架，熟悉PyTorch的使用对开展人工智能相关的创新创业项目非常关键。学生需要熟练使用PyTorch来搭建、训练并优化模型。根据不同的任务需求，选择合适的模型架构和参数配置，高效地完成数据分析和预测任务。比如在开发智能图像识别系统的时候，学生可以利用PyTorch迅速搭建卷积神经网络模型，采用数据增强、超参数调整这些技术手段，提高模型的准确率和适应性。这就显示了较强的数智技能。

商业洞察能力主要关注学生对于市场动态、商业机会的敏感程度，使用LTV/CAC等方式来衡量。LTV是客户终身价值，CAC是客户获取成本。通过计算LTV与CAC的比值，学生可以了解客户价值和获取客户的成本效益。有良好商业洞察能力的学生能够准确把握市场走向，找到潜在商业机会，制定合理的商业策略。比如在电商方面，学生对市场数据进行分析后，发现某种产品的需求是增长的，再通过LTV/CAC计算出获取这些客户的成本是可以接受的，那么就可以选择这类产品作为核心，开展电商创业，制定相关营销策略，达到商业变现的目的。

动态追踪是能力雷达图的一大优点，依靠学习分析技术，能力雷达图可以随时监测学生在不同阶段的能力变化，进而形成个性化的成长曲线。以电子科技大学为例，凭借能力雷达图的动态追踪特性，学生清楚自己在各个能力维度上的发展情况，及时察觉自己的长处和短处。针对长处，学生可以加深并拓宽，把长处变成核心竞争力；针对短处，学生可以专门制定学习计划和改进方案，通过参加培训课程、加入实践项目等途径，加快能力改进的速度。

（三）政策保障体系

政策保障体系是激发学生创新创业热情、推动创新创业教育发展的重要支撑，其中学分置换与弹性学制政策起着关键作用。在学分置换上，准许学生用专利授权置换6个选修学分，该政策有诸多积极影响。从学生角度讲，它极大地激发了学生的创新积极性。专利授权是学生创新能力与成果的重要体现，通过学分置换，学生的创新成果得到学校认可并获得奖励，学生可收获实在的学业收益，这就使学生更为积极地投入到创新之中。以武汉大学为例，该政策执行后，学生专利申请量增长120%。很多学生为了得到学分置换的机会，会积极投身到科研项目中，去钻研专业领域的前沿问题，努力寻找新的解决办法，自身创新能力得到了锻炼。站在学校的角度看，学分置换政策有益于学校科研创新和人才培养。更多的学生参与到创新实践中，可以产出更多的科研成果，从而提升学校的科研实力和学术声誉。而且，学生在创新过程中培养起来的创新思维、实践能力和解决问题的能力，也有利于提高人才培养水平，给社会输送更多具有创新精神和实践能力的高素质人才。

弹性学制政策创建“3~6年弹性本科制”，给予学生更多弹性的学习与发展空间，对有创业意向的学生有着重要意义。以中国科学技术大学少年班的学生为例，他们在学业发展上有着较大的潜力和多种需求，部分学生在本科期间便萌生创业念头，想要抓住机会，但是传统的固定学制可能会限制他们的创业行动。弹性学制政策允许学生休学创业，最长可达8年，这样就能让学生在创业和学业之间做好平衡。在创业期间，学生可以全力以赴地投入到创业活动中去，积累创业经验，改进自己的创业技能，而且即使在创业过程中休学，也不会失去继续深造的机会。创业项目有所推进或者遇到难题需要调节的时候，学生可以回到学校接着完成学业，利用学校的资源和平台来优化自己的知识储备和技能水平，从而给创业项目以后的发展奠定更为稳固的根基。弹性学制政策给予了学生创新创业制度上的支持，推动学生敢于去做、勇于创新，使学生的创业热情得到激发，有益于塑造出具有创新意识且能付诸行动的创新创业人才。

三、案例分析

（一）剑桥科技园

剑桥科技园是世界知名的科技创新中心，其集群效应和知识溢出效应非常显著，对区域经济发展产生了强大的推动作用。

从集群效应角度来讲，剑桥科技园围绕阿斯利康这个核心主体，搭建起完备的生物医药产业生态圈。阿斯利康是世界顶级的制药公司，在剑桥科技园的发展进程中发挥着核心作用，它所拥有的先进研发技术和丰富的行业经验，吸引了很多相关企业与机构聚集。阿斯利康周边分布着23家合同研究组织（CRO），这些企业专门从事生物医药研发的专业化服务工作，包括药物临床试验、数据分析、实验室检测等诸多方面，它们同阿斯利康等制药企业密切合作，形成了一条高效的研发产业链，从而大大提升了研发效率，还设立了8个药品非临床研究质量管理规范实验室，为生物医药的非临床研究提供了可靠保障。这些实验室严格依照国际标准来开展药物安全性评估、毒理学研究等事项，切实保障生物医药产品的品质和安全。这样的产业集群产生之后，剑桥科技园在生物医药领域就具备很强的竞争优势，各个企业之间会共享资源，彼此交流技术，并且一同开展研发工作，从而达成互补效果，有效地降低研发成本，明显加强了研发能力。像CRO企业就可以依靠阿斯利康的研发资源和市场渠道来扩展自身的业务范围，阿斯利康则可以凭借CRO企业的专业服务加快自身的研发速度，优化研发品质。

知识溢出是剑桥科技园的又一显著特征。剑桥大学属于世界一流高等院校，拥有很强的科研能力和众多的学术资源，每年举行150余场技术发布会，其发布内容涵盖生物医药、信息技术、新材料等诸多方面，从而为科研人员、企业及投资人创建起交流协作的平台。在技术发布会上，剑桥大学的科研队伍会展示他们最近取得的科研成果及其技术上的新进展，这些成果往往具备很强的创新性并有着很高的应用价值。企业通过参加技术发布会，可以了解行业的最新动态及其技术趋势，找到与自己业务有关联的合作机会。而且，企业也能把自身的需求和碰到的难题告诉科研队伍，推动科研成果向实际应用方向转化。2022年，剑桥大学的技术许可收入达到3.2亿英镑，这足以显示知识溢出所蕴藏的经济价值。剑桥大学把自身的科研成果通过技术许可的形式授权企业使用，企业向剑桥大学支付相应的许可费用。如此一来，剑桥大学不但获得了丰厚的经济回报，而且促使科研成果得以商业化运用，从而带动区域经济向前发展。

（二）杭州未来科技城

杭州未来科技城是中国数字经济发展的核心动力之一，它的创新体系和资本助力机制为创新创业提供了强有力的支撑，对数字经济发展产生了明显的推动效果。

在接力体系构建上，杭州未来科技城搭建起从初创期到成熟期的全生命周期孵化体系，梦想小镇、人工智能小镇、5G创新园均在其内。梦想小镇主要聚焦初创企业培育，为创业者提供低成本办公空间、创业指导、政策扶持等服务。这里汇集大量创业团队和创新项目，是创新创业的重要策源地。很多怀揣创业梦想的人在这里踏上创业之路，依靠梦想小镇的孵化和支持慢慢成长起来。人工智能小镇侧重于推动人工智能领域企业发展，为人工智能企业提供专业技术支持、人才培育、市场对接等服务。小镇里聚集了许多人工智能企业，产生了集群效应。企业间通过技术交流、合作开发等形式，携手助力人工智能技术向前迈进。5G创新园着眼于5G技术，塑造起涵盖研究开发、生产制造、实际应用在内的创新基地。这里聚集着5G产业链上诸多类型的企业，包括通信设备生产商、软件程序开发者、应用服务提供商等。凭借5G创新园所具备的平台功能，推动5G技术更快地迈向商业化道路。5G技术也由此得以在各个行业得到更为全面的应用。这样一种接力模式的形成，使得处在不同发展时期的企业，均能在杭州未来科技城中找到符合自身情况的发展场所及支撑条件，进而做到持续发展并不断壮大。

资本助力也是杭州未来科技城的一大特色，2023年成立的100亿元“凤凰行动”基金，重点投向数字经济领域，给数字经济企业发展提供了强大的资金支撑。数字经济企业在发展过程中，常常会有许多资金投入到技术研发、市场开拓、人才培育等诸多方面。“凤凰行动”基金的创建，很好地化解了这些企业的资金短缺难题。例如，一家从事人工智能芯片研发的企业，在“凤凰行动”基金的帮助下，增加了研发投入，并吸引了顶尖芯片研发人才，从而成功研发出一款高性能的人工智能芯片。该芯片在市场上收获了不错的口碑，企业的市场份额和竞争力有了很大的提升。除了资金方面的支持，“凤凰行动”基金还会参与企业的战略规划、资源对接等事务，为公司提供全面的支持和服务。基金管理团队有着丰富的投资经验和行业资源，帮助企业制订合理的战略发展计划，寻找潜在的合作伙伴以及市场机会，促使企业快速发展。借助资本助力的方式，杭州未来科技城吸引了众多数字经济企业前来落户，从而推动数字经济产业在此集聚发展，为中国数字经济发展做出了重要贡献。

四、国际对比分析

以要素流动性为例，硅谷的活跃度非常高，工程师平均两年半就会换一次工作，这种人才流动现象推动了知识在不同企业、组织之间的传播，加快了技术创新和产业升级的速度。人才在企业之间流动时，会把在原企业学到的知识、技术和经验带到新企业，从而实现知识的分享和传播。而且，不同企业的文化和管理模式、技术理念在人才流动的过程中互相交流融合，就能产生新的创新思路和方法。例如，一个在人工智能公司工作的工程师跳槽到物联网公司，可能会把人工智能技术在图像识别方面的应用经验带到物联网设备的监控和管理工作中，推动物联网技术创新发展。而我国人才流动率为1.7次/年，相对较低的人才流动率在一定程度上限制了知识的传播与创新的扩散。为了提高要素流动性，我国要健全人才市场机制，破除人才流动的体制机制障碍，加强人才信息平台建设，促进人才供需有效对接；企业自身也要提高吸引力，提供良好的工作环境、广阔的上升空间和发展机会、优厚的福利待遇，吸引人才流动，激发创新活力。

在风险偏好上，美国天使投资失败的容忍度高达70%，这也体现了美国投资市场对创新的包容度和对风险的承受能力。较高的失败容忍度让创业者敢于尝试新的商业模式，进行技术创新，即使创业失败也不会对创业者造成致命打击，从而鼓励更多的人去创业。比如，很多美国科技创业公司在创业初期可能会经历很多次的失败，但是有天使投资的支持和较高的失败容忍度，他们可以不断地调整方向，最后走向成功。若改善我国的风险偏好，可以加大对创新创业的扶持力度，优化风险补偿机制，减轻创业者所承担的风险压力。同时也要加强投资者教育工作，提升他们对于创新风险的认识及其承受能力，从而营造出更加宽容的创新创业投资环境。

第六章

数智化创新创业人才培养的质量保障

数智时代的大潮之下，数字智能技术正以前所未有的速度渗透到社会的各个领域，它给人们的生活和工作方式带来了巨大的改变，这种改变既给高校的人才培养带来了新的机会，又让其面临不少难题。创新创业是推动社会前行、经济发展的关键力量，在数智时代背景下，它对人才的培养提出了更高的标准和要求。如何培养出符合数智时代需求的创新创业人才，这是高校要破解的重要课题。

数字智能技术全面融合创新之后，人工智能、区块链以及元宇宙等前沿科技领域正在推动新一轮产业变革，对企业的生产运营和服务供给产生重要影响。在此大环境下，数智技术在高校创新创业人才培育中的应用变得愈加普遍，给教学模式、课程设计、实践平台等各方面带来了全新的变革。借助数字化手段，高校可以营造出更多样化的教学情境，提供更具有针对性的学习资料，从而助力学生的创新创业活动。但数字智能技术的运用也带来了一系列的伦理风险问题。数据隐私保护、算法偏见、技术依赖等问题逐步暴露出来，这些伦理风险问题不仅会影响教育公平，还会对学生身心产生不良影响。开展高校教育数字化伦理问题治理研究具有重要的现实意义和理论意义。

创建起完备的质量保障体系是保证数智化创新创业人才培育质量的关键。复杂适应系统理论重点突出高校、企业、政府等主体在人才塑造进程中的非线性交互联系。各个主体相互配合对改善人才培育质量很有必要。资源依赖理论显示出校企合作时可能会出现知识权力不均衡现象，这可能会引发课程异化等风险，从而影响人才培育成果。那么，怎样协调好各个主体的关系并做到资源的有效调配，就成了创建质量保障体系所要应对的难题。

在人才培养质量评价上，传统的评价模式已不能适应数智化创新创业人才培养的要求。第四代评价理论提出构建利益相关者协商式评价模式，让企业雇主、社区代表等参与到评价标准的制定中来，更全面地反映人才的实际能力和社会需求。信号传递理论分析了区块链证书在减少人才市场信息不对称方面的效果。利用区块链技术，可以对人才培养的过程和成果进行可信记录与验证，提升雇主对人才的信任度。

畅通并拓宽学生反馈渠道对提升人才培养质量也很关键，循证教育理论重视基于证据做教学决策，创建起“数据收集 - 模式识别 - 策略生成”智能反馈循环，能依据学生的实际情况即时调整教学策略，从而增强教学有效性。生命周期理论关注学生从在校生到毕业校友的全过程，建立全周期跟踪体系有助于理解学生在不同阶段的发展需求，提供相应的支持与指导。

综上来看，数智化创新创业人才培养的质量保障属于牵涉诸多方面的复杂课题，要对数智技术伦理及风险防范、质量保障体系创建完备、多元评价模型构建与优化、学生反馈途径拓宽等诸多方面展开探究，通过对国内外相关理论与实践加以分析，参考其成果并结合国内高校实际情况，提出合适的质量保障策略，这对于培养契合数智时代需求的创新创业人才有着重要的理论与应用价值。

第一节 数智技术伦理与风险防控

一、理论基础

（一）责任伦理学视角

汉斯·约纳斯的责任伦理学着重强调人类行为对未来的责任以及对整个自然界的负责。在数智时代，数据是一种重要资源，数据的收集、使用和管理与很多人的权益息息相关。在高校数智化创新创业人才培养过程中，对学生的数据进行收集并加以利用，以此实现对学生进行个性化教学和个性化指导等。这种对学生数据的使用产生了诸多伦理问题。

学生数据画像的形成属于当下高校数智化教育较为普遍的做法，通过对学生的学习行为、社交活动、心理状态等各方面数据加以分析，形成学生数据画像。其意图在于给学生提供更为贴合的服务，然而此做法可能会造成学生主体性的丧失。一方面，数据画像可能将学生视为一堆数据，忽略学生个体之间的差异与多元性。每个学生都是独一无二的个体，有着不同的兴趣、才能以及潜力。而数据画像通常只能体现学生的某些表面特征，很难全方位表现学生的内在特质。另一方面，数据画像可能会给学生打标签，从而限制学生的发展。一旦学生被打上“学习困难学生”“高潜力学生”等标签，在教育过程中就可能被区别对待。这种打标签的行为会干扰学生的自我认识，打击自信心。

从责任伦理学角度来看，高校在利用学生数据时，应当全面考虑数据利用对学生主体性带来的影响，尊重学生的个体差异和自主权。高校应该承担起责任，保证数据的收集和利用是为学生的全面发展服务的，而不是为了达成某种功利目的。高校还要建立健全数据管理制度，保护学生的数据隐私和安全，防止数据被滥用和泄露而给学生带来伤害。

（二）技术工具主义批判

技术工具主义认为，技术只是达成目标的一种途径，它本身没有价值倾向，而价值评判则要看采用技术的人。在数智技术发展并被利用时，这样的看法会造成人们往往仅重视技术的效能与作用，却忽略了技术背后所蕴含的价值思考以及道德义务。

在高校数智化创新创业人才培育过程中，算法被运用到教学资源推荐、学生评价、项目匹配等环节。算法是一种技术工具，其设计与运作依托一定的规则和数据，而这些规则和数据存在偏差和局限性。算法推荐系统依据学生的历史行为数据来推荐类似的学习资源，可能导致学生陷入“信息茧房”，限制学生的知识视野和创新思维。在学生评价环节，算法可能过于依赖量化数据，忽视学生的综合素质和创新能力，导致评价结果不够全面和客观。

把算法仅仅当成工具来对待，忽视了算法自身所蕴含的价值取向以及由此产生的伦理风险。算法的设计与训练受到开发者价值观、数据品质与多样性等要素的影响，存在算法偏见、数据泄露等问题。如果这些问题得不到重视并加以解决，就有可能对学生的权益以及教育公平产生损害。

所以要重新思考数智技术在高校创新创业人才培养中的应用，在使用数智技术的时候，不能只看重它的工具性价值，还要充分考虑技术的价值负载和伦理后果。高校应该加强对算法等数智技术的监管和评价，保证技术的应用符合伦理原则和教育目的。同时，要提高教师和学生的数字素养和伦理意识，让他们能正确看待并使用数智技术，避免受到技术的负面影响。

（三）Bow-Tie风险分析模型

Bow-Tie风险分析模型属于一种系统化的风险管理手段，它把危险源、风险事件、后果以及预防和控制手段这些要素关联起来，从而塑造出直观的风险分析架构，有益于全方位、深层次地让人们认识风险是怎样形成的，又是怎样传递的。

在高校数智化创新创业人才培育过程中，技术漏洞属于重要的风险源之一。教学管理系统可能存在安全漏洞，容易遭受黑客攻击，从而导致学生数据泄露。算法可能有瑕疵，导致推荐结果不准确或有偏差。这些技术漏洞若未能及时被发现并修复，可能会引发一系列风险事件。

以算法推荐造成学生创新能力趋同化为例，当算法在推荐教学资源、实践项目时，如果仅根据学生过去的所作所为和偏好进行推荐，学生接触到的知识、实践机会就只能局限在一个较小的范围内，久而久之，学生的思维方式和创新能力就会趋同，很难培养出有自己独特视角、创新思维的创新创业人才。这种风险事件在教学场景不断强化下，会演变为系统性风险，影响整个高校数字化创新创业人才培养的质量与效果。

借助Bow-Tie风险分析模型，可以直观表现技术漏洞怎样由教学场景变成系统性风险。该模型左边部分识别出技术漏洞这个风险源及其可能造成的数据泄露、算法偏差等风险事件，右边部分剖析这些风险事件会带来的诸如学生创新能力同化、教育公平遭受破坏等后果，而模型中间则设有一系列预防及管控举措，包含巩固技术安全防护、定时执行算法评价与改良、形成风险警报系统等，从而降低风险出现的可能性及其产生的影响。

Bow-Tie风险分析模型为高校数智化创新创业人才培养过程中的风险防控提供了一种有效的工具，帮助高校全方位认识风险，制订有针对性的风险防控措施，保障人才培养的安全。

二、实施路径

（一）数据分级授权制度

在高校数智化创新创业人才培养过程中，数据分级授权制度乃是保障数据安全并合理利用的重要举措。按照数据的敏感程度，可将数据分为敏感数据、一般数据和公开数据。针对不同类型的数据，应制订不同的授权流程。

敏感数据，如学生生物信息等，涉及学生个人隐私与安全，如果发生泄露，很可能会给学生带来严重损害。因此，针对这类数据的使用，要经过严格的校级审批流程。学校应该成立专门的数据管理委员会，承担起审核敏感数据使用的任务。申请使用单位需详细说明数据使用目的、范围、方式及安全保障等事宜。数据管理委员会审核之后，再决定是否给予许可。

一般数据，比如学习行为数据，虽然敏感性不算太高，但依然包含学生的学习习惯、兴趣爱好这些关键信息。针对这类数据，可以由院系来做备案管理，院系在使用学习行为数据时，需向学校的数据管理部门提出备案申请，把数据使用的意图和方法说明清楚，这样才能保证数据的使用符合学校的相关规定和教育教学的需求。

公开数据，比如课程成果，一般不会涉及个人隐私，具有不错的共享价值。针对这类数据，可以采取开放共享的模式，推动知识传播与创新交流。学校可以创建课程成果展示平台，把优秀的课程成果公开展示，供师生和社会各界参考。同时，鼓励学生将自己的课程成果发布到相关的学术平台或社交媒体上，以扩大其传播范围。

为了实现跨机构数据协同，联邦学习技术给出了切实可行的解决办法。MIT Open Learning项目就用联邦学习技术，在不传送原始数据的情况下，做到多所高校之间的数据协同分析。各个高校的数据存放在本地，利用加密技术和安全协议，参加联邦学习的各方可以一起训练模型，得到分析结果，而且不必担心数据外泄。这种做法既保护了学生数据隐私，又促进了高校间的协作交流，提升了数智化创新创业人才的培育水平和速率。借助联邦学习技术，不同的高校可以分享各自优秀的数据资源，一同探究新的教学方法和培养形式，给学生提供更多的优质教育服务。

（二）伦理审查流程

要保证数智技术在高校创新创业人才培育时符合伦理标准，就得建立恰当的伦理审查程序，三阶审查制就是一种比较好的审查模式，它包含技术可行性审查、伦理合规性审查和社会影响预判审查三大环节。

技术可行性审查阶段，主要是看数智技术在教学实践里的应用有没有可行性，有没有相应的技术条件和技术资源来支撑。审查团队应当由技术专家、教育学者等组成，他们会从技术稳定、可靠、可拓展等角度做全面审查。以一款新出的智能教学辅助系统为例，审查团队要查清楚它是否符合教学需求，能否与已有的教学管理系统相匹配，是否有不错的用户体验等。只有技术可行性被充分论证之后，才能进入下一阶段的审查。

伦理合规性审查属于三阶审查制的关键部分，主要针对数智技术的应用是否契合伦理原则以及法律法规展开审查，审查团队应当包含伦理专家、法律专家等人员。他们会按照有关的伦理准则和法律法规，针对技术应用过程中可能会出现的伦理问题展开深入分析。以学生数据使用为例，审查团队要核查数据搜集、储存、应用、分享等方面是否做到合法、正当、必要，是否有效捍卫了学生的隐私权和知情权。至于算法设计，审查团队也要查看算法是否存在偏见，会不会给学生利益带来损害等情况。只有当伦理合规性被认定之后，才可继续推进审查进程。

社会影响预判审查主要针对数智技术应用给社会带来的影响展开预判，涉及教育公平、社会价值观等方面。审查团队会从技术应用的各种因素出发，对它可能引发的社会影响作出预测和评价。比如，对于一项新的数智化创新创业实践项目，审查团队需要判断这个项目是否会使得教育资源分配变得更不均衡，是否会引导学生形成正确的价值观和创新精神等。如果发现有负面影响，应提出相应的改进措施和建议。

为实现更直观、更准确地评判伦理风险，开发伦理风险量化评估仪表盘是有效手段，该仪表盘包含数据泄露概率、算法偏差度等12项指标。通过对这些指标进行即时监测与分析，就能尽早察觉潜藏的伦理风险，并采取相应措施加以防范化解。当数据泄露概率超出一定范围时，仪表盘就会发出警报信号，提醒有关人员加强数据安全防护力度。如果算法偏差度较大，就要对算法进行改进调整，保证算法公平可靠。伦理风险量化评估仪表盘给伦理审查提供了科学的数据支撑，有益于提升审查的效率与精确度，从而保证数智技术在高校创新创业人才培养过程中的安全可靠应用。

三、案例分析

（一）欧盟《通用数据保护条例》教育应用

欧盟《通用数据保护条例》在教育领域的应用，为高校数字化创新创业人才培养过程中的数据保护工作提供了极具参考价值的范例。都柏林大学在这样的背景下，积极使用"隐私影响评估（privacy impact assessment，PIA）"工具，对学校在数字化教学过程中所开展的各项数据处理活动进行全面评估，取得了很好的效果，数据合规成本降低了37%。

PIA工具的核心要点是对数据处理活动可能产生的隐私影响展开系统分析与评价。都柏林大学在应用此工具时，先对学校所涉及的各种数据进行细致梳理，其中包括学生的个人身份信息、成绩状况、参与课程的数据、参加实践项目的相关数据以及在创新创业活动中涉及的数据等。针对每一种数据类别，评判其在搜集、存储、应用、共享以及传输等各个阶段存在哪些隐私风险。

在数据收集环节，确保遵循合法、正当、必要原则，保证收集的数据与教学、人才培养目标直接相关，在收集前取得学生明确同意。在数据存储环节，检查存储系统的安全状况，包括访问控制、数据加密、备份与恢复等机制，防止数据泄露或丢失。针对数据的使用环节，考察是否严格依照授权范围操作，防止数据被滥用或者用于未授权的目的。在数据共享和传输环节，审查共享对象、目的和方式，保证数据在传输过程中安全无虞，特别是与外部合作伙伴（企业、科研机构等）共享数据时，签署严格的共享协议，明确彼此的数据保护责任。

通过PIA工具展开全方位评定之后，都柏林大学可以及时发现数据处理进程里潜藏的风险，并采取相应的措施去改善，这样做一方面节省了数据合规所需的花费，另一方面优化了学校的数据管理水平及其学生对学校数据保护措施的信赖程度。都柏林大学在数据合规方面取得的成果，给其他高校提供了有价值的参考，推动越来越多的高校关注数据保护，积极采用科学高效的工具及方法，从而保证数智化创新创业人才塑造期间的数据安全与隐私保护。

（二）斯坦福大学AI伦理审查

斯坦福大学在AI伦理审查方面的做法为高校数智化创新创业人才培养中的伦理审查提供了宝贵的经验，其设立的"红队-蓝队"对抗机制，通过模拟算法歧视情况，对医疗AI课程设计进行改良，效果良好。

"红队-蓝队"对抗机制的运行方式是，把审查队伍分成红队和蓝队，红队会模仿各种可能出现的算法歧视情况，蓝队则承担防守与改进的任务。在医疗AI系统里，针对不同种族、性别、社会经济状况的病患，算法可能会给出不一样的诊断提议或者医治计划，从而引发不公平现象。红队通过营造种种极端或者现实中也许会出现的场景，来考察医疗AI课程里包含的算法和模型是不是公平可靠。

对于红队给出的场景及问题，蓝队要剖析并改良医疗AI课程设计。蓝队需探究算法的原理、数据的来源及其加工方法，找到引发算法歧视的因素，然后给出解决办法。如果发现算法在训练时用到的数据有偏差，造成某些群体的特征没有被充分学习到，那么蓝队就提议重新搜集并整理数据，保证数据具备多样性和代表性。倘若属于算法自身的设计缺陷，蓝队便给出改进算法的想法和手段，从而改善算法的公平性和准确性。

经过“红队-蓝队”的反复较量、迭代，斯坦福大学的医疗AI课程设计得以持续改进。学生在学习期间，可以更深刻地体会到AI伦理问题的复杂性与关键性，养成更好的伦理认识与责任感。这种抗衡机制不但改善了课程品质，而且给学生今后在数智化创新创业领域的成长打下了稳固的伦理基础。让他们在面对真实情况的时候，可以更加敏锐地发现并化解伦理风险，促使数智科技朝着健康的方向发展。

第二节　质量保障体系的建构完善

一、理论阐释

（一）复杂适应系统理论

复杂适应系统理论认为，系统是由许多具有适应性的主体组成的，这些主体可以不断地根据环境的变化以及其他主体的行为来改变自己的策略和行为方式，从而使得系统表现出复杂的动态变化和涌现现象。在高校数智化创新创业人才培养质量保障体系中，高校、企业、政府这三种主体类似于复杂适应系统中的适应性主体，它们之间存在着非线性的相互作用，共同影响着人才培养的质量和效果。

高校是人才的培养主体，肩负着传授知识、培养能力、塑造价值观的重任。在数智时代，高校积极引入数字智能技术，推动教学模式创新、课程体系完善及实践平台搭建。通过创建智慧教室、在线教学平台等，给予学生更为丰富多元的学习资源和更为灵活便捷的学习途径；开发数智化创新创业课程，培育学生的数字智能思维和创新能力；创建创新创业实践基地，给学生提供实践锻炼的机会。

但是高校的发展也受到企业和政府的影响。企业是市场主体，对人才的需求和标准处于动态变化中，高校要根据企业需求调整人才培养方案，才能保证所培养的人才符合市场的需求。政府通过制定政策、提供资金支持等方式，引导和支持高校发展，为高校数智化创新创业人才培养创造良好的政策环境和资源条件。

企业也在高校数智化创新创业人才培养方面扮演着重要角色，它给予学生实践机会和就业岗位，并且参与到高校的教学和科研活动中来，把自身的实际项目和需求带入高校，同高校一道做课程开发，开展实践教学以及科研合作。这样一来，学生就能接触到真实的工作场景和实际问题，从而提高学生的实践能力和解决问题的能力。企业会给予高校师资方面的支援，把企业内部的专家送到高校去上课，指导学生做实践，把企业里的先进技术和管理经验传授给学生。企业的加入同样受到高校和政府的影响，高校所取得的科研成果和人才资源可以给企业的发展提供支撑，政府所给予的政策引导和资金扶持也会促使企业更加积极地投身于高校的人才培养中。

政府在高校数智化创新创业人才培养质量保障体系里承担宏观调控和引领职能，政府通过制定有关政策来促使高校同企业加深合作，助力数智技术在教育领域中的运用，推进创新创业教育向前迈进。政府还给高校增添更多的资金投入，支撑高校塑造数智化教学设施以及创新创业操作场所，从而优化高校的人才培育水平。政府所给予的政策及资金扶持可左右高校和企业的举动，高校会遵照政府政策走向去调节自己的发展规划以及人才培育形式，企业同样会因为政府政策的刺激而更为踊跃地加入高校人才塑造和创新创业行动中。

这种非线性互动关系在现实中有很多种表现形式，政策刺激也许会造成企业参与程度的突然改变。如果政府制定一系列诸如税收优惠、财政补贴等政策来促使企业参与到高校人才培育中，那么企业就有可能加大对高校的投入力度，增添更多的合作项目，派遣更多的企业指导老师等，从而给高校数智化创新创业人才的塑造带来积极影响。高校与企业之间的合作同样存在协同创新的情况，当高校和企业针对某个领域开展深度合作时，二者的资源及长处互相交融起来，便有可能创造出新的教学手段、创新成果或者人才塑造方式。这些成果既有益于高校和企业自身的发展，又会给整个社会的创新创业环境起到积极的推进作用。

（二）资源依赖理论

资源依赖理论认为，组织的存活和发展取决于外部资源的获取，组织间存在着资源相互依赖的联系。在校企合作的高校数智化创新创业人才培养模式中，高校与企业可以实现资源共享、优势互补，共同培养符合数智时代需求的创新创业人才。然而，在这一过程中可能会出现知识权力不对称现象，从而引发课程异化风险。

为了防止校企合作过程中知识权力不对等引发的课程异化风险，高校要提升自身能力，在知识创造与传播中掌握话语权。高校应该积极同企业展开交流和协商，确定彼此的权利与义务，保证课程安排以及教学内容既能符合企业的实际需求，又可以达成高校的人才培养目标。高校还要加强对课程的评价和监督，尽快找出并改正课程异化的问题，从而保证数智化创新创业人才的培养质量。

二、实施路径

（一）能力标准开发

在数智时代背景下，要有效培养出符合时代需要的创新创业人才，构建全面而有针对性的能力标准框架就显得十分重要。这个框架包含数智思维、技术实践、商业洞察、伦理决策、跨界协作这五个方面，各个部分之间彼此联系、互相支撑，共同构建起数智化创新创业人才的能力架构。

数智思维是数智时代人才应具备的关键素养之一，主要培养学生的数据敏感度与洞察力。在数智化创新创业实践中，大量数据蕴含着诸多信息和机遇。具备数智思维的学生可以迅速察觉到这些信息，借助数据的分析与挖掘，准确找出市场的需求以及潜在的商业机会。以电商为例，学生能通过剖析消费者购买行为的数据，了解消费者的偏好及其需求取向，从而为产品研发和营销策略的制定提供有力的支持。

技术实践能力是把数智思维变成实际成果的关键因素，数智时代技术发展很快，低代码开发这类新出现的技术降低了技术应用门槛，给创新创业带来了更多机会，学生掌握了低代码开发技术之后，就能迅速搭建起应用程序，推动自己的创意变成现实，学生可以利用低代码开发平台，开发一款面向某个领域的移动应用，满足用户的个性化需求，在创新创业中占据有利位置。

商业洞察能力属于数智化创新创业人才的关键能力之一。最小可行产品（minimum viable product，MVP）验证是商业洞察能力的重要表现形式，要求学生能快速地把创意转变成可以被测试的产品原型，再通过市场验证不断地改进产品。在这个过程中，学生要全面了解市场需求、竞争对手以及行业趋势，从而做出准确的商业决策。当学生想要开发一种新的在线教育产品时，利用MVP验证来获取用户的反馈，不断改善产品的功能和服务，提升产品的市场竞争力。

伦理决策能力在数智化创新创业中的作用越来越明显，数智技术被广泛使用，技术应用过程中的伦理问题就暴露出来。学生要有伦理决策能力，在技术应用过程中权衡各种因素，做出符合伦理道德的决定。开发人工智能应用时，要思考算法是否公平、数据隐私保护等问题，防止技术应用带来负面影响。

跨界协作能力是数智化创新创业的必要条件。数智时代的创新创业项目往往包含诸多领域的知识与技能，需要不同专业背景的人一同合作。虚拟团队经营是跨界协作的一种关键形式，学生需学会虚拟团队经营的方法与技巧，有效地组织并协调团队成员，以达成团队目标。

与国际认证体系达成学分互认，是优化数智化创新创业人才培养质量及国际竞争力的关键措施。华为HCIA、AWS Educate等国际认证体系在数智技术领域享有较高的权威性和认可度。通过与这些国际认证体系达成学分互认，学生可以在完成高校课程学习之余，取得国际认证，从而提升自身的就业竞争力。学分互认有益于推动国际教育交流与协作，为学生开拓更宽广的发展天地。以学生获得华为HCIA认证为例，在全球范围内的华为合作伙伴企业中，他们可以收获更好的就业机遇，并且可以与国际同行交流互动，开阔自身的视野和思路。

（二）动态资源调配

基于学习者数字画像的智能匹配算法，是实现数智化创新创业人才资源优化配置的重要技术。该算法以欧盟“数字素养框架（Dig Comp 2.1）”为基础，对学习者的知识水平、技能特长、兴趣爱好、学习风格等多方面信息进行全面分析刻画，形成精准的学习者数字画像。依靠这种画像，系统可以深入了解每一个学习者的特点和需求，然后为他们自动推送适合的实践项目，如Kaggle竞赛、社会创新挑战赛等。

Kaggle竞赛属于全球著名的数据科学竞赛平台，会把来自世界各地的数据科学家以及机器学习爱好者聚集起来。在此平台之上，学生可以触及各种类型的真实商业及科研数据，借助解决实际问题来改善自己的数据处理、算法设计以及模型改进等方面的技能。社会创新挑战大赛着重关注社会问题的解决办法，它鼓励学生凭借创新思想和数智技术想出具备创新性且可行的解决方法。这些项目既具挑战性又富有趣味性，可使学生在操作过程中获取经验并增强自身创新创业的能力。

要想保障校企合作有效且稳定地开展下去，建立失效预警机制很有必要，其中设置校企合作KPI衰减阈值就是其主要内容。针对校企合作过程中的各项KPI指标，诸如企业导师到课率、实践项目完成情况、学生满意度等加以实时监控并剖析，如果KPI指标跌至某个阈值之下，例如企业导师到课率小于60%的时候，那么就会启动资源重新组合。

一旦引发资源重组，学校和企业会一起针对合作情形展开全方位评价，探寻问题形成的原因并予以改正。如果是企业导师到课率较低的情况，也许是因为企业导师的工作安排存在矛盾，又或者是他们没有足够重视指导工作。对于这样的问题，学校和企业可以再次商讨导师的工作安排，加大对导师的培训力度并加以约束，从而优化导师的责任心和积极性。如果是因为实践项目出了问题，比如项目难度太高、缺少必要的资源等情况，那么学校和企业就能一同修改项目计划，增加资源投入，促使项目得以正常开展。

通过建立失效预警机制，可以及时发现校企合作存在的问题并及时采取有效措施加以解决，保证校企合作的顺利开展，提升数字化创新创业人才的培养质量。

三、案例分析

（一）“智云实验室”

“智云实验室”属于浙江大学同阿里云共同创建的创新应用平台，它期望凭借阿里云的前沿技术以及充足的资源，给学生营造出更好的应用教学氛围，塑造学生的数智化创新创业能力，为学生提供了强劲的计算力支撑和众多的实验资源。

“智云实验室”有百万级并发数据处理能力，可以满足学生在大数据分析、人工智能、云计算等方面的需求。在大数据分析课程上，学生可以借助“智云实验室”对大量商业数据进行分析挖掘，找出有用信息，为企业的决策提供支持。在人工智能课程上，学生可以使用“智云实验室”对深度学习模型进行训练、改进，实现图像识别、自然语言处理等任务。通过这些实践项目，学生能够将理论知识与实际应用相结合，提升自身的实践能力和解决问题的能力。

依靠“智云实验室”的助力，学生们在各种项目竞赛里赢得优异成绩，项目获得红点设计奖的比例增长了22%。红点设计奖属于世界著名的设计奖项，具有很高的权威性和影响力。学生能在这一奖项上取得不错的表现，有力说明了“智云实验室”在数智化创新创业人才培育方面的显著成果。以某次红点设计奖为例，一群学生利用“智云实验室”研发出一款智能健康监测系统。这个系统能够实时收集并分析用户的健康数据，为用户提供个性化的健康建议和警示。由于这项发明具有创新性和实用性，得到了评委的认可，最终获得了红点设计奖。

“智云实验室”的成功经验表明，校企合作是培育数字化创新创业人才的有效途径。高校与企业合作后，可以引进企业的先进技术与实际项目，给学生营造更真切、更充实的实践环境，点燃学生的创新思维和创业激情；企业也能从高校得到优秀人才和新的想法，做到双赢。未来要加大校企合作力度，扩展合作范围和深度，为培育更多符合数字化时代要求的创新创业人才提供有力支撑。

（二）麻省理工学院创业生态系统

麻省理工学院创业生态系统在全球享有盛誉，它利用“风险投资匹配指数”来动态调整孵化器资源投入的做法，为提高初创企业存活率提供了很好的经验教训。

“风险投资匹配指数”属于麻省理工学院创业生态系统的重要工具，它把初创企业的技术创新性、市场潜力、团队能力、商业模式等要素纳入考量范畴，针对初创企业与风险投资的匹配度展开量化评判。凭借这个指数，麻省理工学院就能准确把握每一个初创企业的特点和需求，从而给予它们相适应的孵化器资源。

对于技术创新性高、市场潜力巨大，但是团队经验相对缺乏的初创企业，麻省理工学院会主要针对这些企业提供导师指导、培训课程等人力资源支持。导师团队包括成功的企业家、行业专家和投资人士，他们可以凭借自身丰富的经验，给初创企业提供战略规划、市场拓展、融资等方面的指导。培训课程包含创业基本知识、商业计划书写作、市场营销、财务管理等多个方面，有助于初创企业提升自身能力与素质。

而对于市场前景广阔、商业模式已经很成熟但是缺少资金的初创公司，麻省理工学院就会给它投入更多的资金，并积极地帮它联系风险投资机构。麻省理工学院与很多著名的风险投资机构保持着紧密的合作关系，可以为初创企业提供多种融资途径。此外，麻省理工学院还会为初创企业提供融资指导，帮助它们制定合适的融资策略，以提高融资的成功率。

“风险投资匹配指数”被应用之后，麻省理工学院创业生态系统的初创企业的存活率达到了硅谷平均水平的1.8倍，这样的成绩很好地证明了“风险投资匹配指数”对于改善孵化器的资源分配状况、提高初创企业的存活率具有很好的效果。例如，一家专门从事人工智能医疗应用的初创企业在麻省理工学院创业生态系统中，经过“风险投资匹配指数”的评定，得到有针对性的资源扶持。在导师团队的引导下，这家企业调整了产品研发方向和市场推广策略。在资金的支持下，企业加快了技术研发和市场开拓的进程。最后，这家企业得到了风险投资的青睐，快速成长起来，成为行业中的佼佼者。

麻省理工学院创业生态系统给我们带来的启示是，以高校数智化创新创业人才培养为例，建立科学合理的资源配置机制很重要，通过全面评估并精准匹配初创企业，可以提高资源配置的效率，为初创企业提供良好的成长环境，高校应当向麻省理工学院学习，结合自身情况，创建适合自己学校的创业资源配置体系，推进高校数智化创新创业人才培养工作开展。

第三节　多维评价模型的搭建优化

一、理论阐释

（一）第四代评价理论

第四代评价理论是在20世纪80年代出现的，它是在对传统的评价理论进行反思和批判的基础上发展起来的。第四代评价理论以建构主义范式为基础，重视评价过程中的多元性、动态性和建构性。它完全抛弃了传统的评价理论以目标的达成度为核心的评价理念，创造性地提出了以利益相关者的需要和期望为核心，通过协商、共同建构的方式得出评价结论的评价理念。它的基本含义是“评价即协商”，认为评价不再是一个单向、线性的判断过程，而是多元利益相关者共同参与、协商和建构的过程。

在高校数智化创新创业人才培养体系中，创建以第四代评价理论为基础的利益相关者协商式评价机制有着十分重要的意义。数智化创新创业人才培养牵涉到很多利益相关者，包括高校、企业、学生、政府以及社会各方面，每个利益相关者都有自己的独特需求和期待，对于人才培养质量的关注重点也不尽相同。高校着重于学生学术能力和综合素质的培养，希望凭借数智化手段来优化教学成果和人才培养水平。企业更看重学生的实践能力和职业素养，希望培养出符合自身实际需求的创新创业人才。学生自身也渴望在学习过程中得到全面成长，提升自身的竞争力。政府和社会各界主要关心人才培养对社会经济发展产生的贡献。

利益相关者协商式评价机制，可以全方位并深入地考虑各个利益相关者的需求和期望，使得评价过程变得更为全面、客观、公平。在评价标准制定阶段，如果让企业雇主加入进来，就可以保证评价标准同市场需求紧密相连，从而使培育出来的学生具有企业所需要的实际能力与技能。企业雇主凭借自己丰富的操作经验以及行业需求，能针对学生在数智技术运用、创新想法、团队合作等方面给出细致要求。而这些要求将给高校制订课程体系和教学内容提供重要参考。社区代表的参与可以从社会发展角度出发，考察学生是否具有社会责任感、创新成果是否对社会产生影响等。社区代表可以对学生在解决社会问题、促进社区发展等方面的表现进行评价，引导学生在创新创业过程中更多地考虑社会需求，培养学生的社会责任感。

这种协商式评价机制也会极大地加强评价的可信性和有效性。所有利益相关者都参与到评价中，而且在针对评价标准和结果形成一致意见时，评价结果就更容易被接受和认可。并且通过利益相关者彼此间的交流，可以及时发现人才培育进程中的问题，一起商量解决办法，促使人才培育质量不断改善。例如，在评价期间，高校、企业和学生可以就教学实践中遇到的问题相互交流，一同寻找改进方法，如调整课程安排、强化实践教学部分等，以使人才培育更加符合实际需求，提升人才培育的品质和成果。

（二）信号传递理论

信号传递理论认为，在信息不对称的市场环境中，信息占优势的一方可以向信息劣势的一方传递可靠的信息，从而减少信息不对称，降低交易成本，提高市场效率。在人才市场上，雇主很难对求职者的各方面能力与素质进行深入了解，而求职者对自己的情况有更加清楚的认识。这种信息不对称可能导致雇主很难招聘到合适的求职者，求职者也很难找到适合自己的工作。

区块链证书是依托区块链技术的数字证书，其具有不可篡改、可追溯、去中心化等特点，这给解决人才市场信息不对称难题提供了有效方法。区块链证书可以将学生的学习进程、学习成绩、实践经验等信息进行可信记录并加以证实。这些信息会被加密存放在区块链中，任何人都不能更改或伪造它们。雇主通过区块链平台，可以立刻、精确地获取求职者的区块链证书信息，了解求职者在高校数智化创新创业人才培育期间的表现和能力，进而更为精准地评估求职者是否符合岗位需求。

二、实施路径

（一）能力画像系统

能力画像系统成为达成对学生数智化创新创业能力全面而精准评价的关键手段，依靠动态权重算法以及可视化表现形式，为学生的能力发展提供清晰路径和深入洞察。

动态权重算法属于能力画像系统的关键算法，它可依照产业需求不断改变，自动并精确地调节评价维度的权重，保证评价结果一直符合实际需求。在数智时代，产业发展极为迅速，对创新创业人才的能力要求也一直在变。以人工智能这个领域为例，伴随技术的快速发展，对于算法更新能力的需求变得越发明显，但对于传统编程技能的需求却有所改变。动态权重算法能随时察觉这些变化，立刻加强算法更新能力在评价维度中的权重，降低传统编程技能的权重，这样就能让评价结果更好地体现学生当下在产业环境中的竞争实力。而且，通过对大量产业数据加以分析与学习，动态权重算法还可以预估未来产业的发展走向，预先调节评价维度的权重，给学生的能力塑造提供具有前瞻性的引导。

可视化呈现是能力画像系统的又一个重要特性，它借助三维雷达图叠加时间轴的方式，非常直观且形象地表现了学生能力演进的轨迹。三维雷达图把数智思维、技术实践、商业洞察、伦理决策以及跨界协作等许多评价维度用图形化形式表现出来。各个维度的能力水平由雷达图的半径长度来体现，学生在各个维度上能力的优劣情况一览无余。时间轴记录了学生在不同时间段的能力发展状况。通过比较不同时间点的雷达图，就能清楚地显示学生能力改进或变化的走向。

参照剑桥大学创业能力成长图谱的设计理念，能力画像系统的可视化呈现可以进一步拓展和改良，比如在图谱中增添更多的细节信息，包含学生在各个能力维度上的详细表现、达成的成果、进步的关键节点等，而且可以采用数据分析工具，针对能力演进的轨迹展开深入剖析，找出其中潜藏的规律和趋向，给学生个性化的成长提供更为精确的支持。能力画像系统还可以同其他教育管理信息系统整合起来，做到数据互通有无，从而为高校的教学管理以及决策提供强大的数据支撑。

（二）区块链存证

区块链存证技术对于高校数智化创新创业人才培育而言具有一定的应用意义，该技术通过教育链和产业链跨链确权以及智能合约在能力证书更新中的应用，给学生的学习成果和能力认证提供了安全、可靠且高效的解决方案。

双链架构属于区块链存证的关键架构，其包含教育链和产业链两个部分。教育链重点记录学生在高校期间的课程情况、考试分数以及学分获取等信息，这些都是学生学习进程及知识掌握状况的表现形式。产业链侧重于学生参与创新创业实际项目所获得的成果，比如项目构想、执行流程、经济收益和社会效益等。凭借跨链技术，教育链和产业链实现了数据共享和协作运作，从而使学生的学习成果及操作能力获得全方位、精确的确权。

智能合约在能力证书更新中起到重要作用。智能合约是依托于区块链技术所产生的一种自动化合约，可以在既定条件达成之后自动执行某种行为。而在高校数智化创新创业人才培养过程中，智能合约就可以按照学生的学习以及实习状况来自动触发能力证书更新。如果学生学会了像PyTorch框架这样的新型数智技术，系统便会察觉出这一改变，依照事先设定好的规则，激活深度学习工程师徽章，从而对学生的能力证书予以更新。这种自动化证书更新方式既提升了证书更新速度与精准度，又减少了人为介入可能造成的失误与纠纷。

智能合约可以做到能力证书的自动验证与分享。企业或其他机构在招聘或合作时，可借助区块链平台，迅速验证学生能力证书的真实性与有效性。因为智能合约不可被修改，且可追溯至源头，故证书验证变得轻松、快捷且可靠，降低了验证成本与风险。智能合约还能实现能力证书的分享功能，学生可授权他人查看或使用证书，便于学生在不同场合展示能力，提升竞争力。区块链存证技术的应用，为高校数智化创新创业人才培养过程中的能力认定与评价提供了新的解决方案，具有广阔的应用前景。

三、案例分析

韩国科学技术院（KAIST）与三星电子共同开发的“技能币”系统，是高校数智化创新创业人才培养过程中将微证书与企业晋升通道直接挂钩的成功案例。该系统利用区块链技术为学生的学习成果认证及职业发展提供了新的解决方案。

数智化时代，传统学分、证书体系难以适应学生多样化学习需求及企业人才多元化需求，“技能币”系统出现，打破传统体系束缚，学习成果实现数字化、可量化。学生完成各类课程学习、实践项目、技能培训后，获得相应“技能币”。“技能币”体现学生所掌握的技能和知识水平，且不可篡改、可追溯。

“技能币”系统与企业晋升通道的直接联系，为学生的职业发展指明了道路并提供了动力。三星电子是韩国的一家知名企业，在全球范围内都有着广泛的影响力。通过与三星电子的合作，KAIST的学生可以把在学校获得的“技能币”直接转换为企业所认可的技能证明。在三星电子的招聘和晋升过程中，学生的“技能币”数量和种类都会成为重要的参考标准。掌握更多“技能币”的学生在竞争中会更加有利。

例如，三星电子在招聘软件工程师的时候，就规定应聘者要有一定的“技能币”，比如“编程语言技能币”“项目管理技能币”等。KAIST的一名学生在大学期间积极参加各种软件开发课程和实践项目，积攒了不少“技能币”，在应聘的时候，他凭借自己的“技能币”优势，从众多应聘者中脱颖而出，得到了三星电子的录用通知。进入公司之后，“技能币”又帮助他实现晋升，因为他在一些关键技能方面有着较高的“技能币”水平，所以公司对他非常信任。晋升评定时，这些“技能币”就成了他晋升的重要依据，让他更快地晋升到更高的职位。

“技能币”系统得以成功实施，不但提升了学生学习的积极性和主动性，而且给高校与企业合作赋予了新形式。高校借助这种合作，可以更加清楚地认识企业需求，改良人才培育计划，塑造出更为符合市场需求的创新创业人才。企业可以得到更多高质量人才，从而优化自身竞争力。“技能币”系统还为其他高校和企业提供了借鉴范例，推进了数字化创新创业人才培养方式的创新发展。

第四节　学生反馈渠道的拓展畅通

一、理论阐释

（一）循证教育理论

循证教育理论主要强调以证据为依据来进行教学决策，其要点是用科学的方法来收集、分析和应用证据，从而提高教育教学的质量和效果。在高校数智化创新创业人才培养的过程中，构建“数据采集-模式识别-策略生成”的智能反馈闭环就是循证教育理论的具体实践。

数据采集属于智能反馈闭环里的根基部分，凭借多模态数据融合手段，可以全方位且准确地采集学生在创新创业学习期间产生的各种数据。课堂视频微表情识别技术，如Affectiva公司的情绪识别技术，能捕捉学生上课时的细微变化，从而剖析学生上课时的情绪状态以及对知识的领会程度。例如，如果学生在上数智技术课程时表现出困惑或茫然，这可能意味着他没有理解相关知识。这就给老师调整讲课速度和方式提供了重要线索。在线学习行为分析遵循xAPI标准，可以记录学生在学习平台上的学习轨迹，包括学习时长、接触的学习资料、参与讨论的情况等。这些数据能反映学生的学习积极性和学习习惯。通过对学生在数智化创新创业课程在线学习平台的学习行为进行分析后发现，有些学生在某个章节学习时停留的时间很长，还会多次重复观看有关的教学视频，也许这体现了这个章节的内容比较难，需要教师给予更多的指导与帮助。项目文档语义分析可以更为细致地把握学生在创新创业项目中的思考进程及创新能力，针对学生所写的项目计划书、报告等文档进行语义分析，可以识别学生的创新想法、问题处理办法以及团队合作状况。

模式识别是针对采集到的数据进行深入分析挖掘的过程，借助数据挖掘、机器学习等技术手段，可以从大量数据中找出有价值的信息模式和规律。聚类分析可以把那些有着相近学习行为和能力水平的学生归为一类，从而给老师提供有针对性的教学意见。在数智化创新创业实践项目中，表现出较强创新思维和实践能力的学生被聚成一类，老师可以给他们更为困难的项目并给予更高层次的引导，以此进一步提升他们的能力。对于在某些方面较为薄弱的学生群体，则可由老师制订专门的辅导计划，帮助他们弥补自身的不足之处。而关联规则挖掘可以挖掘出不同数据之间的潜在联系，比如学生的学习成绩与学习行为之间的关联、学生的创新能力与团队协作能力之间的关联等。通过分析可以得出，积极参与团队讨论和协作的学生在创新创业项目中的表现往往更加出色。这提示教师在教学中需要培养学生的团队协作能力，给予学生更多的团队协作机会。

策略生成是智能反馈闭环的最终目的，是按照模式识别的成果来制定个性化的教学策略和介入手段。如果教师察觉到学生在某个知识点上广泛存在理解障碍，那么就可以改进教学方法，采取更形象、直接的教学形式，或者给予更多实例和训练，助力学生巩固认识。面对学生在数智技术运用方面有所欠缺，教师可以组织特定的操作课程，促使学生通过亲自尝试去提升自身能力。对于那些在创新创业项目中碰到难题的学生，教师可实施一对一辅导，帮助他们攻克难关，促使项目向前推进。依靠这样一种基于证据做出的教学决策，可以做到精准教学，满足学生的独特需要，进而优化数智化创新创业人才的培养质量。

（二）生命周期理论

生命周期理论关注的是个体在不同发展阶段的特点与需求，更加强调根据个体所处的发展阶段给予相应支持与引导。在高校数智化创新创业人才培养工作中构建从在校生到毕业校友的全周期追踪体系，正是生命周期理论的具体体现。

以在校生为例，大学低年级阶段主要是基础知识和技能的习得阶段，通过对学生学习行为和成绩数据加以分析，了解学生对数智技术基础知识的掌握情况，给予学生个性化的学习建议和辅导，针对在数学、编程等基础课程学习中遇到困难的学生，尽早安排学习帮扶小组或提供在线学习资源，帮助他们打好基础。到了大学高年级阶段，学生应参与创新创业实践项目，这时要关注学生在项目中的表现和成长情况，通过收集和分析项目过程数据，了解学生在创新思维、操作能力、团队合作能力等方面的发展，为学生提供有针对性的指导和支持。若发现学生在团队合作中存在沟通不畅的问题，可开设团队合作训练课程，提升学生的沟通和协作能力。

校友毕业之后进入职场或者继续深造，他们在实际工作或者进一步学习过程中会面临全新的挑战和机遇。通过校友追踪机制，了解校友的职业发展轨迹、取得的成绩以及碰到的难题，可以给高校人才培育提供反馈和参照。针对那些在数智化创新创业方面取得成功业绩的校友，邀请他们重返校园讲述经验，激发在校生的创新创业热情；而对于那些陷入困境的校友，要给予必要的支持和援助，包括职业咨询、资源对接等。依靠社会网络分析绘制校友创业资源拓扑图，就能明确表现出校友之间关于创新创业资源的关系，例如投融资关系链、合作项目关系等。它不仅可以帮助校友之间实现资源共享、合作，而且还可以反向优化校内导师匹配策略。根据校友创业资源拓扑图，为在校生匹配具有相应资源和经验的导师，以帮助学生更好地开展创新创业实践，提高创业成功率。

二、实施路径

（一）智能反馈平台

智能反馈平台是高校数智化创新创业人才培育的重要支撑体系，凭借多模态数据融合技术以及实时预警系统，可以对学生学业状态及心理状况进行全面监测并给予准确反馈，从而为教学策略的调整改进以及学生个性发展提供坚实有力的支持。

多模态数据融合属于智能反馈平台的关键技术之一，它将课堂视频微表情识别、线上学习行为分析、项目文档语义分析等多种数据采集手段综合起来，从而全方位、深层次地认识学生在创新创业学习过程中的表现及其需求。

实时预警系统是智能反馈平台的另一重要功能板块，它依靠学生的学习数据和心理数据，对学生的潜在问题予以及时预警，让老师和学校可以迅速采取相应的应对措施。创新焦虑指数是评判学生在创新创业进程中心理压力和焦虑程度的关键指标，通过广泛性焦虑量表（GAD-7）等专门的方法对学生创新焦虑指数进行科学评定。当学生的创新焦虑指数连续3天高于设定数值时，表明学生可能在创新创业进程中遇到较大困难或压力，心理状态存在不稳定波动。此时，实时预警系统会自动推送心理援助资源，包括在线心理咨询服务、心理健康讲座、心理自助工具等，以帮助学生减轻焦虑情绪，调整心理状态，重新树立创新创业的信心和动力。实时预警系统能够对学生的学习进度、成绩起伏、参与程度变化等情况进行实时监测，一旦察觉到学生陷入学习困难、成绩下滑或者参与度下降等异常状况，就立刻给老师和学生发出预警信息，提醒老师注意学生的学业情况，给学生提供有针对性的指导和支持，帮助学生解决学习难题，确保学生能够完成数智化创新创业人才培育的各项既定目标。

（二）校友追踪机制

校友追踪机制属于高校数智化创新创业人才培育体系的关键部分，凭借社会网络分析及成长归因模型，高校能够深入了解校友的发展走向，探究校友取得成功的背后推动力量，将这些宝贵经验以及优质资源反向输送到校内的人才培养环节，从而做到人才培养质量的不断提升与优化。

社会网络分析是一项非常有效的研究手段，借助绘制校友创业资源拓扑图，可以非常直观地呈现出校友间错综复杂的社会关系网络以及资源流动脉络。在此拓扑图上，校友充当着节点的角色，校友之间的投融资关联、合作项目关联、信息交流互动等，这些都成为连接节点的边。通过对拓扑图展开分析，高校能够精准识别出校友群体里的关键人物及其核心关系链路。有些校友在诸多创业项目中担任着极为重要的角色，与大量其他校友维持着密切的合作关系，他们在校友创业资源网络中占据着核心枢纽的地位，有着很强的影响力与资源整合能力。高校应该积极主动与这些核心校友形成常态化的联系，邀请他们回校分享自身的创业实战经验，参与到校内创新创业指导活动中来，为在校生提供鲜活的实际案例和前沿的行业洞察。

校友创业资源拓扑图还可以反映出校友之间的资源互补协同关系。有些校友在技术研发方面有明显的优势，而有些校友在市场拓展、资金运作等方面的表现非常出色。经过对拓扑图进行深入分析，高校可以准确把握这些互补关系，从而为校友搭建起合作的桥梁，推动校友之间实现资源共享、协同创新。高校还能依据拓扑图分析结果，改进校内导师的匹配策略。按照校友创业资源拓扑图中校友所从事的专业领域、创业实践经验以及资源优势，给在校生精准匹配具有相关背景和经验的导师，以确保导师能为学生开展创新创业实践提供更为有针对性和有效的指导。

成长归因模型采用结构方程分析等科学手段，对校友成功的关键要素展开深入研究，从而为高校改进人才培育策略提供扎实的科学支撑。许多数据实证研究显示，校企联合指导在校友成功要素体系中占有举足轻重的地位，能够使校友企业的融资成功率提高。在人才培育过程中，高校应不断加深校企合作的深度和广度，邀请更多的企业导师深度参与学生培养的全过程。企业导师可以带来企业的实际项目和市场的真正需求，让学生在实践中深入了解行业的最新动向和市场需求，切实提升学生的实践操作能力和解决问题的能力。成长归因模型还能针对其他影响校友成功的因素展开系统分析，如学生的专业知识储备、创新能力水平、团队协作能力、领导力素养等。通过深入剖析这些因素，高校就能把握人才培养的关键方向，改善课程体系安排和教学方法手段，加强对学生综合素质的系统培育。学校可以适当地加大创新创业实践课程的比例，组织学生参加实际项目和竞赛活动，着重锻炼学生的创新思维和实践能力。开设团队协作和领导力培训课程，切实提升学生的团队协作能力和领导能力，为学生日后的创新创业发展奠定基础。

三、案例分析

（一）香港科技大学创业数据库

香港科技大学所打造的创业数据库，是高校数智化创新创业人才培养过程中的校友追踪与分析的优秀典范。它汇集了海量校友的创业信息，全方位地覆盖了创业项目从创意产生、团队创建、项目执行，到市场宣传、融资发展等各个环节，给进一步探究校友创业进程及成功因素提供了大量数据。

香港科技大学利用生存分析模型对创业数据库的数据进行深入挖掘。生存分析是一种用来探究事件出现的时间及其影响要素之间的关系的统计手段，香港科技大学在这方面的研究重点放在校友企业首次公开募股（initial public offering, IPO）这一重要事件出现的时间及其关联影响因素上。通过对校友企业的所处行业领域、技术创新水平、市场定位情况、团队构成状况、融资状况等诸多维度的数据进行分析，该校研究团队得出结论："技术专利储备量"才是校友企业IPO的主要预测指标。

技术专利储备量体现着企业的技术创新能力及核心竞争力，在当下的数智化时代，技术创新是企业发展的重要驱动力。拥有众多技术专利的校友企业，往往在技术研发上投入了更多的资源和精力，具有更强的技术实力和创新能力。这种企业可以开发出具有独特优势的产品或者服务去适应市场的需求，从而在激烈的市场竞争中脱颖而出。技术专利还可以给企业带来法律上的保护，防止竞争对手模仿和抄袭，保障企业的市场份额和利润空间。当企业的技术专利储备量达到一定程度时，就能够向投资者展示出自己的技术实力和成长潜力，从而加强投资者的信心，提升企业的估值，为企业的IPO创造良好的条件。

香港科技大学创业数据库的研究成果为高校数智化创新创业人才培育提供了关键参考，高校可以按照这个研究结果来加大对于学生技术创新能力的培育力度，促使学生积极参加科研项目并申请专利，从而优化学生的专利技术储备。高校还可以给学生提供更多的创业指导与资源扶持，帮助学生把技术专利转化成实际的商业价值，提高学生创业公司的成功率并增强其发展潜力。

（二）代尔夫特理工大学的设计思维迭代

代尔夫特理工大学在数智化创新创业人才培养工作中，凭借A/B测试对课程进行改进，明显提高了学生方案的用户接受程度，为高校教学质量的改善提供了极为宝贵的经验。

A/B测试是对比试验的一种，把用户随机分成两组，一组使用一种版本的产品或服务，另一组使用另一种版本的产品或服务，然后比较两组用户的反应和行为，看哪种版本更优。在代尔夫特理工大学的课程优化中，A/B测试被用来比较设计思维课程的不同版本。设计思维课程旨在培养学生的创新思维和解决问题的能力，通过实际项目练习，让学生学会从用户需求分析、创意产生、方案设计到执行的全过程。

代尔夫特理工大学的研究团队设计出许多版本的设计思维课程，各个版本在教学内容、教学方法、执行项目等方面有所不同。例如，针对课程内容的侧重点加以调节，有的版本侧重理论知识的传授，有的版本则更看重实际操作。就教学方法而言，有的版本采取传统的讲授式教学，有的版本则运用小组合作学习、项目带动学习等方法。关于执行项目，有的版本挑选具有挑战性的真实商业项目，有的版本则着眼于创新性的概念项目。

代尔夫特理工大学经过A/B测试之后得出结论，采用项目驱动学习方式并且结合真实商业项目的课程版本，能够明显提高学生方案的用户接纳率。在这种课程版本中，学生以小组形式深入企业展开调研工作，了解企业的真实需求以及存在的问题。在项目推进期间，学生会利用设计思维方法，从用户需求角度出发，给出创新性的解决办法，而且经过多次迭代与改进，最后形成可行方案。由于这些方案是依照真实商业项目的需求来设计的，所以具备较强的实用价值和可操作性，因此更容易得到用户的认同与接受。

代尔夫特理工大学的这种做法说明，借助A/B测试对课程加以改进，可以让课程更符合学生的学习需求以及市场的实际需求，从而增强学生的实践能力与创新能力，进而提高学生方案的用户接受程度。高校在数智化创新创业人才培育方面，应当积极采用这种方法，持续改进课程安排和教学手段，以提高人才培育的效果。

第七章

数智化创新创业人才培养的趋势展望

高等教育是塑造高素质人才的重要途径，其在数智化创新创业人才培养上承担着重要责任，但传统高校人才培养模式在面对数智化时代需求时，逐渐显现不少问题：课程体系比较落后，跟不上数字技术快速发展的脚步；教学方法比较单调，对于学生创新思维和操作能力的塑造效果不好；产学研合作不是很密切，造成学生缺少实际项目经历和市场洞察力等。这些问题极大地限制了高校数智化创新创业人才的培养质量，很难充分满足社会及企业对数智化创新创业人才的迫切需要。所以，怎样去顺应数智化时代的发展需求，促使高校人才塑造模式更新并创新，提高数智化创新创业人才的培养品质，这成为高等教育范畴内急需解决的难题。本章将从技术迭代与教育形态演变、教育范式创新、政策支持与社会协同发展，以及全球数智化教育政策比较等多种角度来探寻高校数智化创新创业人才塑造的走向及其操作途径，希望为高校提供具备前瞻性与可行性的理论支持和操作指引，助力高校在数智化时代塑造出更多出色的创新创业人才，从而为我国数字经济高质量发展提供强有力的人才保障。

第一节　技术迭代与教育形态演变

一、技术驱动教育变革的内在逻辑

（一）人工智能重塑教育模式

人工智能技术有着自身的优势，正在改变传统的教育模式。在教学过程中，智能辅导系统成为教师的好帮手。科大讯飞开发的智能教育产品，利用自然语言处理技术去理解学生所提出的问题，然后进行及时的解答和有针对性的指导。它不仅能回答学生在学习过程中遇到的知识点上的疑惑，而且还能根据学生的提问方式以及回答情况来分析学生的思维模式和知识掌握程度，从而给出个性化的学习建议。这种智能辅导系统的出现，打破了传统教学在时间和空间上的局限性，学生不论何时何地，只要有网络就能得到及时的帮助，极大提升了学习效率。

个性化学习路径规划同样是人工智能在教育方面的一大亮点。人工智能算法借助对学生学习数据的深入剖析，可以为每个学生量身打造专属学习路径。像Coursera这类在线学习平台就用到了人工智能技术，它会收集学生在平台上的学习行为数据，比如课程访问时长、作业完成情况、测验分数等，进而分析学生的学习习惯、兴趣点和知识短板，最后给学生推荐个性化的课程内容和学习先后顺序。如果遇到数学底子差但对编程感兴趣的学员，系统会先推荐数学基本功加强课程，再引导学生去学编程相关的课程，这样学生就能按照最符合自己的节奏和方式来学习，从而提升学习的效果。

（二）区块链重塑教育信任机制

区块链技术是一种去中心化的分布式账本技术，它在教育领域的应用，为学历认证、学分转移、学术成果确权等带来了新的信任机制。

在学历认证上，传统学历认证方式存在不少弊端，如学历证书容易被伪造、认证过程烦琐等。区块链技术的不可篡改、去中心化特性，给学历认证提供了可靠的解决办法。麻省理工学院推出的Blockcerts项目，把学生学历信息存储在区块链上，每个学历证书都有一个唯一的数字标识，而且数据不能被修改，用人单位或者其他机构可以通过区块链网络直接验证学历信息的真实性，不用依靠烦琐的第三方认证机构，从而提高学历认证的效率和可信度。

在学分转移上，区块链同样能起到重要作用。不同教育机构间的学分互认是教育领域的一大难题，区块链可以对学分进行数字化存储并完成转移。欧洲一些高校联手开发依靠区块链的学分转移体系，学生在不同高校学习所得学分会被记录在区块链上。当学生要转学或者进一步深造时，接收学校借助区块链迅速核对学分的真实性和有效性，从而做到学分的顺利转移，给学生的学习发展提供更多便利。

学术成果确权也是区块链技术在教育领域的重要应用之一。科研人员的学术成果，比如论文、专利等，常常会有被抄袭、盗用的风险。区块链技术借助时间戳和加密算法，可以对学术成果进行确权，保证其原创性以及归属权。科研人员完成一项学术成果后，可以将相关信息记录到区块链上，形成不可篡改的时间戳和数字签名。如果出现学术成果方面的争议，区块链上的记录就能作为有力的证据，维护科研人员的正当权益。

（三）XR技术打造沉浸式学习体验

XR技术给教育带来沉浸式学习体验，彻底改变学生的学习方式。在历史教学中，VR技术可让学生穿越时空，身临其境地体验历史事件。学生能用VR设备踏入虚拟古代战场，亲眼看到战争场景，体会历史的沧桑巨变。这种沉浸式学习能极大地激发学生的学习兴趣，加深学生对历史知识的理解与记忆。

科学实验教学中，AR技术能把抽象的科学概念直观地表现出来，学生借助AR设备在现实环境中查看分子结构的三维模型、化学反应的微观进程等，让本来难懂的科学知识变得鲜活起来。利用手机或平板电脑上的AR软件，学生扫描化学实验教材上的图片，就能在屏幕上看见虚拟的化学实验过程，随时查看实验现象，从而提升学习效果。

MR技术会把物理世界和数字世界融合起来，给学生带来更丰富的学习体验。在建筑设计这门课上，学生可以借助MR技术，在真实的建筑环境中做虚拟设计，随时对设计方案加以修改，然后马上看到这些方案在实际场景里的样子，从而提升设计的精确度和速度。

二、数智化教育的实施路径

（一）动态课程体系的构建策略

为了适应数智化时代飞速发展的技术以及不断变化的市场环境，高校需要建立动态课程体系，从而保证学生所学知识与实际需求保持紧密联系，培养出具有跨学科知识与创新能力的数智化创新创业人才。

就课程内容的更新与改进而言，高校要时刻关注数智技术的前沿态势，尽快把最新的技术成果及其应用案例纳入课程教学中。由于人工智能技术在自然语言处理、计算机视觉等领域的发展速度飞快，所以高校的计算机科学、信息工程等专业应当适当地更新课程内容，增添有关深度学习框架应用、人工智能伦理等前沿知识板块。而且还要着力推进数智技术同传统学科的融合进程，开设“智能金融”“智慧物流”“数字创意设计”等跨学科课程，力求达到让学生能够运用数智技术去解决各个领域实际问题的目的。

跨学科课程的设置与整合是动态课程体系构建的重要环节，高校要冲破学科壁垒，促使不同学科教师联合授课，共同打造跨学科课程。“智能交通”课程就可作为例子。交通工程专业的教师讲授交通系统的基本原理和规划方法，计算机科学专业的教师讲述智能交通系统中的数据处理、算法应用等技术，数学专业的教师讲解有关的数学模型和优化方法。这种多学科融合的教学形式，使学生全面了解智能交通领域的知识体系，培育学生的综合分析能力和创新思维。

高校也要形成课程动态调节机制，依据市场需求和学生反馈来及时调节课程设置和教学内容，定期开展行业调研，弄清楚数智化领域企业对人才需求发生怎样的变化，邀请企业专家参与课程规划和教学评价，确保课程内容既有实用性又有前瞻性。根据学生的学业成果和反馈意见，尽快改进教学手段和教学内容，从而提升教学质量。

（二）虚拟仿真实验室建设的关键要点

虚拟仿真实验室是数智化教育的重要实践平台，它能给学生提供近乎真实的实验环境和实践机会，进而切实加强学生的实践能力和创新精神。在功能方面，虚拟仿真实验室要具备多种功能，从而符合不同学科和专业的教学需求。就理工科专业而言，虚拟仿真实验室应该提供虚拟实验设备和实验场景，这样学生就能做虚拟物理实验、化学实验、工程设计实验等，通过模拟真实的实验流程，来锻炼学生的实验操作技巧和科研能力。

针对商科专业，虚拟仿真实验室要模拟商业经营环境，执行虚拟企业经营、市场营销模拟、财务管理模拟等操作，培养学生的商业决策能力、团队协作能力。学生能在虚拟企业经营模拟中扮演企业的各类角色，如CEO、CFO、CMO等，制定企业的经营战略、市场营销策略、财务管理计划等。通过模拟市场竞争和企业运作流程，提升学生的商业操作能力。

技术选型方面，虚拟仿真实验室要采用先进且成熟的技术，保证系统稳定、安全、高效。使用性能好的服务器和云计算平台，支撑大量虚拟实验和多人同时访问。运用VR、AR、MR等技术，营造身临其境的实验环境，提升学生的学习体验。同时，引入区块链技术，确保实验数据安全存储，并具备追踪功能，防止实验结果被篡改，保证实验结果的真实性和可靠性。

虚拟仿真实验室与实际教学的融合很重要，高校要把虚拟仿真实验教学融入课程体系里，与理论教学结合起来，形成完整的教学体系。在课程教学中，教师可以按照教学内容以及教学目的，恰当安排虚拟仿真实验环节，引导学生借助虚拟实验加深对理论知识的理解，提升动手能力。例如，在讲授机械设计这门课时，教师先通过理论教学来阐述机械设计的基本原理和方法，之后安排学生在虚拟仿真实验室里进行机械零件的设计和装配实验，让学生在操作过程中学会机械设计的技能。

要加强虚拟仿真实验室师资队伍建设，提升教师虚拟仿真实验教学能力。教师应熟练掌握虚拟仿真实验系统的使用方法，能引导学生进行有效的实验学习和探索，及时解决学生在实验中遇到的问题。

第二节　数智化教育范式创新方向

一、范式转型的核心内涵

（一）从“教师中心”到“学习者主权”的转变

在传统教育范式架构之下，“教师中心”模式占据主导地位，教师作为知识权威的传授者，在教学进程中起着绝对主导的作用。课堂教学往往以教师讲授为主，学生大多处于被动接受教师传授知识的状态中。在这种模式里，教学活动围绕教师的教学计划和节奏展开，教师依照既定的教学大纲以及教材内容实施讲解，学生则通过听讲、记录笔记等途径来获取知识。教师在课堂上的话语权较大，掌控着教学内容、教学方式以及教学进度，学生自主思考与参与的空间相对较小。

随着数字化时代的到来，教育理念正由“教师中心”向“学习者主权”转变。“学习者主权”突出体现学生在学习过程中的主体地位与自主权利，把学生当作有独立个性、兴趣及学习需求的人，认为学生在学习时应享有更多选择权与决策权。在这种观念引领下，教学活动的设计与执行更重视学生的实际需求和特点，把激起学生的学习兴趣和主动性当作最根本的出发点。教师不再是知识唯一的源头和绝对权威，而是转变为学习的引导者和推动者，帮助学生自行探寻知识，培养创新思维并解决问题。数智化教育环境下，学生可以按照自身学习进程与兴趣爱好，在线学习平台自行选定课程、学习资源以及学习时间，借助智能教学系统互动并与同学们协同学习来实现个性化学习目的。比如学习计算机编程课程时，学生能够凭借在线编程学习平台，根据自身水平和学习意图，选取合适的编程项目和学习途径。碰到难题时，可以通过该平台上的智能答疑系统或者向其他学习者求助来解决。而当学生陷入困境之时，教师便会给予相应的指导与建议。

（二）自适应学习与创新能力孵化的重要性

自适应学习属于数智化教育的重要特征，可以按照学生的个体差异给予个性化学习支持，这对于培养学生的创新能力极其关键。每一个学生都有自己独特的学习风格、知识基础以及认知能力。传统的“一刀切”教学方法很难满足所有学生的学习需求。然而，自适应学习体系依托人工智能和大数据技术，能够实时收集并分析学生的学习数据，包括学习进度、答题情况、学习时间等，从而精准了解每位学生的学习状况和需求。比如，按照学生在数学课上答题的情况，系统就能看出学生对哪些知识点掌握得比较好，对掌握得比较好的知识点，系统可以给出更有难度的拓展练习，加深学生的理解；而对掌握不好的知识点，系统就会给出有针对性的辅导资料和练习题，帮助学生打好基础。

学生经过自适应学习之后，可以按照自己的节奏和方式来学习，避免学习进度太快或太慢所引发的学习难题，进而提高学习效率和优化成果。这样的个性化学习过程会唤起学生的学习兴趣和积极性，让学生更加积极地投入学习中。在自主学习和探究的过程中，学生经常遭遇新的问题和挑战，需要采用更新的思路和方法去解决，这为培养学生的创新能力创造了很好的环境。当学生在学习物理课程的时候，自适应学习系统根据学生的学习情况，提供一个新能源应用研究项目。学生在进行这个项目时，需要自己搜集资料、设计实验方案、分析实验数据，不断尝试与创新，最终提出一个新的新能源利用理念。这样既能提升学生的知识水平，也能培养其创新能力。

创新能力属于数智化时代人才所必须具备的核心素养范畴，在迅速发展的数智化社会环境中，创新能力可以帮助学生更好地应对社会变革，在将来的职业发展道路以及社会生活中收获成就。通过自适应学习方式，学生在处理实际问题时，可以逐渐形成独立思考、勇敢探究、敢于创新的精神与能力。这样一种创新能力，一方面有益于学生在学业上有所超越，另一方面也会给他们日后从事创业、科研、技术更新等工作构筑稳固根基。就科技创新层面而言，具有创新能力的学生能够及时察觉到新科技的发展走向，进而提出创新性的观点与方法，从而为推动科技向前迈进、促进社会发展添砖加瓦。

二、数智化教育范式的核心要素

（一）基于数据画像的精准教学

数智化教育时代，数据画像技术为精准教学提供了稳固支撑。通过对学习过程中产生的各种来源的数据进行收集、整合与分析，能够全面、精确地描绘出学生的学习特征、兴趣爱好、知识掌握情况、学习行为习惯等，从而为教师开展精准教学提供科学依据。

学习特征维度，数据画像可显示学生的学习风格，是视觉型、听觉型还是动觉型学习者。针对视觉型学习者，教师应提供更多图片、图表、视频等视觉学习资源，便于其理解知识。针对听觉型学习者，教师可录制讲解音频，让学生课后聆听，巩固知识。针对动觉型学习者，教师应设计更多实验课程，安排更多小组活动，让学生通过实践操作学习。教师可提供更多项目实践机会。数据画像也能体现学生的学习能力，如逻辑思维能力、记忆力、创造力等。逻辑思维能力较强的学生，老师可以给他们布置一些有难度的逻辑推理题和深入剖析的学习任务，这样可以调动他们的学习潜能。记忆力不错的学生，老师可以引导他们把学到的知识进行梳理、总结，以提高他们运用知识的能力。创造力很强的学生，老师可以安排一些创新竞赛、创意项目等活动，给这些学生提供一个展示才能的平台。

兴趣偏好属于影响学生学习积极性和主动性的重要因素。通过剖析学生于学习平台上的资源浏览记录、课程挑选倾向以及参与讨论的话题等信息，可以准确地掌握学生的兴趣偏好。如果学生时常浏览科技类学习资源，加入人工智能、机器人等话题的讨论，那就显示出这个学生对科技领域怀有强烈的兴趣。教师就能按照这一兴趣点向学生推荐更多与之相关的课程、书籍以及学习活动，比如安排学生去听科技讲座、参观科技馆或者投身科技创新项目等，从而更好地提升学生的学习兴趣并塑造他们在此方面的专业能力。

知识掌握程度是精准教学的重点关注之处。数据画像借助学生完成作业的情况、测验成绩以及考试分数这些数据，可以细致剖析学生对各个学科知识点的掌握情况，准确找出学生的知识薄弱环节。以数学学科为例，通过对学生作业和考试数据加以分析，如果察觉到学生在函数、几何图形等知识点上出错的次数较多，那么教师就可以针对这些知识薄弱环节，给学生提供个性化的辅导资料和练习题目，安排专门的辅导课程，从而帮助学生查缺补漏，提升知识掌握水平。

学习行为习惯同样属于数据画像的一部分，通过记录学生的学习时间分配情况、学习时长、学习频次等相关数据，可以了解学生的学习行为习惯。如果某个学生经常在晚间十点到十二点这个时间段展开学习，而且每次学习的持续时间比较短，容易走神，那么这也许意味着这个学生在学习时间上的规划不太合适，学习时不够专注。教师可以同学生交流并帮助他们重新规划学习时间，制订出合适的学习计划，培养优良的学习习惯。从对学生学习行为习惯的剖析中，教师还会察觉到学生的学习规律：有的学生上午的学习效率更高，而有的学生下午更容易全神贯注。因此教师就能够按照这些规律来合理地安排教学内容以及学习任务，从而提升教学质量。

基于数据画像的精准教学，可以让教师更加了解每个学生的特点和需求，做到因材施教，提升教学的针对性和有效性，促进学生全面发展。

（二）智能导师系统的功能与应用

智能导师系统是数智化教育的关键工具，可以模拟人类教师的教学流程，给学生提供个性化、智能化的学习指导和反馈，在数智化教育中发挥着不可或缺的作用。

智能导师系统有着很强的知识讲解和答疑能力，学生在学习时碰到问题，只要向智能导师系统发问，系统就能马上明白问题的意思，从海量的知识库中找到相关知识，用浅显易懂的方法给学生讲解。在物理学科里，如果学生对于“牛顿第二定律”的使用存有疑惑，智能导师系统就会细致地讲清楚该定律的定义、公式、适用情况，并举例说明如何用这个定律解决实际问题。它还会根据学生的提问，拓展相关知识，引导学生思考，帮助学生全面理解知识点。

智能导师系统可以按照学生的学习进程以及知识掌握状况给予个性化的学习建议，系统会随时追踪学生的学习历程，剖析学生的学习数据，像作业完成情形、测试分数、课堂参与度等，以此了解学生的学习态势与需求。针对那些学习速度比较快、对知识掌握得不错的学生，系统能推送某些拓展性学习素材和带有挑战性质的学习任务，诸如有关领域里最新发表的研究论文、难度较大的习题集等，这样就能推动学生更进一步地提高自己的知识水平和能力。而面对那些学习速度偏慢、知识掌握程度欠佳的学生，系统就会给出有针对性的辅导材料和复习指导意见，例如基础知识讲解视频、关键知识点概括、专门练习题目等，从而助力学生夯实基础，跟上学习进度。

学生在学习过程中的学习动力和积极性是十分重要的。智能导师系统可以通过各种方式激励学生学习，例如设定学习目标和奖励。智能导师系统会根据学生的学习情况给学生制订合适的学习目标，当学生完成学习目标时，会给予学生奖励，如虚拟勋章、积分、学习成就证书等，这样可以增强学生的学习成就感，提高学生的学习动力，使学生更积极主动地学习。智能导师系统还可以通过与学生互动交流来鼓励学生、肯定学生，增强学生自信心，提高学生学习的积极性。

智能导师系统可以对学生的学习效果进行评价并给出反馈。它会定期对学生进行学习测验，依据测验结果分析学生的学习成果和出现的问题，及时向学生和老师做出反馈，形成具体的学习报告，展现出学生在不同知识点上的掌握情况、学习提升趋势以及薄弱点所在等。让学生了解自己的学习情况，明确努力的方向；老师同样可以根据学习报告来调整教学的方式和手段，给予学生更具针对性的指导。

在实际应用中，智能导师系统已经在许多教育领域得到了广泛的应用。在线教育平台中，智能导师系统可以为学生提供24小时不间断的帮助，学生可以随时随地向智能导师寻求帮助；在学校教育中，智能导师系统是教师的助手，可以帮助教师减轻教学负担，提高教学质量。

（三）开放式创新平台的搭建与运营

开放式创新平台是数智化教育的重要载体，可以汇聚校内外优质资源，给学生带来丰富的创新实践机会，激发他们的创新思维和创业能力，在数智化创新创业人才培育方面具有重要意义。

开放式创新平台要有资源整合与共享的功能，平台与高校、企业、科研机构等形成合作关系，汇集各方的创新资源、科研项目、实验设备、技术专利、创新案例等。高校的科研成果可以在平台上展示并推广，为企业提供技术支持。企业的实际项目需求可以在平台上发布，吸引高校学生和科研人员参与解决。科研机构的先进实验设备和技术可以向平台用户开放，实现资源共享、高效利用。资源整合与共享打破了资源壁垒，为学生提供了更广阔的创新视野和实践空间。

项目实践和创业孵化是开放式创新平台的重要功能之一，平台给学生提供真实的项目实践机会，让学生在实践中提升自己的创新能力和解决问题的能力。这些项目涉及很多领域，如科技创新、文化创意、社会服务等，学生可以依照自己的兴趣和专业来挑选参加。在项目实践期间，学生会形成团队，和企业导师以及专业教师一同协作完成项目任务。平台还为想要创业的学生提供创业孵化服务，包含创业培训、项目评价、资金扶持、市场推广等。通过创业孵化，帮学生把创新想法变成实际的创业项目，做到从创新到创业的飞跃。

交流与合作属于开放式创新平台的关键功能。该平台给学生、教师、企业员工以及科研人员提供了一个可以相互交流并进行合作的场所，从而推动不同领域人员彼此间的思想碰撞及知识共享。平台会组织各种类型的创新论坛、学术讲座、创业比赛等活动，并请业内专家和成功创业者来分享他们的经验与看法，以此激发学生的创新思维。平台也能助力学生之间开展合作学习和团队协作。学生能够在平台上创建创新团队，一同开展项目研究和创新实践，进而塑造团队合作意识和沟通技巧。

开放式创新平台的运作要形成有效的管理机制和奖励机制，管理机制包含平台资源经营、项目经营、用户经营等方面，保证平台正常运行和资源恰当分配。奖励机制就是通过设立奖励制度、荣誉称号等手段，促使学生积极参加平台的活动和项目实践，调动学生的创新热情和积极性。对在平台上表现出色的学生给予奖学金、实习岗位、创业基金等奖励。对于在创新实践操作中获得优异成果的团体和个人予以嘉奖和宣传。

在实际运营过程中，有些高校创建了开放式创新平台，收获了不错的成果。清华大学的“x-lab”创新平台，把校内不少学科的资源汇集起来，与很多企业、投资机构展开合作，为学生提供了众多创新实践项目和创业孵化服务，培育出一批杰出的创新创业人才。

三、数智化教育范式的实施路径

（一）“诊断－反馈－优化”闭环的构建

数智化教育生态下，学习分析技术是“诊断-反馈-优化”闭环的重要组成部分。在学习平台、教学管理系统这类工具里嵌入学习分析模块，可以即时获取学生在学习过程中生成的各种数据。这些数据来自多种渠道，包含学生在线课程平台上的学习行为数据，比如课程视频观看的进度、暂停次数、回放频率等；还包括学生使用学习资源的数据，如文档下载次数、图片查看时长等；课堂互动数据涉及参与讨论的发言次数、提问频率、回答问题的准确率等；还有作业及测验数据，涵盖作业完成时间、得分情况、错题种类等。经过这些多维度数据的搜集与整合，为全面深入地剖析学生的学习状况提供了充足的素材。

以学习行为数据为例，如果学生老是暂停并回放课程视频里的某个片段，那么这很可能显示出这部分内容让他感到难以理解；学生花费很多时间去思索和操作某个知识点的时候，也许意味着他正在积极探究这个知识点，不过也有可能是碰到了什么难题。课堂互动的数据可体现学生的学习参与度和思维活跃程度。那些发言次数多且有新奇观点的学生，往往有着较高的学习热情和创新精神；而提问频繁的学生，则可能在某些知识的领悟方面存在困惑，需要更多指引。

基于所收集到的数据，利用数据挖掘、机器学习等技术对学生的学习过程进行全方位的诊断。建立学生学习模型，对学生的知识掌握程度、学习进度、学习风格等方面的情况进行分析。对学生的学习风格进行分析时，可以采用Felder-Silverman学习风格模型等方法，从视觉、听觉、动觉、活跃型、沉思型、感悟型、直觉型、序列型、综合型等多方面对学生进行分析，了解学生更偏向于哪种方式来获得知识。知识掌握程度分析，采用贝叶斯网络等技术，根据学生的作业、测验成绩来推测学生对各个知识点的理解和掌握程度，找出学生的知识薄弱点。通过跟踪学生的学习进度，分析学生是否按照预定的学习计划进行学习，是否存在学习进度过快或过慢的情况。

把诊断的结果及时反馈给学生和教师，这是“诊断-反馈-优化”这个闭环里的关键一环。对学生而言，个性化的学习报告算是不错的反馈手段，学习报告可以细致地显示学生在各个学科和知识点上的学习情况，如已掌握的知识、存在的问题、同班里平均水平相比的情况等都会包含进去。报告还可以给出有针对性的学习意见，例如针对某些薄弱知识点的复习资料推荐、学习方法的指导等。以教师为例，教学分析报告有益于教师全面掌握整个班级学生的学习状况，如学生的整体学习进程如何、知识掌握的弱点主要出现在哪些地方等。有了这些信息，教师就能及时调整自己的教学策略，如果发现学生存在普遍的问题就集中讲解，对于学习进度比较慢的学生给予额外的辅导，按照学生的不同学习风格来调整教学方法等。

按照反馈结果来改进教学内容、教学方法以及学习资源，从而适应学生的学习需要。在教学内容方面，老师可以依照学生的知识掌握情况来调整并充实教学内容。针对那些让学生难以理解的知识点，可以增添一些例子和解释，帮助学生更好地理解；而对于那些学生已经掌握了的内容，则能够缩短讲解时长，增添一些拓展性的学习资料，满足学生的好奇心。在教学方式上，依照学生的学习类型和反馈信息，选取更合适的教学手段：如果面对的是视觉型学习风格的学生，就增加图片、图表、视频等教学资源的使用；如果是活泼型学习风格的学生，便选用像小组讨论、项目制学习这类互动性比较强的教学方式，以此调动起学生的学习热情。在学习资源方面，按照学生的需求以及反馈来改进学习资源推荐系统。推荐系统可以依据学生的学习历史及诊断结果，精准地推荐合适的学习资料，例如学术论文、线上课程、练习题等，从而提升学习资源的利用效能。通过不断地“诊断-反馈-改善”，建立起一个动态的、不断改善的教学循环，促使学生的学习和成长。

（二）混合式创客空间的建设与发展

线上线下联动的混合式创客空间，是数智化教育范式下培养学生创新实践能力的重要载体，其建设模式和运行机制对实现创新人才培育目标有着决定性影响。在空间布局上，混合式创客空间要兼顾线上与线下，线下空间要配置先进的设备和多种资源，如3D打印机、激光切割机、电子制作工具等硬件设备，也要有丰富的图书资料、学术期刊等软件资源。设置不同的功能区域，比如创意构思区、项目实践区、成果展示区等，给学生营造出良好的实践环境。创意构思区可以放置舒适的沙发、可书写墙面等，方便学生展开头脑风暴、创意交流。项目实践区设有专门的实验设备、工作台等，可以满足学生展开各种创新项目的实践。成果展示区用来展示学生的创新成果，激发学生的成就感和创新动力。

线上空间依靠互联网技术，创建在线学习平台、项目管理系统以及交流社区等。在线学习平台提供大量课程资源，包含创新思维训练、创业基础知识、数字技术应用等方面的课程。学生可以根据自身需求和喜好开展自主学习。项目管理系统有利于学生针对自己的创新项目执行全流程管理，涵盖项目策划、进度追踪、团队合作等环节。学生可以在系统中制订项目计划、分配任务、记录项目推进情况，方便团队成员之间的交流协作。交流社区为学生搭建了互动交流的平台，学生可以在此分享自己的创意和经验，与其他学生及教师展开交流讨论，从而获得更多的想法和建议。

混合式创客空间的运营机制需侧重线上线下的协作。就活动组织而言，应定时举办线上线下相融合的创新活动。线上举办创意征集活动，促使学生在交流社区分享创新想法。通过线上投票和专家评审，选出优质创意。针对这些优质创意举办线下项目实践活动，学生自行组队，在创客空间的线下区域开展项目开发和实践。同时，举办线上线下同步的创新讲座和培训活动，邀请行业专家和成功创业者通过线上直播做讲座分享。此外，在创客空间的线下区域设立分会场，让学生可以当场参加互动交流。

团队协作上，依靠线上线下的工具和平台，推动学生之间的协作学习。线上借助项目管理系统和交流社区，团队成员可以随时沟通协作，共享项目资料和进展情况。线下定期举办团队会议和协作活动，让团队成员面对面交流，提升团队凝聚力和协作能力。在一个智能硬件更新项目里，团队成员通过线上项目管理系统来分配任务、讨论技术方案，用交流社区分享有关技术资料和创意灵感。在项目实践期间，团队成员在创客空间的线下部分一同进行硬件设计、制作和调试，面对面协作解决项目中碰到的问题。

线上线下的资源整合与共享：线上学习平台上的课程资源、学术资料等可以在线下进行宣传和推荐，让学生进行学习和利用；线下的一些硬件设备、实践场地等资源可以在线上进行预约和管理，提高资源的利用效率。通过线上线下的资源共享，为学生提供更加丰富、便捷的创新实践条件，促进学生创新实践能力的发展。

第三节　政策支持与社会协同发展

一、政策杠杆的重要作用

（一）新基建投资对教育的推动

新基建投资是推动教育数字化转型的重要力量，给教育领域带来了全方位的变革和发展机遇。在网络基础设施建设方面，5G网络的大面积覆盖为数智化教育的发展提供了核心支持。5G网络具有高速率、低延迟、大容量的特点，可以满足数智化教育中大量数据传输和实时交互的需求。对于远程教学而言，5G网络使得高清视频直播教学成为常态。教师可以依靠5G网络将优质的教学资源实时传输到偏远地区的学校，学生可以同步观看高清的教学视频，并且可以与教师进行实时互动，从而实现优质教育资源的跨区域共享。5G网络还为虚拟现实（VR）和增强现实（AR）教学应用创造了条件。在职业教育领域，学生可通过5G网络接入VR实训平台，身临其境地开展工业生产、医疗手术等场景的模拟实训，提升实践操作能力与职业技能水平。

云计算和大数据中心的创建，同样为教育数据的存储、剖析以及应用赋予了强有力的科技支撑。云计算技术具备强大的计算能力和存储能力，可以为教育机构提供灵活的计算资源与存储服务。学校可以把教学管理系统、线上学习平台等部署到云端，降低硬件设备的购置费用及维护成本，提升系统的稳定性和可靠性。大数据中心能收集、存储并分析大量教育数据，包括学生的学习行为数据、考试成绩数据、教师的教学评价数据等。通过深入分析这些数据，教育机构就可以了解学生的学习状况及需求，为教师提供教学决策的依据，实现精准教学及个性化学习。

新基建投资对于推动教育公平也具有不可忽视的意义。在偏远地区和农村地区，网络基础设施不完备始终是影响教育发展的重要因素，新基建投资着重加强这些地方的网络基础设施建设，改善当地学校的网络状况，让偏远地区和农村地区的学生能够获得与城市学生一样的良好教育资源。依靠在线教育平台，这些地区的学生可以学习全国各个地方的优质课程，拓宽自己的学习视野，提升学习品质。新基建投资促使教育资源得到均衡分配，通过构建教育资源公共服务平台，整合各种优质教育资源并实现共享和流通，不同地区的学校可以根据各自的需求，从该平台获取所需的教育资源，从而提高教育资源的利用率，缩小城乡之间、不同区域之间的教育差距，助力实现教育公平。

（二）税收优惠与知识产权保护政策的激励

税收优惠政策在企业参与数智化教育过程中起到重要的激励作用。在企业参与教育项目投资方面，税收减免政策可以减少企业投资成本，提高企业投资积极性。部分地区对投资教育科技项目的公司给予企业所得税减免优惠，企业在投资建立在线教育平台、开发教育软件等项目时，可以享受一定比例的税收减免，这使企业在项目投资之初就能减轻资金压力，将更多的资金投入到技术研发与服务提升中，推动教育科技项目顺利开展。税收优惠政策还推动企业加大教育创新投入力度，对企业在数智化教育方面所开展的研发活动，予以研发费用加计扣除等税收优惠。企业在研发智能教学设备、教育大数据分析系统等项目时，其研发费用可在计算应纳税所得额时予以加计扣除。这就极大提升了企业从事教育创新的积极性，促使数智化教育技术不断创新发展。

知识产权保护政策对教育创新活力的激发有着非常关键的作用。在数智化教育领域，知识产权保护政策可以保障教育创新成果的合法权益。当教育机构或企业研发出有创新性的教育产品或技术，如智能教学软件、线上教育课程等，知识产权保护政策就会给予法律上的保障，防止他人抄袭或盗用这些创新成果。通过专利申请、著作权登记等途径，教育创新者可以得到相应的知识产权。如果发现有人侵权，可以借助法律手段来捍卫自己的权利。这样就能让教育创新者放心地投入时间和精力进行创新，不必担心自己的创新成果被侵犯，进而激发教育创新的积极性。知识产权保护政策推动了教育创新成果的转化应用。知识产权交易市场和技术转移机制建立起来之后，教育创新成果就可以得到有效的推广和应用。教育机构或者企业可以把自身的知识产权转让出去，许可他人使用，从而使得创新成果的价值被最大程度地发挥出来。这样既给教育创新者带来了经济上的好处，又推动了数字化教育技术的传播和应用，进而推动数字化教育的发展。

二、协同机制的构建与运行

（一）政－校－企－研“四螺旋”模型

在政-校-企-研“四螺旋”模型架构里，政府是政策制定和资源调配的主要主体，在数智化教育发展进程中，它有着非常关键的引领作用。政府通过制定一系列政策法规，给数智化创新创业人才培育提供了明晰的方向和有力的政策支撑。教育部等六部门出台的《关于推进教育新型基础设施建设构建高质量教育支撑体系的指导意见》就清楚表明要加强对教育信息化的创建，促使数字技术同教育教学达成深度整合，这是高校开展数智化教育所依托的政策根基。而且，政府采用资金扶持、项目扶持等办法，促使高校加大在数智化教育方面的投入强度，推动高校创建数字化教学平台、虚拟仿真实验室等教学设施，从而提升高校数智化教学水平。

高校作为人才培育的关键单元，承担着知识传授、能力塑造及科技创新的重任。在数智化创新创业人才培养的实际操作中，高校不断改善课程体系，将数智技术相关的课程纳入专业教学规划，开设人工智能、大数据分析、区块链技术等前沿课程，让学生有机会系统地学习数智技术方面的知识。高校还积极开展实践教学活动，创建创新创业实践基地，给学生提供实践机会，着重培养学生创新思维与实践能力。高校与企业携手展开科研项目，将科研成果转化为教学资源，让学生接触行业最新技术与成果，从而提升学生的专业素养与创新能力。

企业作为市场主体，对市场需求有着敏锐的感知力。在“四螺旋”模型中，企业为高校提供大量的实践项目和实习机会，让学生能够在真实的职场环境中锻炼自己的能力。企业与高校展开订单式人才培养模式，按照企业的实际需求，与高校共同制订人才培养计划，以确保培养出来的人才可以精准地符合企业的需求。企业还会给高校提供技术上的支持和资金上的投入，与高校一同开展科研项目，推进数智技术的更新和应用。以华为公司为例，该公司与众多高校合作创建“ICT学院”，为学生提供华为技术方面的培训和实习机会，并给予高校技术上的支持和资金上的投入，一同开展5G技术、人工智能等领域的科研项目。

科研机构在“四螺旋”模型中起到知识创新和技术研发的作用，科研机构具有先进的科研设备和专业的科研人才，可以进行前沿的数智技术研究，科研机构与高校合作，将科研成果转化为教学资源，丰富高校的教学内容，科研机构与企业合作，为企业提供技术解决方案，帮助解决企业的问题，中国科学院与高校、企业合作，进行量子计算、人工智能芯片等研究，将研究成果应用于高校教学和企业生产，促进数智技术的发展和应用。

“四螺旋”模型运行中，政府、高校、企业和科研机构之间共享资源、合作项目等，协同创新。政府借助政策引导高校、企业和科研机构合作，形成良好的协同创新氛围。高校、企业和科研机构之间合作开展科研项目、人才培养等活动，实现资源优化配置与优势互补，共同推进数智化创新创业人才培养及数智技术创新发展。

（二）破解产教融合壁垒的策略

要想真正有效地解决产教融合过程中出现的壁垒问题，政策引导就显得十分重要。政府要制定出更完善的产教融合政策法规，明晰高校和企业之间在培养人才过程中的权利和义务，给产教融合赋予强有力的法律支撑，出台相关政策，清楚地规定企业有向高校学生提供实习实训岗位的责任，高校也有义务为企业提供技术支持并输送人才。对于积极投身于产教融合的企业给予税收优惠、财政补贴等政策照顾，对于没有履行义务的企业则采取相应的处罚手段，从而规范企业同高校在产教融合方面的行为，增进双方的积极性。政府还要加强对产教融合的统筹规划，制定产教融合发展规划，明晰产教融合的目的、任务和执行途径，引领高校和企业依照市场的需求和行业的发展趋势，展开有针对性的产教融合活动，设置产教融合专项资金，扶持产教融合项目，促使高校和企业携手创建实习实训基地、研发中心等，推进产教深度融合。

利益共享机制是调动企业参与产教融合积极性的关键要素。建立合理的利益共享机制十分必要，高校和企业要根据自身的投入与贡献，公平分配产教融合带来的经济效益和社会效益。科研成果转化方面，高校和企业可以签订合作协议，确定科研成果的归属及利益分配方式。高校的科研成果可以顺利转化为企业的生产力，企业给高校相应的经济回报和技术支持，企业与高校可共同创建科研成果转化公司，高校用科研成果入股，企业用资金和市场渠道入股，双方共同经营，共享收益。人才培养上，企业给高校学生发放奖学金、助学金等，促使学生好好学习专业知识，锻炼实践能力，毕业后到企业工作；企业跟高校联手开展员工培训，利用高校的师资力量和教学资源，给企业员工做技能培训，提升员工素质，企业付给高校相应的培训费用，做到双赢。

信息沟通不畅是产教融合中常出现的问题之一。搭建起有效的信息沟通平台，可以破除高校同企业之间的信息壁垒。政府可搭建产教融合信息服务平台，把高校、企业、科研机构等各方的信息资源整合起来，给产教融合提供信息发布、项目对接、成果表现等服务。高校可在平台上公布自己的科研成果、人才培育需求等信息，企业可公布岗位需求、技术难题等信息，双方通过平台开展信息交流并进行项目对接，从而优化产教融合的效率和品质。采用大数据技术，针对平台上的信息展开剖析和挖掘，给高校和企业提供精确的信息服务，助力双方更好地掌握市场的需求和行业的走向，制定出更为科学合理的产教融合策略。

三、政策支持与社会协同的实施路径

（一）区域性数智教育联盟的建设

区域性数智教育联盟的创建，是整合区域教育与产业资源、推进数字化教育协同发展的关键步骤。创建期间，地方政府需承担起主导责任，依靠政策引领、资源调配等手段，促使联盟形成并发展起来。

地方政府的首要任务是制订清晰的政策规划，明确区域性数智教育联盟的定位、目标和任务。政策规划要紧密结合当地产业发展需求及教育资源状况，把培育符合地方经济发展需要的数智化创新创业人才当作核心目标。针对以制造业为主导产业的地区，政策规划重点应放在培养智能制造、工业互联网等方面的人才。而以数字经济和服务业为主导产业的地区，则应把培养大数据分析、人工智能应用、数字营销等方面的人才作为重点。政府可以出台相关政策文件，规定联盟的组织架构、成员资格、权利义务等内容，为联盟的运作提供制度上的支撑。

在资源整合上，政府要积极协调区域内普通高等学校、职业院校、企业等各方力量，做到教育资源和产业资源的共享和互补。高校和职业院校有着丰富的教育资源、师资力量、教学设施、科研成果等，企业有着实际的生产经营经验、市场需求信息、实践项目资源等，政府可以搭建资源共享平台，推动高校、职业院校和企业之间资源流通起来，组织高校和企业开展产学研合作项目，推动企业把实际项目带进高校，让学生参与到项目实践中，从而提升学生的实践能力和创新能力。促使高校和职业院校的师资和企业的技术人员相互交流访问，企业的技术人员可以到高校和职业院校兼职授课，分享行业的最新技术和实践经验；高校和职业院校的教师可以到企业挂职锻炼，了解企业的实际需求，提升自身的实践教学能力。

构建产业需求数据库是区域性数智教育联盟精准培育人才的重要根基。政府可组织专门小组，深入调研区域内企业的产业需求，搜集企业对人才的专业技能、知识结构、综合素质等要求，并把这些信息汇总到产业需求数据库中。经过对数据库进行分析，高校和职业院校就能了解市场对人才的需求走向，从而及时调整专业设置和课程体系，保证所培育的人才符合企业的实际需求。按照产业需求数据库里的信息，高校可以增设一些新出现的专业，如区块链技术应用、虚拟现实技术开发等，以满足数字经济时代对这类专业人才的需求。职业院校也可以改进课程内容，加大实践教学环节，提升学生的职业技能水平。

区域性数智教育联盟还需建立行之有效的沟通协调机制，增进联盟成员之间的信息交流与合作，定期举办联盟成员大会，共同探讨联盟的发展战略、合作项目等重要事务，创建联盟成员间的沟通渠道，如线上交流平台、定期座谈会等，迅速解决合作过程中出现的问题。通过有效的沟通协调机制，促进联盟成员紧密合作，营造协同育人的良好氛围，推动区域数智化教育实现高质量发展。

（二）企业“创新飞地”进校园的实践

企业“创新飞地”进校园就是把企业的创新资源、实践项目引进校园，给学生提供真实的实践机会，促进产学研深度融合的一种创新形式。在实践进程中，企业“创新飞地”可以给学生提供各类实践机会和资源。

企业“创新飞地”把实际项目带进校园，让学生在真实项目环境下锻炼自己。这些项目涉及企业的各种业务，如产品研发、市场营销、数据分析等。在产品研发项目里，学生能参与到产品的设计、开发、测试等环节中，了解产品研发的全过程，培养自己的创新思维和实践能力；在市场营销项目里，学生可以承担市场调研、营销策略制定、市场推广等工作，提升自己的市场分析能力和营销策划能力；在数据分析项目里，学生可以用所学的数据分析知识和技能，对企业的业务数据进行分析和挖掘，为企业的决策提供数据支撑，提升自己的数据处理和分析能力。

企业“创新飞地”给学生提供了同企业导师面对面交流的机会。企业导师往往就是企业的技术骨干、经营人员或者行业专家，他们有着大量的实际操作经验，专业知识丰富。学生参与到项目操作中时，可以向企业导师讨教问题，学习他们的实际操作经验和专业知识，企业导师会引导学生怎样去解决项目操作中碰到的技术困难，怎样开展团队协作，怎样把理论知识运用到实际工作之中，经过同企业导师交流和学习，学生就能更好地了解行业的趋势和发展需求，提升自身的从业素养和竞争力。

企业“创新飞地”进学校可以推动学校和企业之间进一步深入合作。学校按照企业需求来调整自身的专业设置和课程体系，从而塑造出契合企业需求的人才。企业给学校提供诸如实习实训基地、教学设备等资源支持，加入学校的人才塑造进程。学校和企业还能一同开展科研项目，将科研成果转化为实际生产力，实现产学研的全面结合。在科研项目合作期间，学校的科研队伍与企业的技术人员一起解决技术难关，开发新产品、新技术，增强企业的创新能力和竞争力，同时为学校的科研工作提供应用场景，助力科研成果的转化和应用。

以华为“ICT学院”为例，华为与多家高校合作成立“ICT学院”，是企业“创新飞地”的一种表现形式。“ICT学院”将华为的先进技术与实际项目带进校园，为学生提供了诸多实践机会。学生可以在“ICT学院”里参与华为的5G技术研发、网络优化、智能终端应用开发等项目，学习华为的技术和经营经验。华为还为“ICT学院”的学生安排了专门的企业导师，为学生提供指导和支持。通过“ICT学院”的创建，华为与高校达成深度协作，培养出大批ICT领域专门人才，为我国数字经济的发展提供了强有力的人才保障。

四、案例分析

（一）深圳“湾区创业数字港”的实践成果

深圳“湾区创业数字港”属于政府所有，是高校与企业合作的经典成功案例。

它在推进创新创业人才塑造方面成果突出，给区域经济发展增添了强劲动力。这个数字港由政府、高校以及企业三方共同创建而成，各方均能施展自身长处，营造出一种协作共赢的良好局面。

在数字港的创建与运作进程中，政府起到引领性的作用，通过政策扶持与资源调配，为数字港的发展形成根基。政府出台一系列优惠政策，包含税收减免、场地补贴、创业资金扶持等，从而吸引不少创新创业团队和企业入驻数字港。政府还专门设立创业基金，对初创企业给予资金援助，降低创业门槛与风险。此外政府尽力协调各方资源，促使数字港同高校、科研机构展开合作，推进科技成果转化以及创新创业人才培育。

高校作为人才培育和科技创新的主要阵地，给数字港提供大量具备优良素养的创新创业人才。深圳当地高校还有周围区域的著名高校同数字港建立起密切的协作关联，通过共同建设实习实训基地、创新创业学院等方式，给在校学生提供很多实践机会以及创业引导。高校科研成果可在数字港得到迅速转化，极大促进了数字港内部企业的技术创新及产品升级。以深圳大学为例，该校与数字港达成协作并打造出创新创业实践基地，每年都会挑选一些优秀学子到数字港里面的企业去实习，参与真实项目的研发运作过程。学生们在这些活动中，不但提高了自身的专业水平，锻炼了创新能力，而且收获不少创业经验，为其日后走上创业道路奠定坚实基础。

企业在数字港中占有重要地位，其为创新创业人才提供实践场所及工作机会，并且依靠技术创新和市场拓展，推动数字港发展。数字港内的企业包含数字经济、人工智能、生物医药、新能源等诸多领域。这些企业与高校、科研机构密切协作，一同开展技术研发与创新应用。华为、腾讯等知名企业在数字港设立创新中心和研发基地，与高校一起开展科研项目，培育出一批具有创新精神和实际操作能力的专业人才。企业还会举办创业大赛、技术交流活动等，来激发创新创业人才的创新活力和创业热情，营造出良好的创新创业氛围。

创新创业人才培养上，深圳“湾区创业数字港”搭建起一套完善的培养体系，采用创业培训、项目孵化、导师指导等多种手段，为创新创业人才提供全方位的支持和服务。数字港定期举办创业培训课程，邀请行业专家和成功创业人士给创新创业人才传授创业经验和技巧。设立创业孵化中心，为初创企业提供办公场地、设备设施、资金支持等一站式服务，给每个创新创业团队安排专门的导师，导师从项目规划、技术研发、市场推广等方面给予指导和支持，切实优化创新创业项目的成功率。

深圳“湾区创业数字港”的实践成果，既体现在创新创业人才的培养上，也体现在区域经济的发展上。数字港内企业依靠技术创新和市场开拓，获得不错的经济效益，推动相关产业的发展，为深圳经济增长作出贡献。数字港吸引大量人才和资金涌入，增强深圳在全国乃至全世界的创新创业影响力，成为创新创业的高地。

（二）德国Fraunhofer产学模式的成功经验

德国Fraunhofer（弗劳恩霍夫）产学模式在科研成果转化和人才培养方面取得了令全世界瞩目的辉煌成果，给国际社会提供了十分珍贵的借鉴经验。它以Fraunhofer研究所为核心枢纽，通过与高校及企业的深入而密切合作，建立起一套行之有效的产学研协同创新体系。

Fraunhofer研究所是德国规模最大的应用研究机构，拥有丰富的科研资源储备以及强大的科研实力。Fraunhofer研究所专注于应用技术研究方向，全心全意地把科研成果转化为生产力。在科研项目的选择上，Fraunhofer研究所紧贴市场需求和产业发展动态趋势，开展具有针对性且非常实用的研究工作。以智能制造领域为例，研究所围绕工业4.0相关技术开展深入研究，包括自动化生产系统、智能物流、工业互联网等方面，这些研究为德国制造业的转型升级提供了强有力的技术支持。

从与高校合作的维度上看，Fraunhofer研究所与德国本土乃至全球范围内的诸多知名高校之间建立起长久且稳固的合作联系，借助联合培养研究生、携手开展科研项目合作等多种形式，实现资源共享并达成优势互补。在联合培养研究生的框架下，高校主要负责研究生的理论课程授课任务，而Fraunhofer研究所则为研究生提供大量的实习机会以及专业的科研指导。研究生在研究所内参与实际科研项目的探究过程，将课堂上学到的理论知识运用到实践中，从而提升自身的科研能力和操作技能。在科研项目合作上，高校与研究所共同承担科研项目，高校有着基础研究方面的优势，研究所擅长应用研究，二者联手可以明显加快科研成果的转化速度。德国慕尼黑工业大学与Fraunhofer研究所合作进行新能源汽车电池技术研究，双方科研团队齐心协力，攻克了电池能量密度提升、充电速度加快等关键技术难题，取得了一系列重要科研成果，并实现了产业化应用。

Fraunhofer研究所与企业的联系也十分密切，研究所与企业形成产学研合作联盟，一同展开技术研发、产品更新和市场开拓等活动。企业根据自身市场需求和战略发展布局，向研究所提出技术研发需求，研究所便组织专业科研团队实施技术攻关。在研发期间，研究所与企业持续展开紧密的沟通交流，以确保研发成果能够贴合企业的实际需求。待研发成果完成之后，企业会将成果转化为产品推向市场，获取最大的经济效益。以戴姆勒公司与弗劳恩霍夫研究所合作开展自动驾驶技术研究为例，研究所的科研团队研发出先进的自动驾驶算法和传感器技术。

戴姆勒公司将这些技术应用到汽车生产环节，推出具备自动驾驶功能的汽车产品，显著增强了产品的市场竞争力。

在人才培养方面，Fraunhofer产学模式十分重视培育学生的实践能力和创新能力。通过参与真实的科研项目及企业实践活动，学生能够了解业界前沿技术和实际需求，真正提升自己的专业技能和创新能力。研究所还为学生提供多元化的培训与交流机会，邀请业界资深专家和企业高管来所做报告、开研讨会，有效地拓宽了学生的眼界，优化了学生的思维模式。

德国Fraunhofer产学模式的成功经验显示，产学研协同创新是实现科研成果转移转化及人才培养目标的一种可行且高效的途径，通过政府、高校、科研机构与企业的紧密合作，可以有效整合各类资源，激发出强大的创新动力，从而促进科技创新和经济社会发展不断前进。

附录一：《高校数智化创新创业人才培养现状与需求调研问卷》

尊敬的老师/同学：

您好！为了深入了解当前高校在数智化创新创业人才培养方面的现状、挑战与需求，我们特开展此次调研。您的反馈对我们至关重要，将有助于推动相关领域的改革与发展。请您根据实际情况填写问卷，感谢您的支持与配合！

一、基本信息

1. 您的身份是：

☐ 教师

☐ 学生

2. 您所在的学校名称：______________________

3. 您所在的院系/专业：______________________

4. 您目前的学历/职称：______________________

二、数智化创新创业教育认知

5. 您对“数智化创新创业教育”的理解是：

☐ 非常了解，能清晰阐述其内涵与意义

☐ 了解一些基本概念，但具体实施不太清楚

☐ 听说过，但不太清楚具体内容

☐ 完全不了解

6. 您认为数智化创新创业教育对高校人才培养的重要性如何？

☐ 非常重要，是未来教育发展的必然趋势

☐ 比较重要，有助于提升学生的竞争力

☐ 一般重要，可作为辅助教学手段

☐ 不太重要，传统教育模式已足够

☐ 完全不重要

三、数智化创新创业教育实施情况

7. 您所在学校是否已开展数智化创新创业教育相关课程或项目？

☐ 是，已全面开展

☐ 是，但仅限于部分专业或课程

☐ 否，但计划开展

☐ 否，无相关计划

8. 您认为当前数智化创新创业教育面临的主要挑战有哪些？（可多选）

☐ 师资力量不足，缺乏专业背景

☐ 课程体系不完善，缺乏系统性

☐ 教学资源匮乏，难以满足教学需求

☐ 学生参与度不高，缺乏兴趣与动力

☐ 产学研合作机制不健全，难以实现价值共创

☐ 其他（请注明）：________________

四、数智化创新创业教育需求与建议

9. 您认为高校在数智化创新创业人才培养方面最需要加强的是哪些方面？（可多选）

☐ 师资队伍建设，提升教师数智化素养与教学能力

☐ 课程体系重构，融入更多数智化元素与实践环节

☐ 教学平台与资源建设，提供丰富的教学工具与案例库

☐ 产学研合作深化，建立稳定的合作机制与利益分配模型

☐ 政策支持与激励机制完善，鼓励师生积极参与

☐ 其他（请注明）：________________

10. 您对未来高校数智化创新创业教育的发展有何建议或期望？

五、结束语

再次感谢您抽出宝贵的时间填写本问卷！您的反馈将为我们提供宝贵的参考依据。如有任何疑问或建议，请随时与我们联系。祝您工作/学习顺利！

附录二：数智化教育质量评估指标体系

表1 数智化教育质量评估指标体系

一级指标（权重）	二级指标	评估要点与数据来源	分值
1. 课程体系（20%）	1.1 跨学科课程重构度	跨学科课程占总课程比例≥30%（教务系统数据）	15
	1.2 前沿技术融入率	课程内容中AI/大数据等技术模块占比≥40%（课程大纲分析）	10
	1.3 学习路径定制化能力	支持学生通过智能系统自主组合课程的比例≥80%（平台日志分析）	15
2. 教学平台（15%）	2.1 智能教学平台覆盖率	虚拟仿真实验平台、AI学习系统等覆盖率≥90%（设备台账）	10
	2.2 平台数据交互能力	实现教学行为数据与企业需求数据实时对接（系统接口验证）	10
	2.3 资源开放共享率	校企共建云端资源库访问量年均增长≥50%（平台后台数据）	10
3. 师资队伍（18%）	3.1 教师数智素养达标率	通过AI教学能力认证的教师比例≥60%（人事档案）	12
	3.2 企业导师参与度	企业导师承担专业课教学时数≥总学时的30%（课表统计）	10
	3.3 师资培训强度	教师年均参加数智技术培训≥40学时（培训记录）	8
4. 产学研协同（22%）	4.1 产业学院共建质量	与头部企业共建产业学院数量≥3个（合作协议）	15
	4.2 成果转化效能	年度专利转化率≥20%、技术合同金额≥500万元（科技处数据）	20
	4.3 政府支持力度	获得数智教育专项补贴资金≥100万元（财务凭证）	10

续表

一级指标（权重）	二级指标	评估要点与数据来源	分值
5. 质量保障（15%）	5.1技术伦理防控机制	设立AI伦理审查委员会并制定风险预案（制度文件）	10
	5.2过程性评价覆盖率	采用智能诊断评价的课程比例≥70%（教学档案）	10
	5.3学生反馈响应效率	学生意见处理平均周期≤3天（管理系统记录）	10
6. 学生发展（10%）	6.1数智创业项目存活率	学生创业项目1年存活率≥50%（工商注册跟踪）	15
	6.2高阶能力达成度	学生数据分析、AI建模等能力测评合格率≥80%（考试/认证成绩）	10
	6.3社会认可度	雇主对数智化人才满意度≥4.0分（5分制调查）	10

参考文献

[1] 罗斯玛丽·卢金，栗浩洋．智能学习的未来［M］．杭州：浙江教育出版社，2020.

[2] 托尼·瓦格纳．教育大未来［M］．2版．海口：南海出版公司，2019.

[3] 刘延，高万里．大学生创新创业基础［M］．武汉：华中科技大学出版社，2020.

[4] 许文刚．大学生创新创业训练与实践指导［M］．北京：北京理工大学出版社，2020.

[5] 宋建卫，魏金普，杨洪瑞．大学生创新与创业教育［M］．北京：北京理工大学出版社，2021.

[6] 李明慧．大学生创新创业理论与技能指导［M］．成都：四川大学出版社，2021.

[7] 李子毅，刘佩．大学生创新创业指导［M］．北京：北京理工大学出版社，2019.

[8] 郑楠，闫贤贤，黄卓．大学生创新创业教育［M］．北京：北京理工大学出版社，2018.

[9] 李建庆．大学生创新创业教育研究［M］．成都：四川大学出版社，2019.

[10] 黄娟．大学生创新创业素养的培养路径与策略［M］．昆明：云南大学出版社，2021.

[11] 李永芳，沈素军．大学生创新创业指导［M］．北京：航空工业出版社，2017.

[12] 程智勇．大学生创新创业素质培养与能力提升［M］．成都：西南交通大学出版社，2021.

[13] 王东方，任美英，祁少华．创新创业基础［M］．厦门：厦门大学出版社，2021.

[14] 王青迪．大学生创新创业教育与就业指导［M］．上海：上海三联书店，2020.

[15] 盛义保，付彦林．大学生创新创业教育基础［M］．合肥：合肥工业大学出版社，2020.

[16] 黄奕，李想，薛靖．创新创业基础教育［M］．北京：中国言实出版社，2020.

[17] 刘怡，乔岳．创新创业新思维［M］．济南：山东教育出版社，2022.

[18] 张晓蕊，马晓娣，岳志春．大学生创业基础［M］．北京：北京理工大学出版社，2019.

[19] 龙玉祥，张承龙．大学生创新创业基础［M］．武汉：华中师范大学出版社，2019.

[20] 简甜甜，李遂焰，廖海．合成生物学与国际遗传工程机器大赛对培养大学生双创思维与能力的影响［J］．生物工程学报，2022，38（04）：1619-1630.
[21] 姜浩，吕雪飞，李堃杰，等．以iGEM竞赛为牵引的大学生创新能力培养［J］．生命科学仪器，2020，18（05）：46-51+34.
[22] 陈晓婷．日本“未来教室”与EdTech研究会：未来教室的规划［J］．教育与装备研究，2021，37（01）：90-96.
[23] 边家胜，董玉琦．Society 5.0时代日本教育信息化的变革与借鉴［J］．远程教育杂志，2020，38（06）：32-40.
[24] 柴惠芳，杨玉辉，董榕，等．智慧教室建设与混合教学应用探索——以浙江大学的“智云课堂”为例［J］．现代教育技术，2022，32（05）：110-118.
[25] 申昕．OECD推动教育数字化转型的政策及实践研究［D］．上海：上海师范大学，2024.
[26] 蒋敏娟，翟云．数字化转型背景下的公民数字素养：框架、挑战与应对方略［J］．电子政务，2022（01）：54-65.
[27] 李锋亮，王亮．韩国K-MOOC管理模式及质量保障措施分析［J］．终身教育研究，2021，32（05）：38-46.
[28] 谢劲，何吉．“智能+”时代教研室的变革图景：虚拟教研室——以清华大学“电路原理”课程虚拟教研室为例［J］．现代教育技术，2022，32（05）：102-109.
[29] 于歆杰．以学生为中心的教与学：利用慕课资源实施翻转课堂的实践［M］．2版．北京：高等教育出版社，2017.
[30] 汪潇潇，郭双双．清华大学线上线下融合式教学实践与启示［J］．现代教育技术，2022，32（04）：106-112.
[31] 安竑煜．华安张江产业园REITs价值评估研究［D］．兰州：西北师范大学，2024.
[32] 闵丹．基于Bow-tie模型的公路大件运输事故安全风险分析［D］．成都：西华大学，2015.
[33] 邓仲华，刘斌．数据挖掘应用热点研究：基于Kaggle竞赛数据［J］．图书馆学研究，2019（06）：2-9+233.
[34] 袁铭扬，谢润彬，牛标，等．弗劳恩霍夫模式对新型研发机构建设与运营的启示［J］．新型工业化，2024，14（03）：5-13.
[35] 王彬，贺艳芳．《数字教育行动计划（2021—2027）》：欧盟数字教育改革内容及启示［J］．世界教育信息，2022，35（06）：27-32.
[36] 郑哲涵，韦林翠．教师数字能力培养路径探究——基于欧盟数字教育行动计划的分析［J］．基础教育参考，2023（11）：70-80.

[37] 兰国帅，郭倩，张怡，等．欧盟教育者数字素养框架：要点解读与启示［J］．现代远程教育研究，2020，32（06）：23-32.
[38] 付卫东，刘慧敏，陈安妮，等．教育新基建助力“双减”政策落地：需求、优势与挑战［J］．现代教育技术，2022，32（01）：27-34.
[39] 刘倩．基于SDGs的桂林市国家可持续发展议程创新示范区建设行动及效果评估［D］．天津：南开大学，2022.
[40] 曾真．设计中的人与人工智能协同创意研究［D］．上海：同济大学，2022.
[41] 高轶鹏．大学生创新创业能力培养模式研究［J］．长春工程学院学报（社会科学版），2022，23（04）：99-102.
[42] 教育部高等学校教学指导委员会．普通高等学校本科专业类教学质量国家标准（下）［M］．北京：高等教育出版社，2018.
[43] 陈晶晶，李萌．新时代大学生创新创业能力提升路径研究［J］．齐鲁师范学院学报，2022，37（06）：46-52.
[44] 韩喜平，杨雪．新时代大学生创新创业困境及教育路径［J］．思想政治教育研究，2020，36（05）：152-155.
[45] 姚倩，逯行，张军．数字化转型期如何培养职前教师的数字胜任力？——基于2012—2022年25项国际实证研究的系统性文献综述［J］．现代教育技术，2023，33（03）：36-45.
[46] 张静，刘丽娜，郑路航，等．数字化转型背景下专创融合混合式课程教学设计——以经管类专业“会计学”课程为例［J］．教育教学论坛，2023（51）：141-144.
[47] 高凯，周小舟．人工智能艺术“创作”背景下视觉传达设计专业教学可能会面临问题的思考［J］．新美域，2024（02）：103-105.
[48] 陈凯翰．汕头大学产品设计专业教学模式研究——创新创业背景下“α六位一体”教学模式［D］．汕头：汕头大学，2022.
[49] 刘夏菡．大学生创新创业能力研究［J］．西部素质教育，2022，8（08）：4-7+22.
[50] 付春权．高校大学生创新创业教育存在的问题及对策［J］．继续教育研究，2020（06）：78-81.
[51] 赵雪莲．大学生创新创业能力培养与实践探讨［J］．创新创业理论研究与实践，2022，5（14）：82-84.
[52] 武建．大学生创业团队建设及对策研究［J］．山西青年，2021（02）：102-103.
[53] 丁涵．对地方高校大学生创业团队建设的思考［J］．产业创新研究，2020（17）：173-174.

[54] 蒋旭．社会网络对大学生创业企业融资可得性影响的实证研究［D］．扬州：扬州大学，2022.

[55] 韦玮．产教融合背景下“双师型”教师教学能力深化探究［J］．美术教育研究，2025（07）：127-129.

[56] 王颖，袁礼，高俊霞．“双创”背景下大学生创业融资方式及风险研究［J］．科学咨询（科技·管理），2023（01）：49-51.

[57] 史鹏曼．合作博弈Shapley值法的改进及其应用研究［D］．桂林：桂林电子科技大学，2024.